本书编委会

主　编：张　强

副主编：郑美玲　王国华　陶剑飞

编　委：（按姓氏笔画排序）

仇妙芹　邓思清　甘健强　卢国潜　刘小燕　刘向晖

刘绍东　孙　凌　杜亚辉　李小华　李洪波　李燕冰

肖杏烟　吴德伟　陈立新　陈宇红　林雪松　孟　强

赵海鹏　钟日来　钟晓玲　葛泽胜　曾学毛　鄢智青

蔡琼生　谭启亮　潘文彬

冬日暖阳

广州大学学生工作成功教育案例获奖作品集

主 编 张 强 副主编 郑美玲 王国华 陶剑飞

暨南大学出版社
JINAN UNIVERSITY PRESS

中国·广州

图书在版编目（CIP）数据

冬日暖阳：广州大学学生工作成功教育案例获奖作品集/张强主编；郑美玲，王国华，陶剑飞副主编 . —广州：暨南大学出版社，2017.4
ISBN 978 - 7 - 5668 - 2070 - 9

Ⅰ.①冬…　Ⅱ.①张…②郑…③王…④陶…　Ⅲ.①高等学校—学生工作—案例—广州　Ⅳ.①G645.5

中国版本图书馆 CIP 数据核字（2017）第 038134 号

冬日暖阳：广州大学学生工作成功教育案例获奖作品集
DONGRI NUANYANG：GUANGZHOU DAXUE XUESHENG GONGZUO
CHENGGONG JIAOYU ANLI HUOJIANG ZUOPINJI
主　编：张　强　副主编：郑美玲　王国华　陶剑飞

出 版 人：徐义雄
责任编辑：郑晓玲　黄圣英　黄　球
责任校对：刘雨婷　邓丽藤　李林达
责任印制：汤慧君　周一丹

出版发行：暨南大学出版社（510630）
电　　话：总编室（8620）85221601
　　　　　营销部（8620）85225284　85228291　85228292（邮购）
传　　真：（8620）85221583（办公室）　85223774（营销部）
网　　址：http：//www.jnupress.com　http：//press.jnu.edu.cn
排　　版：广州市天河星辰文化发展部照排中心
印　　刷：佛山市浩文彩色印刷有限公司
开　　本：787mm×1092mm　1/16
印　　张：19.25
字　　数：360 千
版　　次：2017 年 4 月第 1 版
印　　次：2017 年 4 月第 1 次
定　　价：52.00 元

（暨大版图书如有印装质量问题，请与出版社总编室联系调换）

前　言

　　党的十八大报告强调指出，要"把立德树人作为教育的根本任务，培养德智体美全面发展的社会主义建设者和接班人"。这为全国高校进一步做好新形势下的高校德育工作指明了方向。在高校学生工作中，树立以人为本的学生工作观念，强化学生的主体意识，充分发挥学生的主体性，建立起有利于培养学生形成自我管理、自我教育能力和健康人格的教育模式，成为高校教育的时代使命。

　　学生工作是做人的工作，而人的工作最难做，如果说学生工作万变不离其宗的话，这个"宗"就是学生的心理，学生工作必须把握学生心理健康教育和发展的规律。

　　为充分反映我校学生工作队伍运用心理学知识、方法、技能等处理学生问题的实践和探索，提升学生工作队伍的理论水平，集聚学生工作队伍的实践经验，为学校高水平大学建设提供强有力的人才支撑，学生处开展了学生工作优秀案例征集活动，采辑篇什，裒集成帙，辑成这本《冬日暖阳：广州大学学生工作成功教育案例获奖作品集》。本书凡 61 篇，68 位作者，约 36 万言，按照内容主题分为"学海助力""和谐校园""职业启航""为爱导航""穷且益坚""健康成长"六个单元，每一则案例分为"案例背景""案例简述""案例分析与启示""待探讨的问题"四个部分。作者为来自于学校心理咨询中心及各学院从事一线学生工作的副书记、辅导员，本书凝结了他们对学生心理健康教育工作的智慧和思考。

　　希望这本作品集能为高校学生工作提供有益借鉴。由于篇幅所限，我们只能收录学生工作成功教育案例中的一部分，尚有许多优秀的工作案例未能收入其中，难免有遗珠之憾。本书在编写过程中得到各学院和相关部门的大力支持与帮助，特此表示感谢。由于编者水平有限、时间仓促，书中难免有错误和不妥之处，望广大读者批评指正。

编　者

2017 年 1 月

目　录
Contents

第一单元

学海助力

巧妙的奖励

——归因策略教育个案分析

陈宇红　陈毅光　蔡　冰　杨　艺

一、案例背景

大学生活丰富多彩，挑战与挫折并存。面对挫折，有的学生能够汲取教训，越战越勇，但也存在一部分适应和承受能力较弱的学生，不懂得如何面对接二连三的挫折，对自我的否定弥漫扩散，进而变得一蹶不振。

本案例以一个屡遭挫折的大学生为例，讲述了集体以善良和智慧挽救当事学生的过程，成功帮助该生消除无助感、重建自信。

二、案例简述

女生小王家庭经济困难，并患有慢性皮肤病。小王由于缺少自信，也没有良好的社会关系，同时背负着沉重的家庭经济负担，因此渴望找到一个能维系日常生活并能补贴家用的工作，这个愿望比身边其他同学更强烈。找工作的愿望愈强烈，就愈在乎求职简历的实质内容和分量。当小王填写简历的"荣誉与奖励"一栏时，惊恐地发现大学四年自己从未获得过任何奖励，尽管自己一直在努力，勤奋学习以争取奖学金和各种荣誉称号，但大学四年从来没有成功过，哪怕一次小小的奖励也没有。当毕业悄然来临时，面对没有一处亮点的求职简历，小王开始害怕了，于是想抓住毕业前最后一次评优评奖的机会，把这次综合测评看作最后一根救命稻草。无奈世事不尽如人意，小王所在班级同学学习积极性高，竞争异常激烈，她因零点几分之差，没能获得梦寐以求的三等奖学金以及优秀学生的评选资格。加上接连几次求职失败，以及入党推优落选，小王的心情跌入谷底，感觉人生的希望一个个被粉碎，觉得自己没有资本面对激烈的社会竞争，害怕步入社会，但毕业的脚步越来越近，她倍感无助。

与同学的比较更让小王抱怨命运不公、时运不济，反复念叨"为什么别人无心插柳柳成荫，而自己不懈努力却没有一点回报""为什么自己要比别人承受更多的失败和痛苦"。小王陷入既怪罪自己，也抱怨他人，甚至怨恨制度规则的恶性循环中不能自拔，想逃避又不能逃避，想面对又无法面对，自诉"害怕学校、害怕回家、害怕找工作"，常常难过得泪流满面。

小王内心其实明白，自己缺少自信，害怕承受失败，综合素质有待加强。但她想到的方法是向组织讨个说法，找班干部、班主任、辅导员投诉评选规则不公平。同学们和老师们耐心倾听小王的抱怨，提出很多心理调适的方法，但小王都不认可，谈话常以小王的谩骂和眼泪收场。小王提出只有一个方法可以改变现状：一个奖励（一个荣誉）。只有获奖证书才能改变自己的想法和心情，小王对此固执地坚持着。

同学们感觉她像只受伤的刺猬，满身伤痕，想寻找办法疗伤，但对大家的建议毫不信任，还常用言语中伤想帮助她的朋友。如此恶性循环，小王常从噩梦中惊醒，越来越敏感，没有信心面对未来。

三、案例分析与启示

（一）案例分析

针对小王的情况，可以结合心理学的两个理论进行分析，考虑用巧妙的方法帮助小王消除无助感，合理归因，重建自信。

1. 采用习得无助理论解释小王的无助感

习得无助理论是关于动机减弱或缺少的理论，它从一种与众不同的角度探索了人类行为动机变化的规律。习得无助概念最早是由动物学习理论家提出的。他们发现，当动物被置于难以逃避的电击区域时，起初它们逃避电击的反应很积极，但24小时后它们的逃避反应明显减少或消失了，表现为动机缺失、认知或联想缺失、情绪缺失，它们被动接受电击，不再做任何努力。研究者试图用这一现象来说明人类的行为，如临床上常见的抑郁症是由长期生活过程中不断承受失败而习得的无助感引起的，患者感到自己无法控制生活中发生的消极事件而陷入抑郁状态，因此治疗抑郁症最有效的方法就是设法消除患者的无助感。如果无助感不能及时消除，则有可能弥漫和扩散至其他场合或情境，给患者带来更大的危害。

案例中，小王正处于临近毕业时，反复尝试失败（如评优评奖失败、求职失败等），从而引起了强烈的无助感。

2. 采用归因效果论分析小王的现实诉求

归因就是寻求或解释结果的原因。不同的归因影响着人们的情绪和动机，继而影响着后续的行为。归因效果论主要从原因源（内部的还是外部的）、原因的稳定性（稳定的还是可变的）、原因的控制性（不可控制的还是可控制的）三方面预测人们的后续行为。当人们对所经历的消极事件做出内部的、稳定的、不可控制的归因时，容易丧失信心放弃努力；当人们做出外部的、可变的、可控制的归因时，容易重拾信心加倍努力。从这个意义上说，归因无所谓对错，于个人而言，只有合适与否之分，对维护个体自尊有益的归因就是良好的归因。

案例中，小王将各种失败归咎于制度不公平且运气不好（外部的、可变的、可控制的），而没有将失败直接归咎于自己能力不强（内部的、稳定的、不可控制的），于是她主动投诉规则不公平，要求给予自己一个证明（获奖证书）。这样的归因和现实诉求对于小王个人而言，只要事态能向好的方面发展，就是个体采用合理归因对自我防御保护的一种有效策略，但她并没有考虑到自己这样做会给周围的人带来怎样的消极影响。

（二）干预措施

分析了小王事件的来龙去脉，并结合习得无助理论和归因效果论，辅导员、班主任、宿舍同学、班干部达成一致意见，采取以下教育策略：

1. 耐心倾听小王的倾诉，及时劝慰小王调整情绪

哪怕是不合理的抱怨也要给予足够的耐心，因为这是小王宣泄无助感的最好渠道。只要这条渠道是畅通的，即使没有更好的办法也能暂时稳住小王的情绪，因为小王的负面情绪依此得到了合理疏通。耐心倾听的方法及时保护了小王积极寻求帮助、大胆倾吐苦闷的勇气，在倾听过程中，大家寻找恰当的时机，小心劝慰小王调整情绪，冷静面对困难。

2. 共同维护小王的自尊，引导她继续将失败归因于运气

其实大家都明白：小王内心非常矛盾，下意识地逃避自己，没有勇气面对过去的失败，不敢或不愿将自己的失败归因于个人综合素质尚待提高这个现实的原因。因此大家将计就计，肯定她的归因（运气不好），防止她将失败归因于能力有限。哪怕就像《伊索寓言》里那只吃不到葡萄就说葡萄酸的狐狸又何妨？从积极心理学的角度来说，建立良好的归因绝不仅限于用正确的、合理的归因来代替错误的、不合理的归因，归因本无所谓对错，只有合适与否之分。原因是客观存在、不可更改的，但人们对它的知觉却是主观多变、可以更改的。影响人们情绪的是他们对原因的主观知觉，而不是原因本身，必要的时候不妨用一种不那么

符合实际却有益于个体的归因来代替现实知觉。对于小王来说，最好的归因就是运气不好而绝不是能力不强，因为运气充满变数，归因于运气这个外部原因，能够很好地维护自尊，从而保持继续努力的信心。

3. 巧妙寻找奖励契机，防止习得无助感扩散弥漫

想要真正帮助一个沮丧绝望的人，以上两个策略只能是权宜之计。依据习得无助理论，消除当事人的无助感并且帮助其重建自信，最有效的方法就是防止无助感持续出现并蔓延。因此，巧妙设置奖励契机，给予一个肯定的证明，哪怕毫不起眼，对于反复尝试失败的小王来说也是雪中送炭，暗示她只要不言放弃，失败就不会如影随形。辅导员向学生处思政科说明了小王的情况，鉴于小王一贯的良好表现、坚持不懈的努力以及符合评优资格，特为小王申请"优秀学生"名额。经学生处同意，宿舍同学和班干部共同配合，在看似不经意间，班级补回了一个获奖名额（广而告之的原因是：初次计算有误，名额少算了一个，现在补回），小王如愿获得了大家的肯定，于毕业班评优期间获得学校"优秀学生"荣誉。

4. 坚持正面教育引导，预防应对措施的负面导向

申请名额的方法仅仅是教育手段，绝不能暗示学生日后常效仿此法——不满意就无理取闹，更不能纵容其他学生以此为获利的借口。因此，实施过程的细节处理就显得极为重要。老师们和同学们花了很多时间从正面对小王进行积极引导，劝慰小王要理性看待失败，通过电话、短信、微信、面谈等方式摆事实、讲道理，目的是要告诉小王：主动适应现实，积极调整策略，坚持不懈努力，总有如愿以偿的一天。劝慰与说服教育的正面引导不容忽视，否则收效将适得其反。一旦机会"不经意间"从天而降，小王欣喜之余，也必定会回味天道酬勤的道理。

恰当的时候，有必要告知小王获奖的真实原因，让小王能够心平气和地感悟其中的道理。

（三）干预效果

当获奖机会"从天而降"，小王的连续挫败感顿时消失了，由于心理暗示的作用，小王能够自己调整好情绪面对求职应聘。小王高兴地告知辅导员："现在连皮肤病都好多了。"

两周后，当小王从同学那里得知事情的来龙去脉，她感到愧疚，给辅导员发来两条短信："老师，谢谢您。虽然这不是我想要的途径，也没能让同学们认可我的努力，我甚至觉得愧疚，但我真的感觉自己开始释放……我不想再当丑角，

我想以后通过正当途径实现我的梦想……真心感谢大家帮助我走出来！”"回想起来大家都用心良苦，为我付出许多。没有什么比自己解开心灵的枷锁更重要，山重水复疑无路，柳暗花明又一村，我现在真的感觉好多了，谢谢大家。"

毕业前夕，小王应聘一家教育机构，如愿成为一名培训老师。两年后，小王发短信向老师报告好消息：通过了家乡的教师公招考试。

（四）案例启示

小王能够得到这样令人欣喜的结果，离不开学院老师的巧妙相助，也离不开班级同学的耐心倾听，大家共同努力，为小王提供了宝贵的支持力量，鼓励小王勇敢、坚强地面对挫折和困难。在整个事件中，教育者对学生的抱怨与诉求给予了极大的宽容和耐心，赢得了学生的信任，并被视为一种积极寻求帮助的途径，可见在学生心理援助过程中，社会支持系统的援助是十分关键且有效的。

总的来说，本案例的成功在于结合理论，形成合力，巧妙运用奖励，耐心寻找机会，引导学生自我感悟。

四、待探讨的问题

（1）大学生心理困扰和心理障碍的咨询与教育策略要基于全面且准确的原因分析，构建完整的信息链。其中最关键的是：当事学生有哪些内在心理需要没有得到满足？为什么没有得到满足？

（2）教育者要掌握心理学基本理论知识，并结合个案的具体情况，提升对理论的理解。在工作实践中，应恰当把握教育的时机，不急不躁，巧设情境让学生自我体验。

（3）注意把握正面引导和侧面启发的分寸感，只有松紧有度，收放自如，才能让教育方法的针对性最大限度发挥功效，教育效果也将会事半功倍。

参考文献

[1] 陈琦，刘儒德. 教育心理学. 北京：高等教育出版社，2011.

[2] 刘儒德. 教育中的心理效应. 上海：华东师范大学出版社，2005.

[3] 刘永芳. 归因理论及其应用. 上海：上海教育出版社，2010.

以情入手，从心出发

叶韵诗

一、案例背景

动机，是驱动一个人进行活动的内部动因或力量。学习动机是动机的一种，是驱动人们指向学习行动的内驱力[1]。

学生的学习会受到很多方面的影响，如学习动机、学习兴趣、学习需要、个人性格等，其中，学习动机占据主导地位。在日常教学中，我们都会遇到不少因缺乏学习动机，从而导致学业成绩不佳的学生。这类学生通常的行为表现为懒散、贪玩、无故旷课、厌学、缺乏控制力、喜欢给自己找借口等。缺乏学习动机，不仅会影响学习，而且很容易衍生出心理问题。本案例所述学生小 A 就因为缺乏学习动机，导致出现旷课、缺考、学业成绩严重不达标的情况。

二、案例简述

男生小 A，家境一般，有兄弟姐妹，父母以务农为主，兼做一些散工。进入大学以后，小 A 对学习产生了倦怠的心理，经常迟到旷课，即使去上课，也不听讲，要么趴在桌上睡觉，要么就是玩手机，作业也总是不交，到了期末，不参加个别科目考试，即使参加了考试，也出现多门不及格的情况。

发现这种情况后，我多次找小 A 谈心。一开始小 A 比较反感，总是找借口说没空，有时甚至避而不见。后来他终于答应与我谈话了，却又总是沉默不语，在我多次询问下，他也只是重复说觉得没什么谈的，每个人都有自己不想说的东西。但我仍然坚持找他谈心，让他感受到老师对他的关心和诚意，慢慢地，他开始愿意跟我倾诉自己的事情。经过多次谈话，我基本掌握了他的情况：

（1）小 A 在学习中缺乏自觉性和自律性。进入大学以后，不同于高中有班主任、科任老师天天严密盯防的学习，小 A 整个人在学习上过于放松，同时受到其他玩游戏的同学的影响，也开始喜欢玩游戏，于是渐渐地对学习失去了兴趣。即使有时候他想要去学习，但发现已经跟不上同学的进度，就又放弃了。

（2）小 A 的专业是家长决定的，而小 A 和家里人的关系不是很好，尤其是和父亲的关系，言谈中曾透露出其对父亲的诸多不满，还说过他不要成为像他父亲一样的人。平常他在家基本不会与父母交流，因为他觉得在家里所说的任何东西，父母都会告诉别人，然后就会有很多人对他指手画脚、讲东讲西，所以他也不愿意回家。

（3）小 A 的个性要强，比较倔强，自尊心也很强，只要是他自己认定了的东西，别人怎么说，他都很难听进去，而且他很讨厌别人随意干涉他的行动。

三、案例分析与启示

（一）案例分析

1. 自身因素

（1）学习动机的缺乏。

小 A 在学习上由于对学习的目的和意义认识不清，因此在学习过程中遭受到挫折和失败。加之小 A 一直觉得当时填报高考志愿的时候这个专业是由他的父母决定的，并不是自己心中的第一志愿，因此他自入学以来，都没有对自己所学的专业主动地进行过了解，对于专业情况、专业技能、专业前景也一无所知，最终导致其学习动机减弱以致消退。

（2）个人性格。

小 A 本人性格倔强，自尊心很强，他觉得专业不是自己选的，是别人强加给他的，就打从心里有抵触，不太乐意去学习；再加上每个阶段专业的学习是具有承接性的，小 A 大一的课程没有学好，到了大二再学习专业课就更加力不从心。面对学业上的困难，自尊心很强的小 A 不愿意向同学、老师请教，认为现在自己再怎么努力也已经学不好这个专业了，存在"与其花费时间也学不好，还不如不学"的心态，所以对学习更加不上心。

2. 家庭因素

家庭是学生成长学习的重要场所，因此家庭因素会对一个人的成长和学习动机有着重要影响。从案例中可知，小 A 与父母之间缺乏交流，对父母特别是父亲缺乏信任感，无论遇到什么事情都不愿意对家人倾诉，不良情绪不断地积压，无

处释放，严重影响着小 A 的学习状态，慢慢地就开始出现厌学的情绪。

3. 社会大环境因素

社会上各种消费主义、读书无用论等消极观念泛滥，加上最近几年的就业形势不容乐观，这些负面因素通过网络腐蚀着学生的思想，容易让他们产生逃避学习的心态。

（二）干预措施

针对小 A 的具体情况，详细分析其行为背后的原因后，我采取了以下措施进行干预：

1. 以情动心

在谈话过程中，我认真倾听小 A 的诉说，并适当地表达同理心，让他感受到我对他的关心；以情入手，降低他的戒备心态，然后再进行规劝，让他认真审视自己目前的大学生活状态，思考大学生活应该怎样过才是有意义的；提醒他不能再放任自己，建议他珍惜大学时光。同时，我向他详细介绍了他所学习的专业的发展情况，让他从心里接受这个专业，不要因为专业是父母选择的就随意放弃。

2. 严格要求

在和小 A 建立了信任的基础上，我与小 A 共同制定了现阶段一些可行的小目标，小 A 也表示愿意认真执行。例如：早睡早起，要去上每一门课，听每门课时都坐在前排，慢慢地调整已经错乱的生活作息；每星期要进行体育锻炼；每天减少 1 小时玩游戏的时间，等等。通过这些小目标，从而逐步地帮助他改正不良行为。

3. 培养为人处世的正确态度

让小 A 学会体会他人的情绪感受，学会理解。告诉他有自己的想法是好事，但是不能钻牛角尖，引导他多去倾听别人的想法，多去征求别人的意见，学会换位思考。

4. 建立与家长沟通的桥梁

小 A 与家长关系恶劣是导致其心态失衡的一个主要因素，要改善小 A 目前的状况，建立学院—家长—小 A 的沟通桥梁十分重要。考虑到小 A 的个性倔强、自尊心很强，若背着他与家长联系，很有可能会破坏他对老师的信任，因此我在小 A 知晓的情况下，与家长进行了联系，向家长告知小 A 目前的学习状况和心态，分析了之前他们沟通失败的原因，给家长提出一些与小 A 沟通时的建议。在与家长联系结束之后，我鼓励小 A 走出第一步，主动与父母进行谈话，多站在父母的角度，理解父母的艰辛，与父母一起解决问题。

（三）干预效果

通过多次谈话，小 A 意识到自己的问题，也下定决心要重新好好学习。考虑到由于前面的课程没有学好，挂科较多，若继续在本年级学习，学习效果也不会好，在与家人沟通后，小 A 决定申请留级，重新出发，好好学习。目前小 A 学习认真，不再有旷课现象，老师反馈其上课情况良好。

（四）案例启示

1. 以情入手

"人非草木，孰能无情。"在对学生进行思想教育的时候，老师要正确理解学生的情绪状态，有针对性地对自己的教育内容和方法进行调整，使学生更容易接受；要以情入手，让学生真切地感受到老师对其的关心，只有这样，学生才会听从老师给的建议，有所改变。如果学生不信任老师，那即使进行一百次谈话，也是徒劳无功。就像小 A，一开始他并不愿意向我诉说他的事情，甚至有抵触。但是，通过多次谈话，他慢慢感受到我对他的关心和诚意，才开始愿意跟我倾诉，接受我的帮助，与我一起去解决问题。

2. 从心出发

学生基于年纪的缘故，以及网络的消极影响，对一些事情的看法和认识难免会比较狭隘和有偏差，同时也会因为意志力薄弱，对自己的要求有意无意地放松。针对这种情况，作为老师不能以偏概全，而要细致分析，不能因为学生犯错就对其全盘否定，直接认定这个学生在品质上有问题。

另外，老师要懂得移情。移情，即换位思考，要有同理心。这要求老师从学生的心出发，从学生的角度想问题，把握学生的情绪和心理，只有这样才能弄清楚其产生这个问题的根本原因，进而采取有效的措施，对学生的困难与迷惑进行正确的心理指导。

3. 因材施教

每个学生都是独立的个体，都有自己的想法。同一个问题发生在不同的学生身上，就应该采取不同的处理方法。作为老师，要懂得因材施教，对于不同的学生个体，采取不同的谈话方式和技巧，真正做到将心比心、以心换心，使学生对老师产生亲近感、信任感和心理共鸣，从而更好地解决问题。

四、待探讨的问题

著名教育家苏霍姆林斯基指出："热烈的学习愿望、明确的学习目的，是学生学习活动的最重要的因素。"由于个人、家庭、社会大环境等因素影响而造成

的学习动机缺乏问题，是目前大学生当中存在较为普遍的一个问题。

辅导员作为大学生日常思想政治教育和管理工作的组织者、实施者和指导者，应当更多地去思考如何更好地加强思想政治教育，更好地教书育人，帮助学生树立正确的学习动机。

除了学校以外，家庭和社会也是教育的重要场所。因此，建立一个家庭—学校—社会的多方向沟通协助平台，将会成为帮助大学生树立正确学习动机的有力支撑。

参考文献

[1] 徐芃，饶东方. 大学生心理健康教育与课程设计. 上海：复旦大学出版社，2014.

赏识教育　促"要我学"为"我要学"

薛　敏

一、案例背景

厌学是一种心理现象，通常是指学习者对学习行为感到厌倦。对大学生而言，厌学主要是指由于学校的学习生活不能满足自身需要，从而使学生产生不满意、不愉快的情绪感觉。[1]主要表现在：一是对学习失去兴趣，被动学习；二是没有目标，放任自流；三是情绪波动较大，精神匮乏。[2]面对这样的情况，许多教师一般都是使用惩罚来处理，但这种方法并没有成功缓解学生的厌学情绪。

本案例以学生小 Y 为例，详细分析其产生厌学情绪的原因，并阐明应该如何缓解这种厌学情绪。

二、案例简述

男生小 Y，独生子，家境殷实，父母均为大学生，高中时父母离异后其便和父亲共同生活，父亲再婚后育有一女。小 Y 与父亲感情较淡漠，对父亲再婚生女心怀芥蒂。小 Y 在考入我校后，经常旷课，对学习产生厌倦情绪，学习兴趣减弱，学习动力降低，对上大学产生迷茫，觉得学习没有意义，结交多名社会闲散人员从事民间借贷等行为。经了解，小 Y 从事民间借贷的本金是由母亲提供的。小 Y 多次提出退学申请，因家长不同意，未能成功退学，但小 Y 的抵触心理较重，不肯回校继续学习。

三、案例分析与启示

（一）案例分析

大学生厌学这一不正常现象日益明显和普遍，其深层次原因既与大学生身心

发展情况及社会、家庭环境的影响密切相关，也与教育体制有关。

1. 主观因素

大学生正处于人生的第二个断乳期，即"心理断乳期"[3]。其情绪、情感具有以下特点：①丰富性和复杂性并存。②稳定性和波动性并存。③阶段性和层次性并存。从以上几点可以看出，当代大学生虽然在聪慧性、敢为性和独立性等多向性格特征方面处于较好的状态，但他们情绪易波动，自控能力不如成年人稳定，性格动荡不定，内心冲突多。这些血气方刚的孩子能在顺境中自我成长，一旦遇到挫折则容易自暴自弃，沮丧不已。案例中小 Y 虽然有个性、有想法、有能力，但父母离异对他造成了很大的打击，尤其是父亲再婚后又生育了一个女儿，家庭关系的不稳定使得小 Y 的心理极为矛盾，他既渴望父母的爱，又无法接受父母离异而憎恨父母，因此每日心烦意乱，根本无法静心学习。

大学生学习动机的缺失或不正确也是导致大学生厌学的原因。学习动机是发动和维持学习行动的内部力量，是将学生学习的需要和愿望转变为学习行为的心理动因。[4]一般来讲，学习愿望产生后并不会立刻转化为行动，只有学习动机产生才能真正引发学习行为。心理学家经过大量实验得出以下结论：动机强度影响学习进行。中等强度的动机最有利于学习的进行，动机过强或者缺乏都不利于学习的进行，甚至会带来一系列心理问题。案例中小 Y 缺乏学习动机。他本希望通过专业课程的学习，可以快速学到赚钱的方法，但当他发现理论与现实并不相符，知识不能在短期内为他带来"效益"时，即认为学习无用，从而想要放弃学业。

2. 家庭因素

大学生的成长离不开学校教育，更离不开家庭教育。家庭成员的关系和谐与否，父母的文化素养高低和生活习惯好坏，都对孩子的成长产生长期而深远的影响。[5]

家庭成员的不和睦（如父母离异）也使许多大学生无心学习，背上沉重的思想包袱。他们长期生活在关系十分紧张的家庭里，心里常常会感到烦躁不安，很难集中精力搞好学习，慢慢也会产生厌学情绪。父母是孩子的第一任老师，案例中小 Y 从小生活在父母的争吵声中，缺乏家庭温暖和安全感，虽然在高压下考上了大学，但远离父母的管束后就像断线的风筝，一下子迷失了自己。

3. 社会因素

在社会主义市场经济条件下，社会群体价值观念的多元化、利益分配的千差万别、西方资产阶级享乐主义和拜金主义思想的腐蚀，对大学生的价值观念产生

潜移默化的影响。[5]案例中，小Y受"金钱至上"这种错误价值观念的影响，把赚钱的多少作为衡量人生价值的标准，放松自己的学习，逃课，厌学，把时间和精力用于赚钱。

4. 教育体制因素

高校的教学、管理和考试制度也是导致大学生厌学的原因。我从谈话中了解到，小Y对某些任课老师的课堂教学有极大的意见，认为他们教学方式呆板枯燥，用的教学案例严重滞后，甚至是十年前的，有些老师只顾讲教材理论，缺乏学术底蕴和研究思考，没有创新。不能与时俱进的教学方式最终加重了小Y的厌学情绪。

高校现行的学年学分制也是导致大学生厌学的原因。[6]学生只能被动地接受现有学年学分制下的课程和时间安排，这在一定程度上抑制了学生学习的自主性和积极性。学生缺乏对时间和课程选择的自主性，不同智力水平、兴趣爱好的学生都被迫在相同年限拿到毕业证书。如此一来，不仅不能起到奖勤罚懒的作用，反而让部分学生误以为认不认真学习都一样，只要修够学分就可以毕业，因此学习动力减弱，慢慢产生厌学情绪。

（二）干预措施及其效果

学院领导并未放弃对小Y的教育感化，而是持续地给予关注和帮扶：

第一步，分析厌学根源，开解情感疑惑。学院领导、辅导员多次约谈小Y父母，以及时制止小Y从事民间借贷；创造条件促进父子二人独处深谈，缓解家庭紧张关系，抚慰小Y内心，化解隔阂。

第二步，激发学习动机，端正学习态度。以小Y想要赚钱向父母证明自身能力为切入点，与小Y多次深入谈心，摆事实、讲道理，纠正小Y错误的就业观、价值观和金钱观，使其树立高远的志向。我在与小Y谈话过程中分享了以下小故事：

知识与金钱打赌看谁最受世人欢迎，于是各自乔装后来到人间。

故事一：一场大火，将知识和金钱的住宅烧成一堆灰烬。灾情调查小组前来登记损失情况。金钱号啕大哭："我的钱全都没了，全没了……"知识笑了笑说："我损失了一些书籍和资料，不过它们全在我的脑子里。"

故事二：山洪暴发，四周一片汪洋。知识和金钱都弄来了一艘小船。知识轻摇双桨，很快转移到高处。金钱吃力地驱动着满载财物的小船，驶到激流处，最终沉没了……

通过数次谈心交流，小 Y 逐渐摒弃了拜金主义思想，端正了学习态度。

第三步，运用强化理论，助力学生学业。针对小 Y 缺课较多、多门成绩不合格的情况，学院领导、辅导员主动联系院教务办、校教务处，严格按照学校学生管理制度帮其申请补考、重补考或者重修。

对小 Y 学习的点滴进步，辅导员都会运用强化理论中的正强化。只要小 Y 按时上课，课堂上积极表现，课下认真完成作业，辅导员就会及时与他互动，鼓励他继续坚持。

慢慢地，辅导员逐渐从事事表扬小 Y 的良好行为，发展到适时鼓励，培养小 Y 养成自主学习的良好习惯。辅导员以鼓励的话语、亲切的笑容得到了小 Y 的认可和信任，在他心中树立了威信，小 Y 逐渐从"要我学"转变为"我要学"，开始对学习表现出热情和兴趣，最终顺利完成学业。

（三）案例启示

该案例反映了许多大学生身心发展过程中的普遍问题，值得全体教育工作者深思，并反思在今后工作中对相关问题的正确处理方法。从本案例我们可以得到以下启示：

（1）父母是孩子的第一任老师，家庭教育对孩子的健康成长负有不可推卸的责任。辅导员应及时了解学生的家庭情况，做到心中有数。

（2）由于青少年接触的家庭和社会环境不同，在思想观念和行为上存在很大差异，辅导员应当根据学生身心发展状况，做到因材施教，引导学生树立正确的"三观"，教授学生学会面对问题，分析问题，处理问题。[7]

（3）对于有学习障碍的学生，应正确运用强化理论，给予积极的正强化，对于学生表现出的良好行为适时鼓励，以增强学生自信，培养学生养成自主学习的良好习惯。

四、待探讨的问题

父母是孩子的第一任老师，对孩子的教育起着至关重要的作用。父母的教养方式和教育理念对孩子的健康成长有着极为深远的影响。每一位大学生在进入大学之前，基本上已经接受了家庭和社会近 20 年的教育，身心发展趋于成熟，因此，学生入校后出现的种种问题，都不是单凭学校一己之力就可以解决的，还需要父母、老师和社会各界通力合作，方能使学生快乐健康地成长成才。

参考文献

［1］崔瑞亭．大学生厌学现象的心理分析及对策．山西经济管理干部学院学报，2008，16（4）．

［2］季宇，倪树干．强化理论在大学生厌学心理教育中的应用．教师，2010（8）．

［3］杨晓华．用心理方式引导解决职院学生思想政治教育过程中的逆反心理初探．科技资讯，2011，8（23）．

［4］陈益萍．学习动机心理问题的分析和解决．教育现代化，2005（12）．

［5］徐正．论大学生人生价值观教育．合肥工业大学学报（社会科学版），2003，17（4）．

［6］弓志刚，原梅生．高等学校实施学分制管理的理论与实践．山西财经大学学报（高等教育版），2003，6（1）．

［7］汪伟．浅谈如何做好高校辅导员工作．中国校外教育，2009（9）．

春风化雨　润物无声

——学困生成功教育个案分析

詹格亮

一、案例背景

除了学校外，家庭也同样是一个学习的场所，而家庭教育者的角色一般是由学生的抚养者来承担，如父母、爷爷奶奶等。无论是哪个年龄段的学生教育，我们都强调学校与家庭一定要通力合作，多加沟通，保持一致的教育目的和教养方式，避免造成学生价值观模糊、无所适从的不良现象。但是现在很多家长都因为长期在外工作，很少了解孩子的情况，不知道应该如何教育孩子，只是觉得给孩子物质上的满足就已经足够了，这就在无形中给孩子灌输了不正确的观念，从而不利于孩子树立正确的价值观。

本案例以一位家庭教育与学校教育不同步的学生小 A 为例，探讨面对那些缺乏父母关心而又内向、厌学的学生应该如何进行有效干预。

二、案例简述

男生小 A，重本生考入，学习能力较强，刚入学时，学习情况还算比较好，但大概过了半个学期后，就开始出现上课缺勤的情况。各科任老师也都反馈其在课堂上时常打瞌睡，作业有拖交、欠交的现象，遇到不懂的问题也不向老师和同学请教，学习成绩每况愈下，期末的时候挂科现象严重。小 A 性格内向，与同学关系紧张，缺少沟通，虽然能意识到自己的问题，但是自控力比较差，无力改变现状。他一般都比较晚睡，常常失眠。他在学院和班级没有担任任何职务，也没有参加任何社团活动。宿舍同学也反映他情绪低沉，终日浑浑噩噩，好像没有任何事情能够引起他的兴趣。

考虑到小 A 是重本生考入我校，学习能力方面应该是没有问题的，我着重询问了他晚睡和失眠的原因。经了解，小 A 有长期的过敏性鼻炎症状，晚间病情加重导致无法入睡，久而久之就神经衰弱，精神状态不佳，严重影响着他的学习状态，学习问题日积月累，又得不到有效的解决，让他变得更加无心向学。

三、案例分析与启示

（一）案例分析

1. 家庭教育与学校教育不同步

学生在不同的环境下，有着不一样的角色，也有着不一样的任务。对于小 A 来说，在学校，他的角色是学生，任务是学习，从而提高专业技能、锻炼自我，这就要求他应认真上课，学习专业知识，及时完成专业老师布置的任务；而在家中，他的角色是儿子，由于家庭经济条件优越，父母十分溺爱他，故一直给他灌输着"要吃好、住好，不要让自己累着""学习不重要，做你自己喜欢的事情就好，我们会一直支持你"等观念。一方面是需要花费心思、努力学习，另一方面是追求享乐、无比轻松，两者相差巨大。小 A 由于辨别能力较差，不知道什么是对的、什么是错的，不知道应该怎么做，因此导致了行为上的不适应，出现心理和行为的偏差。

2. 缺乏父母的关心

小 A 的父母由于工作繁忙，长时间在外工作，平常与他的接触非常少，给予他更多的是物质上的支持，却忽略了对他心理上的关注。甚至在学院老师向小 A 父母表明小 A 因鼻炎而引起系列不适问题后，其父母都表示对这一情况并不清楚，认为鼻炎不会有如此严重的影响，拒绝了学院老师提出的接他回家调理身体的建议。由此可见小 A 父母对其很多情况均不了解，不会主动关心他，导致他在学校遇到学习问题、情绪问题等心理困惑时也无从诉说。

3. 生理因素

小 A 患有严重的鼻炎，晚上常常会因为鼻炎引起的呼吸不畅导致无法入睡，严重影响他的睡眠质量。由于常常失眠，小 A 上课无法集中精力听课，慢慢地也就跟不上班上同学的学习进度，进而出现了厌学的表现。

4. 依赖心重，缺乏主动解决问题的意识

在父母的溺爱下，小 A 慢慢地变得过于依赖父母，觉得无论发生什么事情，都会有父母帮忙解决，因此缺乏主动解决问题的意识。进入大学后，面对与高中截然不同的大学生活，小 A 变得很不适应，想要寻求父母的帮助，但父母又不了

解其真实情况，只懂得一味满足他的物质需要。小 A 的心理困扰得不到解决，进而开始放弃自己，得过且过。

（二）干预措施及其效果

1. 加强学校与家庭的联系，保持学生教育的同步性

为了帮助小 A 认清对错，找准方向，我积极地与小 A 的父母联系，希望通过与其父母的沟通，能够让其父母意识到自己对儿子所灌输的思想对儿子造成了很多不良的影响，进而主动改变自己的教养方式，以身作则，帮助小 A 树立正确的价值观。

2. 引导父母对小 A 多加关注

我多次找到小 A 父母，引用了许多看似不起眼的身体状况导致学生学习和生活状态低迷的事例，希望他们能多多关心小 A。其父母在我的提议下对小 A 的问候增加了许多，中间提出过一次要更换宿舍，因为宿舍同学普遍晚睡，对小 A 的睡眠状况有影响。虽然知道这种要求是治标不治本的，但为了让学生和家长能正视自己的问题，我们满足了他们的要求，给小 A 更换了宿舍。

更换宿舍后小 A 的状况仍旧没有好转，我再次向他的父亲提出去医院进行治疗，不单单是鼻炎方面的治疗，精神状态也要进行相关的诊断。这次他的父母采纳了我的建议。之后我再打电话给小 A 父母时，被告知小 A 的情况比他们想象的严重，所以提出了休学治疗的申请。

3. 积极调动社会支持系统的帮助

在小 A 休学期间，我首先向班上的同学解释了小 A 的情况，分析了小 A 出现问题的原因，希望能够得到同学们的理解和支持。随后，班上很多同学，特别是小 A 的舍友，坚持与他保持联系，对小 A 的生活、健康等表示关心，平常有什么班级活动，也会鼓励小 A 一起前来参加。慢慢地，小 A 感受到同学们对自己的关怀，逐渐变得不那么内向，开始融入班集体。

卢梭说过："对别人表示关心和善意，比任何礼物都能产生更多的效果，比任何礼物对别人都有更多的实际利益。"一年后，小 A 重新回到了学校，以一个良好的、全新的精神状态迎接学习和生活。

（三）案例启示

大学的思想政治教育不是一个个体或者单线的教育，而是一个点、线、面全面开展的过程。在对小 A 的干预过程中，我走访了他的宿舍，向班主任和任课老师及他的同学询问他的情况，全面调查后得出一个初步的结论和处理意见，并向小 A 家长进行反映。根据掌握的情况可以推断，小 A 家长对自己的小孩缺乏深

入的了解和关心，不管是身体上的还是心理上的。学校教育一定要有家庭教育的配合，只有这样才能做到事半功倍，尽快帮助小 A 走出心理困境，融入班集体。小 A 复学后，通过与其交流，我们发现最大的变化是来自于他的家庭，其父母明显比以往更关心他，这种关心不仅仅是物质上的满足，更重要的是从心灵上、细节上积极关注他，平常尽可能多地抽时间陪伴他。小 A 则更加积极对待自己的生活和学习，意识到大学学习仍旧是十分重要的，不能随便放弃。另外，在人际交往方面，小 A 也开始学会主动积极地关心他人、与他人进行沟通交流，不再拒绝参加班级活动。

四、待探讨的问题

了解学生的学习生活动态是一个辅导员应尽的责任。但是很多时候，辅导员通过各种途径，在多个方面发现了学生存在一定的生活、学习问题，想要寻求家长的帮助时，却发现家长与学校所持的教育理念是截然不同的，很多家长并没有意识到自己的教育理念、教养方式是错误的，是不利于子女健康成长的，因此，如何在学生出现问题甚至是问题刚萌芽时与家长沟通，争取学校与家庭保持同一思想、同一目标，让老师与家长一起帮助学生走出心理困境，是一个十分值得高校学生工作者思考的问题。

爱心陪伴　方法助力
——"网游迷"成长之路
王国华

一、案例背景

沉迷网络游戏是指网络游戏使用者在较长一段时间内被网络游戏中各种信息所吸引，沉溺于其中不能自拔，将大量的时间、精力花费在网络游戏及其有关各种事物上，对网络游戏以外的事物失去兴趣，过度依赖网络游戏带来的心理快感。网络游戏的虚拟性、交互性、多媒体性迎合了大学生不同的价值取向、性格特征和心理状态，成为大学生寻求心理安慰，恣意展现自我的"天堂"。但网络游戏的沉浸性也使缺乏自制力的大学生在网络游戏里迷失自我，造成学业下滑、回避社交等问题，严重影响了大学生正常的生活和学习。

本案例讲述的正是"网游迷"小麦的成长之路。

二、案例简述

男生小麦家庭条件优越，父亲是当地有名的企业家。小麦从小学到高中成绩一直很优秀，但其自控能力十分弱，从小就一直有家教帮助其学习。进入大学后，相对宽松自由的环境以及不再有家教的辅导和管理，导致自控能力弱的他一遇到学习困难就上网玩游戏，久而久之对游戏越来越沉迷，学习成绩也直线下降，大一到大二两年内，小麦有80%的课程考试不及格。由于成绩与班里同学相差太大，学习进度也跟不上，小麦不得不留级一年。

针对小麦的情况，我私下找他进行了深入的谈话。我从谈话中得知，小麦觉得自己从小学到高中都没有自由，到了大学，不在家住宿，也没有了家教，自己遇到不会的作业就上网玩游戏，尤其是一些通关的游戏，通关后还可以挣一点

钱，这让他从中获得更大的成就感，相比于作业中做不出的难题给他的挫败感，游戏通关的成就感给了他更多的满足。就这样，在游戏的诱惑下，他更加沉迷，有时会通宵达旦地玩，因此白天上课无精打采，甚至逃课在宿舍睡觉，两年下来有二十多门功课不及格。他自己没有想过要退学，虽然学校《学生手册》规定了多少次旷课、多少门功课不及格是要退学的，但这也只给了他一点警示，对他沉迷游戏并没有太多实质的影响。

三、案例分析与启示

（一）案例分析

1. 环境因素

小麦家庭条件优越，生活无忧，在中小学时期得到家教很大帮助，这让他一直保持优秀的成绩。但长期处在家教的陪伴下学习也让他形成了对家教的依赖，一旦家教离开，就容易出现问题。

2. 家庭教养方式

溺爱型的家庭教养方式给孩子带来很多负面影响，如独立生活能力较差、自我意识较弱、占有欲强、爱争强好胜等。父母文化程度不高，对小麦的教育也缺乏科学有效性。小麦日常生活的一切基本都由父母包办，尤其是母亲对孩子十分溺爱，加之父亲虽文化程度不高，但事业发展得很好，让他感觉不到学习的重要性，认为读书只是完成父母交代的任务，学习目标不明确。这就造成小麦自我生活能力十分弱，学习上也缺乏主动性。

3. 自身因素

在现实生活中，人们都希望获得成功，有所成就，渴望得到他人的认可。一旦遭受挫败，为了维护自我概念和自我价值体系，个体就会产生相应的心理失调，当长期处于心理失调状况时，个体就会主动寻找适应自我价值体系的团体和事物。如将注意力从主流价值体系中分离出来，投向网络游戏，在一些故事或传说性的游戏中扮演英雄人物，在游戏进程中一步步实现自我价值和自我认同，在虚拟世界展示个人魅力，获得成就感和满足感。小麦在学习上做不出题的挫败感让他对自我价值产生怀疑，而网络游戏正好满足了他的心理需求。

4. 外部因素

网络游戏作为一种活动，具有互动性、虚拟性、叙事性、多媒体性。其通过虚拟的游戏设置将玩家引入情境，并设定一些规则和级别，让玩家按照这些规则完成相应的任务，即通关成功，级别得到提高，能力越强者越能够在竞技中脱颖

而出，拥有高级别所带来的特殊地位和权利自由。网络游戏中这种及时的反馈，带给玩家一种快感和成就感，以及"高峰体验"的感觉。网络游戏的这些特征使得其对人们有极强的吸引力。

（二）干预措施及其效果

小麦自己也表示想克服沉迷游戏的坏习惯，把学习赶上。了解到小麦有改变自己的想法之后，我就开始给他制订学生计划。我根据他的情况，帮他制定了一整套"快速不停的学习方法"。他是一个性格内向又依赖性十分强的学生，需要我时刻监督，坚持每周找他谈话，慢慢地分散他玩游戏的注意力。经过一年多的跟踪教育帮助，小麦玩游戏的习惯有所改变，成绩有所好转，开始能按时去上课。我及时表扬了他的进步，并鼓励他把主要的精力放在学习上，用多做作业来充实自己。然而他的网游瘾时有反复，这还需要长期跟踪帮助。

我对小麦的教育帮助主要有如下措施：一是长期与其父亲和学院辅导员、副书记保持联系，时刻掌握他的学习和生活动态，采取强制性的帮助措施，要求同宿舍的同学每天按时叫他起床去上课。开始他很不习惯，舍友叫他也不起床，我就找辅导员去叫，让他按时起床去上课。在两年多的时间里，我每周都打电话或者亲自找他谈话一次以上。二是周末让他到父亲的工地，从事父亲安排的一些工作，感受劳动的艰辛。三是让他父亲监督和控制其在家时的网络使用情况。

让小麦在家里的工地干活作为父亲付给他生活费的回报，在学校安排同学坚持监督他按时去上课，安排辅导员经常到课室、宿舍检查他的学习情况，都是较为有效的干预措施。经过两年多的不间断帮助，小麦沉迷于玩游戏的坏习惯已逐渐改掉，学习情况也有了明显的好转，目前他已经能够把主要精力投入到专业学习之中，适当的学习方法使他取得较大的进步，来自学习的成就感也让他对学习的热情得到不断的提升。我为他的转变而高兴。

（三）案例启示

（1）耐心很重要。对沉迷网络游戏的大学生的教育需要坚持不懈且连续不间断地给予耐心细致的帮助，掌握循序渐进原则，以达到从量变到质变的转化。学生沉迷网络游戏不是个别情况，应该引起我们的高度重视。

（2）方法要恰当。可采取启发性的谈话来引导其思想观念的转变；采用问题讨论、辩论、实践训练的方法培养其解决实际问题的能力。只有准确地分析、有效地引导、坚定地实践，才会有好的效果。

（3）组织有效的教育帮助资源，进行综合性帮助。例如，与其家庭、辅导员、任课老师、同班同学特别是同宿舍同学一道进行综合性的帮助教育，从环境

上进行约束，发挥周围环境的影响作用。

（4）帮助其树立正确的自我价值观，清晰地认识自己，形成完善的自我概念。

四、待探讨的问题

在如今这个网络越来越发达的时代，大学生沉迷网络是一个比较普遍的现象。有很多媒体报道，因沉迷网络，一些大学生不仅荒废学业，而且产生精神异常等心理疾病，严重影响身心健康。如何有效地加强网络管理，提高大学生抵抗"网络异化"的能力，不仅是一个一直存在的问题，更是一个亟待解决的问题。

破茧成蝶
——后进生蜕变优秀生
王国华

一、案例背景

随着高校学习生活由普通教育向素质教育转变，发展方向由升学主导向就业主导转变，部分大学生必然会面临新的环境，在学习策略和学习方法等方面会产生新的问题。每个人都会遇到不同的学习问题，而面对和解决这些问题的心理调适才是最重要的。大学生只有解决好学习心理问题，才能不断提高学习效率，提升自学能力，从而成为具有创新能力和实践精神的高素质人才。当代大学生的学习心理问题主要有：学习适应不良、目标计划不明、学习策略不多、学习热情不足、学习动机不强、知识基础不牢、学习毅力不强、学习考试焦虑、缺少学习反思等。[1]

本案例以学生小陆为例，其因学习问题困扰导致正常学习和生活都受到严重的影响。

二、案例简述

女生小陆来自农村，入学后由于学习方法不当和学习心理问题等原因，第一年就有四门功课不及格，按照学校规定，如果毕业之前有六门功课不及格就不能毕业。小陆意识到面临退学的危机，心里十分焦急，既没有办法自我解决，又不愿意退学，她认为自己来自农村，如果不能顺利毕业，将来就没有前途。为此小陆整天情绪低落，精神不振，陷入了一个无法继续学习和生活的死循环。

三、案例分析与启示

（一）案例分析

1. 自身因素

（1）学习方法不当。

小陆按照高中时的学习方法，想以老师精讲、学生多练的模式来完成学业，但是总感觉作业做不完，理解不全面，考试时总感觉心中无底，担心考不及格，内心十分焦虑。受传统"慢工出细活"思想的影响，她不能转变学习的节奏，

又不知如何才能在学习方法上创新，自己一个人苦苦思索，没有找到合适的学习方法。部分大学新生也出现类似情况，他们无法适应大学的教学方式，习惯于中学的填鸭式教学模式，养成被动、机械的学习习惯。而大学阶段由于课程设置多、教学方法形式多样，并且更多地要求学生学会自学。部分出现学业不良的新生，有的对学习环境要求过高；有的抱怨学校、院系和专业不如意；有的指责教学设施不够完善；有的对人际关系矛盾困惑不解，等等。此外，很多大学生尚未找到适合自己的学习方法，他们习惯于以前的学习模式，产生学习心理定式。他们对不同学科的学习不会转换思维，总是满足于机械记忆和做题制胜。他们很少对学习内容进行深度的思考和操作，不能将所学知识整合为一个灵活的体系，缺少一系列高效率的学习策略。该生也出现类似情况，其实终归是学习方法不正确的问题。

（2）学习心理问题。

大学生要有相当可观的知识背景和扎实的知识基础，所有的认知过程都在知识基础这一背景中发挥效用。有的学生在学习过程中比较浮躁，缺乏刻苦的学习精神；有的学生过于崇尚实用，热衷于英语、计算机等的考级、考证，忽视专业知识的学习；有的学生沉溺于网络、小说、电视和恋爱之中，学习不够努力，直接导致其知识基础不够扎实。小陆的学习策略较为单一，并且由于习惯高中阶段的学习模式，其学习基础不足以支撑整个知识体系。另外，小陆也总是被动接受学习，缺乏刻苦创新的精神。

2. 老师因素

学校和班级是学生进行学习非常关键的场所，校园文化制度、教风、学风影响着学生学习的兴趣和成效。教风严、学风浓的学校和班级，学生的学习成绩必然会比较好，而符合现代理念的学校制度对学生自主学习的影响更大。[2] 老师则是学校制度理念的实施者，老师的指导更为重要，从兴趣的激发、学习目标的制定、学习方法的选择到成果的评价都需要老师的参与，老师对学生的影响尤为重大。小陆反映，部分老师讲课太快，没法跟上老师的步伐，总感觉不能完全掌握老师讲的内容。

3. 社会环境

社会是学生身处的一个最大背景，它往往促进学生学习动机的形成。例如，"文革"期间，没有英语课，把学习英语批判为崇洋媚外，人们对英语自然较为排斥。而当今社会，随着对外开放的扩大，国际交流日益增多，学英语已成为一种社会时尚并受到大众热捧，其社会价值越来越大，这样的社会文化背景使学生感到学英语大有裨益。而小陆的这种学习问题，也是受到社会大背景的影响。在

学校的学习中，学生逃课是一种常见现象，认为上大学没用的人也不在少数，身处这样一个复杂的环境，很容易形成一种学习倦怠心理。

（二）干预措施

1. 了解实情，准备干预

我知道情况后，及时找小陆谈话，了解她的学习和生活情况。我问她是如何进行学习的，她表示自己学习认真刻苦，但是成绩总是不好，怀疑自己智力出了问题，并且总是觉睡不好、饭吃不香，身体消瘦，精神不好，更糟糕的是听不懂老师讲课的内容。

2. 分析情况，寻找方法

我分析小陆的学习情况，了解到她还是用高中时的学习方法应对大学的学习，听、说、读、写的速度远未达到大学学习要求。我告诉她大学学习与中学学习是存在很大区别的：一是学习的内容多，老师讲课进度快，需要学生自主学习，特别是要有一整套良好的学习方法；二是必须有自主学习的能力，形成适合自己的学习策略，才能更好地完成学习任务。因此，科学的学习方法对小陆而言就非常重要且迫切。为此，我专门给她制定了一整套学习方法（快速地进行听、说、读、写训练），要求她按我的方法坚持至少十周的训练，因为一个好习惯的养成一般至少要十周的时间。我还了解到小陆主要的学习问题是看书、练习读写的时间分配有问题，所以专门给她制订了学习计划，把看书（输入）的时间减少到30%，把练习读写（输出）的时间提高到70%，以弥补原来输出的不足。

3. 纠正错误，重视心态

由于小陆很可能受不良学习风气的影响，我找了一些有成就的师兄师姐的事例，跟她分享了他们的成就是如何得来的，以他们的例子说明读书或许真的可以改变命运，促使其思考当前的学习状态，并且让她知道只有努力才能获得自己想要的生活，只有认真做好眼前的一切，才能为未来铺就一条康庄大道。

4. 主动配合，快速适应

小陆由于不适应老师的教学方式，听不懂课程，导致学习困难，学习成绩下降。我建议她多听老师讲课，遇到不懂的要及时提出，多开口问老师和同学，把所有的不懂都当场解决，不拖延，从而慢慢地适应老师的上课方式以及速度。我对她进行了近一个学期的训练，不断提高她的训练速度，使她最终达到适合的速度。学习速度的提高，使她的注意力不断集中，开小差的机会大为减少。另外，我建议她上课快速做笔记，达到不分心、不走神的状态。我还让她进行听、念、看、写轮流训练，达到综合应用大脑的效果。

（三）干预效果

一个学期后，小陆的成绩明显好转，学习的自信心增强了，此后基本没有出现挂科的情况。经过一年的训练，她的成绩由中下水平上升到中上水平，有一门课考试还获得全班第一，这一门课给了她很多的自信，她也认识到学习的重要性。她的自信心增强了，加之使用了科学的学习方法，在以后的学习过程中提高很快，最后以优秀的成绩完成了学业，毕业后当上了中学老师。

（四）案例启示

1. 学习方法是学习的指路人

数学家笛卡儿说："方法比事实更重要。"小陆用了我介绍的学习方法后，感觉学习不是想象中的那么困难了，心情也开始轻松了很多，学习生活更加充实，完成作业的效率既有速度又有质量。我对小陆进行帮助时，要求她坚持按科学的方法进行训练，并且要养成良好的习惯，不能时冷时热，防止出现马马虎虎的思想。

2. 学习心理是学习方法的根基

学习进步的喜悦和满足感让小陆充满希望，精神状态也大大变好。这有利于培养其刻苦学习的精神，最终达到热爱学习的效果。由此可见，应特别注重对学生学习心理的积极调适。

四、待探讨的问题

此类学生数量大，重视帮助他们改变学习的方法，养成良好的习惯，是我们高校老师的当务之急。

部分大学生成绩不理想，不是不想学而是不会学。这类大学生有相当的数量，每年有5%—10%的大学生不能按期毕业，说明不会学的学生还是占有比较大的比例。这要求我们平时要对大学生多进行学习方法的指导，大力开展学习习惯养成教育活动。

大学生运用科学的学习方法十分重要，还要在习惯养成方面加大训练力度，狠抓学风建设。学风建设永远在路上，从未终止，没有最好，只有更好。

参考文献

[1] 董淑珍. 职校生学习心理问题及对策. 江苏技术师范学院学报，2008，14（12）.

[2] 王健，潘岩. 高校学风建设的探索与实践. 辽宁行政学院学报，2008，10（1）.

关爱从未缺席

张绪庆

一、案例背景

随着高等教育由精英教育向大众教育转化，高校学生整体质量下降。在应试教育的高压下，学生在高考前目标集中、明确，进入大学后却适应困难，没有明确的导向标，感到迷茫、困惑，再加上处于人生的重要阶段，心性不稳，个性凸显，这就造成其学习心态呈现出多元分化趋势，厌学、逃课现象层出不穷，中途退学或在计划时间内不能正常毕业的状况成为常态。这不能不引起我们的关注和思索。

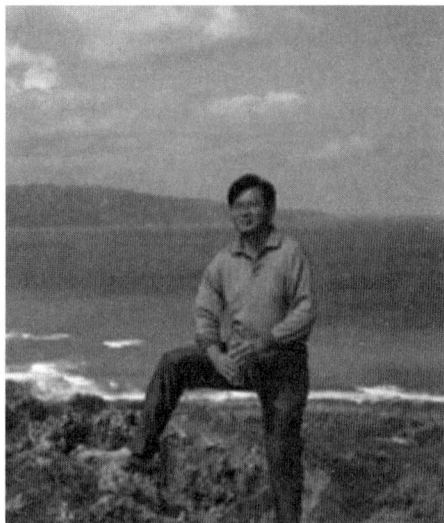

本案例以一名从小就不在父母身边成长的留守儿童小刘为例，探讨应该如何挽救这一类型的学生。

二、案例简述

男生小刘属于留守儿童，小时候父母出外打工，将其留在外祖母身边，由外祖母抚养长大。因缺乏父母的爱与交流，他性格偏内向，自小学就在寄宿制学校读书，生活独立性较强。他高中前两年在外祖母所在的城市读书，高三转到户口所在地读书，并在当地参加了高考，过本科线后以第一志愿报考了我校。

小刘入学后一开始学习较为积极，但没有坚持太长时间，第一学期期末考试挂科两门，第二学期开始逃课，在我与其谈话之后有所改变，但坚持时间不长，而后成为班内逃课大户，因此受到学校警告处分。第二学期期末考试他又挂科三门，基本处于自我放弃状态。且其社会交往较多，逃课后多去结交社会上的朋友。

三、案例分析与启示

（一）案例分析

1. 缺乏关爱

马斯洛需要层次理论认为，人的需要分为五个层次，即生理需要、安全需要、情感和归属需要、尊重需要和自我实现需要。情感和归属需要是指人要爱他人和获得他人的爱，并隶属于某一群体。小刘为留守儿童，自幼随外祖母长大，无法获得父母之爱，在他心目中没有家的感觉，然而家的感觉也恰恰是他最想要的。这种对无法获得父母之爱的失落促使他丧失学习的动力，并转向社会交往，希望能从社会上年龄较大的朋友身上找回"家"的感觉。

2. 成就动机缺失

研究表明，儿童期的家庭教育方式对培养成就动机意义重大，和谐的家庭环境、指导和劝告式的引导可以使儿童的成就动机发展较好。而小刘生活在缺失父母之爱的家庭之中，无从谈起和谐的家庭环境和父母的有效引导，因此无法形成良好的成就动机支撑其健康成长。

3. 早期心理阴影影响后期发展

心理学研究表明，早期由于遭受不幸形成的心理阴影，虽经时间逝去会慢慢消散，但只是被意识强压于心底，在适当的时机依然会反弹出来。小刘高一、高二时在外祖母所在的城市读书，高一本来成绩挺好，但因老师们想到将来他要回户口所在地参加高考，成绩不能算到他们头上，也就不再重视对他的督促，这使得他非常苦恼，开始上课不认真，有一次做小动作被物理老师辱骂，由此形成对老师抵触的心理阴影。

（二）干预措施

1. 走访宿舍，从侧面了解情况

宿舍是学生生活的地方，也是学生的问题暴露得最清晰的地方。经查访了解到，小刘在宿舍习惯良好，入学后第一学期曾有短暂的玩游戏嗜好，但后来发生改变，多数时间都不在宿舍，即使回来也只是上网看电影，不熬夜。他与同学交往很和谐，不过交集不深，不会谈论个人的家庭情况和社会交往情况。他对于所学专业是师范类专业表现出厌烦，有一次与舍友聊天，提到以前曾遭受物理老师辱骂的事情，因此不喜欢老师这个职业。他喜欢独来独往，交际面较广，时常会有社会上的朋友找他，逃课很可能去会见社会上的朋友。

2. 联系家长，沟通反馈实情

对于小刘挂科较多的情况，我向他表示将根据学院的规定向他的家长汇报此事，小刘却对此反应冷淡，说没有作用，爸妈不会关心他的学习，我感到非常诧异。我曾先后三次与其母亲电话联系，通报了他挂科和逃课的情况，确实在通话中没有感觉到其母对此表示惊讶或愤怒的语气，其母只是平淡地答应会教育他。我从他母亲口中了解到，他出生后大约1岁的时候父母就外出打工了，把他留在外祖母家度过童年，他从读小学就开始住校，生活比较独立，只在要学费时才跟家里联系，其他事情很少依赖家里。由此可知其家庭关系存在问题。

3. 技巧谈话，进行原因探索

开始几次接触他总有躲避的情绪。考虑到过于频繁的谈话可能会让他产生反感，于是我保持一个月与他聊一次。在谈话过程中，我语气平和，以拉家常的方式进行，话题也不再直击学习和对逃课的认识，而是做试探性询问。他开始慢慢打开心门，讲述了自己的故事。在他讲述过程中，我对他独立的生活习惯、认为玩游戏是浪费生命的观点和与社会成功人士交往的做法进行了适时的肯定和表扬。根据他的叙述，我探知了他厌学的两大原因：一是父母的不关注使他丧失了学习的动力；二是所学的师范专业与他不愿做老师的想法存在心理上的冲突，其对老师存在敌视源于高中时被老师忽视和辱骂的事件。这正好与我宿舍查访和联系家长获得的信息相印证。原因的清晰为问题解决奠定了基础。

4. 展现关爱，进行思想转化

了解到原因后，我开始安慰他："父母一代也许有他们的难处，为了苦苦支撑自己的家庭，不得不托子离家，也牺牲了儿女绕膝的幸福生活，你现在可能不理解，但当你成家为人父母时，便会有更深刻的体会。"至于对老师的偏见，我很坦诚地与他分享了我的观点："老师队伍中确实存在着这种比较功利而又道德水准低下的人，老师这一行业也有与其他行业一样的规律，道德水平发展不平衡，但绝大多数老师还是好的，因为他们不仅要自律，还要接受学生和社会的监督。一个老师或一小部分老师不能代表整个老师队伍，所以你要对老师抱有信心。正因为碰到这种老师，所以才更应该站出来做一位好老师的表率，而不是敌视老师。再则，虽然你学的是师范专业，但是毕业后也可以不做老师，进入哪个行业是自愿的选择。"

（三）干预效果

在之后的谈话中，我鼓励他：一是放弃思想包袱，相信父母是爱他的，要学会与父母沟通，多与父母聊天；二是多实践，多体验，用感觉摈弃不恰当的想

法，找到正确的定位；三是学习是本位，只有圆满地完成学业才能证明自身的价值，才能证明自己是一个有担当的人。

我同他的谈话取得了明显的效果，他每过一段时间就会给我电话，问我有没有时间与他聊天，尤其是毕业清考前后，我成了他可以信赖和倾诉的朋友。他与父母也恢复了至亲至爱的关系，在他的微信中多次出现他妈妈的身影。他多次参加义务支教活动，毕业前实习还去了一家培训机构为中小学生培训演讲与口才，感触颇多。他说："每次看到我的学生参加比赛获奖，我都会感慨万千。"我最后一次与他交谈，他还说："陈老师的'教学法'课是最有用的一门课，可惜没好好学，真想再上一次。"后两年的学习，他几乎没有逃课，也没有挂科，并很努力地为毕业清考做准备，遗憾的是还是有一门课没能通过，办理了结业，在本学期初积极地回校办理了重修。我想，他大学学习的胜利果实即将取得，虽是迟了一点，但结局依然是圆满的。

（四）案例启示

小刘是当前众多学习失败学子中的一名，学习失败的原因虽有其共性，但更有深层次的个性。留守儿童的处境使他自幼享受不到家庭完整的爱和关怀，当然也得不到来自家庭的动力，丧失了学习的劲头；同时对老师的偏见与所学的师范专业又形成了强烈的矛盾冲突，致使其自我封闭、自我放弃。这两大原因在学习方法不适应导致挂科的这一诱因下，主导了小刘的心理倾向和行为导向，使其走向了学习失败的境地。为了挽救小刘，我做了较大努力，采取了有效的方式，取得了明显的效果，也感受到在学生工作中有五点应很好把握：

1. 看问题，抓事物的本质

这是解决问题的关键。对于小刘的问题，如果只从表面现象认定他只是懒惰，不愿努力，从而一味地批评教育，往往会适得其反，不仅无法挽救他，反而会将他推得更远。因此，在工作中对学生的问题应透过现象，探究深层次的原因。

2. 对于问题的认识要以全面收集材料为基础

小刘阐述与父母关系不好，这一点我可以从与其母亲电话联系的语气中得到证实，关系亲密的母亲不会对孩子学习失败只是平淡地表示。据此可以认定小刘学习失败，与家庭关系有重要的关联。小刘厌恶师范专业也与其舍友所说相印证。因此，收集材料要从多方面验证，不能只听信学生的主诉。

3. 用辩证和发展的眼光看待学生

问题学生也有闪光的地方，也有可以肯定的优点。小刘逃课，但不是去玩游

戏，他认为玩游戏是浪费时间，这是值得表扬的地方。他交往的社会朋友有些为成功人士，他能从他们那里汲取一些正能量，这也是闪光的地方，作为辅导员在做工作时一定要看到。同时要抱有学生可以被转化的信念，要看到学生点滴的改变。

4. 与学生谈话要倾情并掌握技巧性

谈话方式不能生硬，不然容易将学生推到自己的对立面，引起学生的敌视。在谈话过程中，不应一味地提问，要学会倾听、关注和共情，并且对于学生思想中的闪光点要及时给予肯定和表扬，使学生感受到你对他的尊重。

5. 从利益最大化的角度解决问题，展示爱的关怀

虽然我对小刘母亲表现出来的态度感到诧异，但对小刘我不能表现出这种想法，要安抚小刘理解父母的难处，告诉他只有通过多交流才能消除隔阂，赢得家庭的和睦，从而获得推动自身发展的动力。

四、待探讨的问题

在促进学生的自身发展中，家庭、学校和社会担负着不可推卸的责任，尤其是早期家庭教育，将对学生的个性发展产生决定性的影响，因此高校学生工作面临与家长的联动。对待问题学生怎样与家长沟通，与家长共同挖掘学生问题的深层次原因，是比较难以解决的课题，因为这会受到家长文化层次、素质及地方风俗造成的思维习惯等诸多因素的影响。这也是我长期努力的方向。

当然，学生出现问题，作为人生导师，我们首先应该本着呵护、关爱的心态，通过不厌其烦的谈话、真诚的倾听、细心的探知、恰当的肯定与表扬、积极的鼓励等方式，帮助他们解决心理问题、认知困惑。老师的关爱契合学生的心理诉求，只有关爱才能打动学生的心、净化学生的魂。

一个"逃课王"的转变

翁素贤

一、案例背景

　　近年来，越来越多港澳生选择到内地高校求学。据统计，2009 年就有 197 所内地高校获准招收港澳生[1]，我校就是其中之一。我校的大部分港澳生都能够按照学校的教育教学安排，认真完成学习任务，遵守学校各项规章制度。然而，由于香港、澳门等地区与内地相比，存在地区文化和教育背景差异，港澳生的学习成绩普遍不理想，挂科率较高。同时，大部分港澳生与班级其他内地同学交流不多，参与学校学生活动的积极性也不高，个别学生存在比较严重的缺课旷课现象，给人感觉比较散漫，难以管理。

　　本案例以港澳生小阳为例，讲述其如何在苏老师的关爱与帮助下，从一个令学院老师头疼、与同学关系疏远的"逃课王"成长为优秀生的励志历程。

二、案例简述

　　小阳是我校的一名港澳生。她在读大二的时候，由于父母感情出现问题，又加上刚刚经历失恋，因此开始自暴自弃，经常逃课，是学院出了名的"逃课王"，几乎所有老师的课她都逃，被投诉成了家常便饭，同学们对她更是避而远之。然而，在大三的"英语教学法"课中，小阳遇到了一位改变她命运的好老师。正如那个著名的成功教育案例——幸运的海伦·凯勒遇到了改变她命运的苏利文老师，这个案例中的小阳也遇到了对她不放弃、耐心等待她成长的苏老师。

三、案例分析与启示

（一）案例分析

1. 家庭因素

大二的时候，小阳的父母感情出现问题，她在家里感受不到温暖。张海燕在《对离异家庭大学生的心理特点及教育方式的探讨》中通过调查得出，离异家庭大学生的心理健康总体水平较差，与完整家庭子女相比有显著差异，他们的心理问题表现得较为广泛。[2]王永丽也提到，父母离婚或者感情不和，孩子很容易产生强烈的自卑感、被遗弃感、怨恨感等消极情绪，同时也会导致低自尊、更多外部行为问题、学习成绩下降。[3]在家庭出现问题时，小阳产生了消极情绪，却没有得到释放，内在情绪导致逃课等自暴自弃的外部行为问题。

2. 感情挫败

大二这一年，除了家庭出现问题，她自己也失恋了。失去了依靠的她，开始怀疑甚至否定自己，觉得自己一无是处。

从心理学角度来说，失恋是青年期最严重的情感挫折之一。失恋了的大学生往往有一种强烈的羞耻感，情感混乱，内心沮丧、愤怒、抑郁、痛苦。大学生失恋后，有的能够从失恋的阴影中走出来，有的选择报复别人，有的选择伤害自己。[4]根据小阳回顾，失恋后那段时间她很无助，似乎全世界都觉得自己一无是处，像一个"烂苹果"。由于不想见人，她开始逃课，放纵自己。后来情况越来越严重，形成了恶性循环，她更加害怕去上课。小阳的这种行为明显表明她没有及时从失恋的阴影中走出来。就这样，她不知不觉地成为老师、同学们心目中那个令人头疼的"逃课王"。

3. 港澳生的困境

赖章荣在《港澳学生在内地高校求学的适应性研究》中提到港澳生在适应方面的障碍，他们中的大部分人初次离开父母来到内地这样一个陌生的生活环境后，会有很多不适应。他们想到要独立生活、独自处理各种事务（包括人际关系），会感到忧虑不安，甚至还有些惧怕，这种精神状态严重地影响了他们的学习；也有一小部分自制力较差的学生由于脱离了父母的视线，又来到了相对于中学来说较为宽松的大学环境，感到自由轻松多了，于是把不少时间和精力放在交友玩乐（如逛街、下饭馆、玩电子游戏）等事情上，结果把学业给荒废了。[1]对于小阳来说，由于亲戚朋友都在香港，一旦遇到挫折便觉得十分无助；同时，由于父母不在身边，也很容易对学习松懈。

（二）干预措施

刚上大三时，小阳依旧逃课，然而幸运的是，她在"英语教学法"课上遇到了改变她命运的苏老师。苏老师对她进行了以下干预措施：

1. 给予足够关注

当苏老师发现小阳第二次没有来上课时，立刻向班长了解情况，并主动找小阳谈话。第一次见到小阳时，她一直低着头，很自卑，听她描述了家庭的情况和内心的迷茫后，苏老师觉得很心疼，这个孩子太缺乏关爱了。苏老师决定要尽力去帮助她。

苏老师像对待自己的女儿一样诚恳地和小阳谈了很多，关于家庭、关于人生、关于未来。当苏老师问到她对未来的打算时，她眼睛一亮，兴奋地说："苏老师，其实我一直很喜欢当老师！"苏老师鼓励她："无论家里发生什么事情，你一定要为自己的未来负责。既然你喜欢当老师，为何不努力去实现这个梦想呢？"

2. 给予鼓励和肯定

在第三次课的时候，小阳终于来上课了。这一次下课之后，苏老师又继续和她谈了很久，包括她在学习上遇到的困难。苏老师发现，原来小阳很有当老师的天赋，虽然因为缺了一些课，基础相对薄弱，但她在教学方面很有想法，特别是课件制作得很好。苏老师不断地帮助小阳发现自己的优点，鼓励她，小阳也越来越喜欢上苏老师的课。从此，小阳再也没有缺席苏老师的课，班长反映在其他课上也慢慢见到她的身影了。

3. 动员其他同学一起帮助小阳

为了让小阳融入班集体，苏老师还特地找来班长以及和小阳同组的几位同学，叮嘱她们在生活上、学习上多关心、帮助小阳。同学们都说，小阳像变了一个人似的，对小组活动积极参与，课堂试讲认真准备，还主动帮助其他同学。就这样，大家都觉得以前误解小阳了，不少同学开始走近她，成了她的知心朋友。

4. 持续关注

接下来的日子里，苏老师一直关注着小阳的情况。小阳偶尔还会遭到其他老师的投诉，苏老师都尽力做好沟通工作，甚至在外地出差的时候还特地打长途电话开解、鼓励小阳。

（三）干预效果

在大三这一年就要结束的时候，小阳提出想报名参加实习支教工作，因为她相信自己已经有能力去实现梦想了，得到了苏老师的极大支持和鼓励。

实习支教期间，学院副书记和辅导员到支教学校巡查。小阳为大家上了一节精彩的公开课，赢得了一致好评。总结会上，她勇敢地在所有领导和老师面前主动提起那段不堪回首的大学生活。她说，在大学期间是班主任苏老师陪伴她走过了最低落的时期，改变了她的生活态度，也改变了她的人生。她提到，令她开始转变的原因是苏老师当时并没有责怪她，而是关心她以后的人生计划。在那种自暴自弃的状态下，苏老师仍然相信她的未来还有希望。她表示，今后要像苏老师一样做一个真正能够感化学生的老师。小阳的一番坦诚分享，说明她已经从那段黑暗的日子走出来了。

后来，在实习支教中她表现出色，被评为我校优秀实习支教生，并且在班里综合测评排名第四，获得学校三等奖学金。在毕业典礼上，小阳自信、阳光的笑容给很多老师留下了深刻的印象。

毕业后她顺利在香港找到了与教师相关的工作，并在香港继续攻读硕士学位。

（四）案例启示

1. 给予每一个学生足够的关注

大学和中小学不同的是，对大学生的管理趋向自由自主，大学生更需要的是自我约束。然而，如果没有得到足够的关注，他们也很容易感到迷惘。因此，我们应该通过多方面的途径，密切关注每一个学生的情绪变化，尤其是背后的客观原因。表面上自暴自弃的学生，背后说不定有其难处，因此教师必须给予学生足够的关注。

2. 适当进行挫折教育

无论是遭遇父母离婚还是失恋，或者其他挫折，都应以平常心接受，人生不可能是一帆风顺的。大学除了教授文化知识，还要适当开展一些心理课程，引导学生学会调整自己的情绪，积极面对挫折。时有新闻报道大学生由于受骗而采取自杀的极端方式，这样的悲剧说明大学生的心理健康教育是非常必要的。

3. 对港澳生给予恰当的引导和关怀

港澳生初来内地，适应方面假如没有得到恰当的引导，很容易产生消极情绪。加上他们远离家乡，得不到足够的关怀，应该给予他们足够的关注。

四、待探讨的问题

挫折应对方法和自我应对挫折能力的教育虽然一直贯穿于学生受教育过程当中，但当面对一些意想不到的挫折时，很多学生仍会感到难以应对。因此，心理

健康教育的目的不仅要让学生学习心理健康知识，学会调整自己的情绪和心理状态，更要使学生在遇到难以处理的心理困扰时学会正视自己的问题，并通过正确的途径寻求帮助，这在实践中有待于进一步探讨。

参考文献

［1］赖章荣．港澳学生在内地高校求学的适应性研究．中国成人教育，2010（21）．

［2］张海燕．对离异家庭大学生的心理特点及教育方式的探讨．山东省青年管理干部学院学报，2009（1）．

［3］王永丽．父母离异对其子女的影响及教育对策．世界教育信息，2007（5）．

［4］程刚，肖友琴．大学生失恋应对方式的构成及其特点．中国健康心理学杂志，2010，18（10）．

第二单元

和谐校园

重建温暖和谐宿舍

周世慧

一、案例背景

宿舍是大学生学习和生活的主要场所，宿舍也是学生之间进行思想文化交流、价值观碰撞、感情加深的空间平台。良好的宿舍氛围直接影响着学生的学习、生活以及成长。而目前宿舍内部人际关系不和谐是高校较为常见的问题，如何处理也是高校所面临的紧迫问题之一。辅导员解决宿舍人际关系问题需要全面了解、找准契机、积极引导。

本案例主要以小梦、小夏、小义 3 名同宿舍女生为例。小梦和小夏本是好朋友，但因宿舍生活的细节、为人处世的方式方法不当导致矛盾。小义站在小梦一方，也与小夏产生矛盾。由于小义的加入，小梦和小夏的矛盾升级。三人的矛盾导致了整个宿舍的严重不和谐。

二、案例简述

在大一第一学期，小夏与宿舍其他 5 名同学的关系较为良好，其中，小夏和小梦还是好朋友。但随着在一起生活的时间越来越长，小夏的诸多生活习惯以及待人处事的方式让大家感到反感。诸如：晚上很晚回宿舍，影响宿舍同学休息；对宿舍同学要求很苛刻，尤其是对小梦，在自己未起床时，不允许其他同学发出较大的声音；不允许同学将衣服晾晒到靠近晾毛巾的晾衣架上；喜欢在宿舍发脾气，且大多数时候会将自己的不愉快发泄在小梦身上，等等。某次，小梦在私底下与宿舍同学谈论小夏的各种不是，无意中被小夏全部听见，为此，两人朋友关系彻底决裂。尽管小梦感到内疚，曾向小夏道歉，但小夏并未从内心真正接受，她认为最好的朋友背叛了她。继而，小梦和宿舍另一名同学小义走得越来越近，小义时不时站出来为小梦打抱不平，导致小夏对小义也产生了排斥。渐渐地，小

夏和宿舍所有的同学都疏远了，她感觉舍友们都更喜欢小梦，而对自己有意见，因此回宿舍也越来越晚。

　　而此次宿舍矛盾最终达到不可调和的状态源于小夏某日发的一条微信朋友圈。微信中小夏言辞非常激烈，将宿舍矛盾暴露无遗，对小梦及宿舍同学进行了谩骂。朋友圈顿时炸开了锅，其中不乏支持、帮腔互骂的评论。在这种情况下，小梦和小夏在宿舍发生激烈的口角，并产生推拉的举动。事后，小梦与宿舍其他4名同学直接到办公室找辅导员进行投诉。

三、案例分析与启示

（一）案例分析

1. 自身因素

（1）个体的气质、性格特征。

古罗马医学大师盖伦提出了人的四种气质类型：胆汁质、多血质、黏液质、抑郁质。一个人的气质是先天的，而性格是后天的，气质影响性格的形成。案例中的小夏偏向胆汁质，她性格外向、敏感、冲动、脾气大；而小梦则偏向黏液质，性格较内向、安静，善于忍让，喜欢唠叨，娇弱。正因为气质、性格不同，才有着不同的行为模式，也为矛盾的产生埋下了伏笔。小夏脾气大、性格直，说话行事都很容易伤害到小梦，而小梦的唠叨、娇弱又让小夏觉得做作。

（2）不合理信念的存在。

情绪ABC理论是美国心理学家埃利斯创建的。A代表诱发性事件，B代表信念，C代表产生的情绪和行为结果。而人的消极情绪和不良行为后果，都是由不合理信念导致的。不合理信念也就是非理性信念，不合理信念的存在引起了情绪的困扰，而不恰当的情绪释放会导致人际交往中的矛盾和冲突。如本案例，小夏认为自己要睡觉了，那么宿舍的同学就都应该睡觉，这就是绝对化要求；小梦认为小夏指出她晾晒衣服不对是小夏故意针对，这便是过分概括的体现。正因为这些不合理信念的存在，导致小夏和小梦内心烦躁、情绪压抑。而情绪影响着她们的行为，小夏在宿舍同学无法和自己形成一致的就寝习惯时，便发脾气，毫不留情地指责舍友，这便导致了舍友对其反感。而小梦认为小夏故意针对自己，就将怨气积压在心里，当长期积压后，怨气便会爆发出来，最终引发两人面对面的争吵，甚至是推拉的举动，将矛盾升级到不可调和状态。

（3）自卑、自负心理。

自卑和自负是两个极端，无论是过低评价自己，还是过高评价自己，都会导

致人际关系的疏远。如小夏，她实际上是自卑和自负的综合体，一方面在感情上很自卑，认为没能得到父母的关爱，是一个缺乏爱的人；另一方面又觉得自己非常独立，是一个有能力的人，因此别人就应该要听她的，她说的、做的都是正确的。这两个极端导致宿舍同学觉得她难以相处，不知如何与她相处。

（4）嫉妒心理。

嫉妒是对于与自己有联系且强于自己的人的一种不悦、不服与仇恨的心理状态。如本案例中，小夏对小梦能够和小义成为好朋友、小梦能够和其他舍友有良好的关系都感到嫉妒，因此她更加讨厌小梦，也排斥和小梦走得近的同学。

2. 家庭因素——亲子关系

家庭因素是青少年心理健康发展的重要影响因素。亲子关系则是家庭人际关系中最基本、最重要的一种，是影响青少年身心成长的主要因素，也将影响他们以后形成各层次的人际关系。本案例中，小夏从小和姑姑一起长大，远离父母，和父母关系疏远，对父母感情淡漠。正因为如此，小夏的感情需求特别强烈，在亲子关系上的失败，导致她对朋友间的感情特别敏感。所以当小夏听到小梦背着她说闲话时完全无法接受，她感觉到被背叛，即使小梦道歉也不能消除她内心的猜忌和防备。而小梦生活在小康家庭，是独生女，和父母关系非常亲密，正如她所说她是从小被宠大的，因而她无法体会小夏的感受，认为自己既然已经道歉，就应该被原谅。

3. 社会环境

当今社会相对自由、开放，在社会给予的关爱增多，人们过度地追求经济增长和物质享受时，当今的青少年们越来越浮躁、功利，也越来越以自我为中心，甚少去顾及别人的感受。在本案例中，小夏要求舍友们按照自己的模式生活，小梦不能接受小夏对自己行为的指责，当事人都认为矛盾的产生是别人的错误，这些都是以自我为中心的表现。因为没有换位思考，没有互相的理解和包容，导致矛盾无法解决。

（二）干预措施

1. 深入沟通与交流，把握矛盾关键点

要实现全方位、多层次的交流，一是应与矛盾主要当事人，当事人密切联系的同学、朋友及宿舍相对中立的同学分别进行谈话；二是在不同的时间节点，分别展开个体与团体的谈话。以下三点是进行交流时需注意的问题：

（1）辅导员和学生的第一次谈话，应给予学生足够宣泄情绪的时间和空间，安抚学生情绪，少给予评价和论断，要通过倾听、积极关注等方式，促使学生释

放负面情绪。同时，通过分析掌握矛盾关键点。例如：在辅导员第一次与5名同学交流的两个小时里，辅导员说话较少，主要是倾听，尽量少做评价和论断，并在谈话中适当给予安慰。第一次交流通常不能完全解决矛盾，但必须把握矛盾关键点——该宿舍矛盾。表面看来是5名同学都与小夏有矛盾，但在谈话中有3名同学说话言辞较为缓和，小梦与小义在整个交流中较为激动，小梦在讲述矛盾时有几次流泪，小义则神情冷漠地进行发泄。由此可以看出矛盾主要是在小夏、小梦和小义之间发生的，而另外3名同学虽然认为小夏存在一些问题，但矛盾不是正面的，也并不尖锐。

（2）约谈相关同学，约谈对象要有代表性。在该案例中，约谈目的主要是了解小夏（第一次交流中对小梦已经有了一定了解）。约谈对象应该有代表性，而且数量不宜过多。最终约谈的对象确定为学生会主席团成员、艺术团成员及班长。对于这3名同学，辅导员对她们有较深刻的了解。在同龄人中，她们的思想较成熟，性格较沉稳。和她们沟通，能够了解到较全面、较客观的小夏。

（3）约谈中注意做好记录，把握重要信息。在该案例中，经过谈话，辅导员掌握了以下信息：①小夏是家中最小的孩子。②小夏极少回家，今年一年就只回去一次，连暑假都一直待在学校未回家。③小夏性格挺开朗，也很贴心。④刚开学时，小夏与男朋友分手，心情非常不好。⑤小夏经常做兼职，对钱较为敏感。

2. 全面掌握信息，客观、准确分析诱发事件及当事人个性特征

（1）查看主要当事人的档案资料，了解家庭背景，寻找宿舍人际交往冲突隐含的家庭原因。

（2）约谈相关学生，通过面谈、电话及微信沟通，全面了解主要当事人日常的学习生活、性格特征以及人际交往情况。

（3）分析主要当事人的具体情况，诸如性格特征、情绪状态、人际交往等，为后续工作的开展奠定基础。

3. 充分利用外部资源，找准契机，推动学生内省

在本案例中，辅导员恰遇一个关于"生命教育"的讲座。该讲座让辅导员受益匪浅。辅导员不由得联想到了学生宿舍矛盾问题，如果每一位同学都能够正确认识生命，学会感恩、理解和包容，很多矛盾就会迎刃而解了。鉴于此，辅导员立刻给该宿舍6名同学一一打去电话，邀请她们参加讲座，以此来推动同学们的内省。

4. 引导朋辈教育的开展，加强工作效果

在大学生教育工作中，构建朋辈教育也非常重要。正如解决宿舍矛盾时，找

准当事人来往密切的同学以及宿舍内部较为中立的同学进行引导，促使她们与辅导员一起做好当事人的开导工作，往往能够为工作效果带来积极的作用。

5. 开展心理咨询辅导

在大多数学生宿舍矛盾的背后都有学生心理问题的激化，因此辅导员引导学生解决宿舍矛盾问题的过程中必不可少要开展心理咨询辅导。如该案例中，小夏的过度敏感和自我都是需要辅导员通过心理咨询的方式去对她进行引导、调整的，帮助她认清不合理信念，缓解她的负面情绪。

（三）干预效果

辅导员在全面了解相关情况后，有针对性地与小夏、小梦、小义进行交流。在最初的交流中仅是缓解矛盾，随后，又引导她们去听讲座，激发她们内省，创建三人面对面坦诚交流的平台，开展朋辈教育等。通过各种方式的合力，最终促使该宿舍矛盾得以解决，恢复和谐氛围。

（四）案例启示

宿舍矛盾是大学生生活中较为常见的问题，这类矛盾的产生也正反映出大学生人际交流和自我成长中所存在的问题。该案例给我们以下启示：

（1）重视学生的家庭因素。家庭对孩子的成长至关重要。在长期的工作经验中，我们总结出：一个问题学生的背后通常有一个问题家庭。因此，辅导员应该及时了解每一位学生的家庭情况，及早发现可能发生的问题，重点预防。应促进家校合作，与学生家长做好日常沟通工作。同时，辅导员还应及时建立"重点关注学生"档案。

（2）辅导员要重视"助人自助"的重要性。辅导员对待宿舍矛盾要有足够的耐心和细心，通过各个层面了解、挖掘矛盾的根源、关键点，找准突破口，逐一解决。但在矛盾解决的过程中，辅导员不应一味地替学生解决问题，而应引导学生学会自己解决问题。每一次解决问题的过程都是帮助学生自我成长的一次最好机会。

（3）运用情绪 ABC 理论，指导学生认识不合理信念，理性归因。情绪 ABC 理论认为，人们常有的一些不合理信念导致了情绪困扰，而要改善情绪认识的不合理信念是非常重要的一个环节。在宿舍内同学之间之所以产生矛盾，也多因各自的不合理信念导致情绪困扰，从而在不恰当的情绪释放中产生冲突。为此，辅导员要熟练运用理论知识，引导学生认清不合理信念，学会理性归因。

（4）辅导员做学生工作，既是思想政治工作，也是心理辅导工作，需两项工作结合同时开展。在实际工作中，我们既要有正确价值观的引领，也要给予人

文关怀；我们对学生既要严厉，也要真诚与尊重；我们既要有坚定的是非判断标准，也要做到情与理的最佳融合。这就对我们提出了要求：做学生工作，就是思想政治教育与心理辅导工作的结合。只有将两者的优势充分发挥，才能提升我们工作的效果。

四、待探讨的问题

在新生入学之时，作为辅导员是否有必要给学生们有计划地安排涉及人际交往、宿舍大家庭生活等的学习教育活动，值得我们思考。而其中最为关键的是，在什么阶段开展什么样的主题活动，值得我们推敲。因为学生在大学不同的阶段会产生不同的宿舍矛盾，比如在大一多因适应性问题导致宿舍矛盾，而大四则多因毕业压力等问题导致宿舍矛盾，因此根据不同的阶段我们应该提前开展相应的活动，活动的内容和形式都有可能影响最终的效果。

满足精神需求　　回归理性自爱

王国华

一、案例背景

宿舍关系是大学阶段最基本的人际关系，宿舍也是大学生日常活动最基本的场所。住集体宿舍，与宿舍成员搞好关系非常重要。关系融洽，心情舒畅，不仅有利于学习，也有利于身心健康。反之，若关系不和，甚至紧张，就会给生活抹上一层阴影，带来一系列负面影响。

本案例以小李为例，其被宿舍7名同学一道状告私自拿走她们的手机卡、学生卡、洗发水、化妆品、面包、牙膏等物品，还有一部分现金。这7名同学都十分生气，纷纷要求对小李进行严肃的处理，否则报警。可想而知，如果真的报警，会对小李产生多大的负面影响。

二、案例简述

女生小李由于参与学生组织工作，经常不与宿舍同学一起活动，基本上是独来独往。平时除了睡觉，小李很少与同宿舍同学交流，同学们也试过与她往来，可是她似乎太忙了，同学们没有得到应有的回应，也开始不理睬她，久而久之更冷眼相对。小李内心十分苦恼，感到孤独无助，从而产生了报复同学的念头。小李开始只是把宿舍同学的手机卡藏起来，让她们着急，致使宿舍同学都防备她。后来矛盾日益激化，她竟然发展成悄悄拿走宿舍同学的手机卡、学生卡、生活用品等。

三、案例分析与启示

（一）案例分析

1. 自身因素

（1）自我封闭心理。

自我封闭心理是指个人将自己与外界隔绝开来，很少或根本没有社交活动，除了必要的工作、学习、购物以外，大部分时间将自己关在一个私人的空间里，不与他人来往。自我封闭者都很孤独，没有朋友，甚至害怕社交活动，因而自我封闭是一种对环境不适应的病态心理现象，实质上也是一种心理防御机制。自我

封闭心理有普遍性、非沟通性、逃避性和有孤独感的特点。小李正是由于这种心理，孤独但又不愿与同学沟通，遇事只能以极端的方式解决，从而给自己和他人造成困扰。

（2）内向。

内向在心理学上是指气质中具指向性的一种，人的言语、思维和情感常指向于内者为内向。内向者更多的是关注自己内心的情绪或想法，与人交往略显被动，比较慢热。在陌生的环境中，他们会感觉拘谨，习惯与人保持一定的距离，因此会给人不合群或高冷的感觉。其具体表现与受教育程度、个人经历、生活环境等诸多因素有关。小李的内向性格使其少与同学沟通，造成了一种孤高的假象，使他人对其疏远。

（3）表演性的冲动行为。

表演性的冲动行为，源于内心无意识的羞耻和恐惧，有对别人关注的强烈依赖愿望。个体内心充满了需求，却又压抑着需求。对需求的纠结和心理冲突，让行为者的情绪不稳、行为冲动。他们在采取各种极端行动时，潜意识通常是害怕的，可是却表现出相反的行为。这种行为既是一种掩盖，也是一种呼唤，呼唤别人对自己的关注，却压抑了对自我的感知。小李想借拿走同学的东西来报复她们的冷漠和不理睬，同时也是想要引起他人的注意来满足自己的需求。

（4）自尊与尊重的需要。

自尊，亦称"自尊心""自尊感"，是个人基于自我评价产生和形成的一种自重、自爱、自我尊重，并要求受到他人、集体和社会尊重的情感体验。心理学家马斯洛创立了需要层次理论，把需求分成生理需要、安全需要、情感和归属需要、尊重需要和自我实现需要五类，依次由较低层次到较高层次排列。小李由于受到同学的冷漠对待，自尊受到伤害，尊重需要得不到满足，因此做出了报复同学的行为。

2. 家庭因素

小李在成长过程中需要母亲细致入微的照顾，但是母亲的行为没能满足她的需求，于是，她对母亲非常失望，会贬低母亲，与之分离；她认同父亲，就过分依赖。她由于内心的需求得不到满足，采取的行动方式充满孩子气，觉得自己弱小、害怕又矛盾。过于压抑的她容易用毁灭等极端的方式来表达不满。因此，小李贬低母亲，认同父亲，形成了矛盾的性格。她因被孤立，需求得不到满足，于是采取了这种不成熟的方式来解决问题。

3. 社会环境

当今社会追求个性、追求出格，很多人都趋之若鹜地想要出名，所以才出现

了有人为了成为网络红人而进行极端行为的直播，如直播枪战、捅马蜂窝等。也许是受这种社会风气的影响，小李做出了悄悄拿走同学东西的举动，只是为了得到更多的注意和关心。

（二）干预措施

1. 各方谈话，了解实情

我首先找小李了解事情的来龙去脉，她起初拒不承认，只是大哭。我感觉事情一定有不同寻常的原因，所以决定暂不惊动学院领导，而是从小李的宿舍、家庭等了解情况，再做处理。我认真倾听，站在对方的角度看问题，使当事人消除戒备，最终说出实情。原来她认为自己当了学生组织干部就高人一等，同学们应该尊重她，而同学们认为她自高自大，目空一切，就冷落她，不理她，彼此之间产生了很大的心理距离感。由于小李不善于沟通交流，对同学们的冷漠又无计可施，所以采取了不正确的方式报复同学。

2. 沟通家长，齐齐助力

我通过跟小李的父亲沟通，得知她的家庭条件十分好，经济条件也是很不错的，不是困难学生，从小也没有私自占有他人物品的前科。她的父亲还是当地的干部，不存在任何经济困难问题。

3. 组织同学，给予关爱

最终我把事情上报了学院领导，但是建议先别对小李做出任何批评，而是要让其深刻认识到自己的错误，以积极的态度改正。在学院领导的指导下，小李与班级同学进行了良好的沟通。

4. 心理咨询，倾听共情

学院领导邀请学校心理咨询中心老师为小李进行心理咨询，咨询师通过倾听、共情，与其建立了良好的咨询关系，而小李也能深刻认识到自己的错误，并承诺再也不以极端的方式解决问题。在进行了为期两周的咨询后，咨询师告诉我们，小李并没有严重的心理问题，平时只需要多点关心和爱护就好。

（三）干预效果

经过学院老师和同学们的不懈努力，小李感受到了来自他们的理解与宽容，她首先勇于承认自己的错误，并表示自己的行为的确伤害了宿舍同学，她为自己用不正确的方式报复同学感到十分内疚，并且承诺以后此类事件不再发生。小李归还了所有的钱物，赔偿了宿舍同学的损失，并向她们道歉，得到了宿舍同学的谅解。该宿舍从此再也没有出现此类事件。

（四）案例启示

该案例反映了大学生活中的普遍问题，值得全体辅导员警惕，并在以后的工作中有所注意。

此类事件在大学生宿舍中时有发生，我们在处理时必须小心区分问题的本质。一些大学生处理人际关系的能力不足，往往采取不正确的方式，比如把同学的物品藏起来或丢掉等，以此来获得别人的注意，得到内心的满足。如果我们在处理上简单粗暴，直接将其按照小偷来处理对待，可能会影响学生一生的成长，而这与我们教育的目标背道而驰，因此，我们必须加以重视。

如何正确处理此类事件？首先要搞清事情的本质原因，了解学生家庭情况，如是否家庭困难、从小是否有不良习惯等。另外要从心理方面入手，搞清楚事情的真相。其次要入情入理进行处理，如果是心理方面的问题，就要从心理方面进行辅导。最后，在处理的过程中要让学生心服口服，达到教育本人和其他相关人员的效果，最终彻底解决问题。

四、待探讨的问题

其一，为什么会发生此类问题？这要从学校的政策制度、学生的心理水平、学生的家庭环境、社会的风气等方面来考虑。如何让学校的政策制度更贴近学生的实际、如何塑造良好的宿舍环境，是我们应该思考的问题。同时也应该了解学生的心理健康状况，多做评估。

其二，如何减少此类事件的发生？有果必有因，学校应该多举办关于人际交往的活动和游戏，重视学生的身心健康，提高其总体的心理水平。同时也应该和学生的监护人保持密切联系，共同维护学生的心理健康。我们只有充分利用各种有效的资源，才能更好地针对学生的心理健康施行一些有益措施。

相处原来不那么难
——合理情绪疗法在学生人际关系中的应用

刘军军

一、案例背景

大学生人际交往是大学生活的重要组成部分，能否实现良好的人际交往是大学生能否顺利适应大学生活的重要指标之一。当代大学生受家庭和网络交往的影响，个性鲜明独立，较为自我，在与他人密切交往时容易忽视他人需求，从而与他人产生误会或冲突。在实际工作中我们发现，大学生人际关系矛盾多数为宿舍生活冲突引发。引发宿舍冲突的因素有很多，如学生本身的个性、生活习惯的差异或对事情的理解不一造成的误会等。而由此引发的严重后果令人心惊，如多年前的马加爵事件和近年的林森浩事件。因此，本案例从大学生宿舍人际冲突的角度出发，浅谈合理情绪疗法在该问题解决中的应用。

二、案例简述

学生小 d，家中独女，外省生源，复学学生。

小 d 因宿舍冲突诱发突发性精神疾病，经过治疗、休养，一年后康复回校学习。回校后，因条件有限，学院只能安排其与不同专业的同学住宿，经宿舍人员筛查，已经尽量为其安排日常表现良好、人际关系和谐的同学同住。小 d 复学回校第一个学期，与宿舍同学相处无异常，当辅导员询问其与宿舍同学相处如何时，其表示相处很好。

第二个学期开学一个月后，小 d 主动找辅导员，强烈要求调换宿舍，原因是她有一天提醒舍友小 h 讲话小声一点不要打扰自己睡觉时，小 h 无视了自己的要求，仍旧大声与同学讲话。而且宿舍同学一直在欺负她，这件事情发生后，更加过分地联合起来排挤她。小 d 觉得舍友小 h 开始与舍友小 g 一起疏远她，这个感

觉来自三件事：一是小 d 问小 h 问题，小 h 没有回答；二是小 d 和几个舍友均在宿舍，小 h 拿出苹果，和小 g 一起分享，却没有和小 d 分享；三是借故推脱没有帮小 d 拿快递。小 d 觉得自己为了与宿舍同学相处好，平时买了水果、饼干都会主动派发与舍友分享；因为自己早睡早起，早起的时候也很注意，轻手轻脚、小心翼翼地刷牙洗脸，尽量避免吵着舍友，平时也还会经常帮舍友买早餐或帮忙拿快递，可是舍友没有如此对待自己，因而感觉在宿舍很不开心，没有安全感，常担心与宿舍同学的关系会进一步恶化，怕她们会像原来的宿舍同学一样打她。她因此害怕回宿舍，课余时间都尽量留在图书馆、课室，直到晚上休息时间到了，才不得不回去，严重影响了休息。小 d 的焦虑越来越明显，社会功能轻度受损。

三、案例分析与启示

（一）案例分析

在本案例中不难发现，小 d 心理问题产生的根源在于其无法与舍友建立良好的人际关系，因为一些需求不一产生了冲突，却无法解决该冲突。归纳起来，主要有以下原因：

（1）家庭原因。小 d 的家境较好，又是家中独女，父母从小对其呵护备至。在上大学之前小 d 没有住宿经验，在生活中与舍友产生摩擦却没有寻找到适合的解决方法，为此感到被孤立、排挤，从而产生焦躁、抑郁的情绪。

（2）个人原因。在与小 d 的接触中，不难发现其是一个内心较为敏感的女生，且对于一些小事比较在意。正是这样的性格特征让小 d 在与舍友的交往过程中对于舍友的一些言行有着更为强烈的负面感受，让其无法愉快地和舍友相处。对于一些小事，小 d 较为计较，且向舍友提出自己建议或意见的语气并不是很好，导致舍友对其颇有微词。

（二）干预措施及其效果

合理情绪疗法由美国著名心理学家艾利斯于 20 世纪 50 年代创立，其理论认为情绪和行为受制于认知，引起人们情绪困扰的并不是外界发生的事件，而是人们对事件的态度、看法、评价等认知内容。因此，要改变情绪困扰不应致力于改变外界事件，而是应该改变认知，通过改变认知，进而改变情绪。他认为外界事件为 A（Activating events，诱发事件），人们的认知为 B（Beliefs，信念），情绪和行为反应为 C（Consequences，症状），因此其核心理论又称 ABC 理论。辅导员正是应用这一理论采取了以下措施：

（1）真诚、热情地与小 d 进行交谈，对其烦躁、抑郁的心情表示理解和共

情，双方建立良好的关系。

（2）采用合理情绪疗法为小 d 提供心理咨询，让其了解不合理信念对其情绪产生的不良影响，并具体分析小 d 认为舍友排斥自己的事件：小 d 提醒小 h 说话声音太大影响自己休息，小 h 未有改善行动，引起了小 d 的不良情绪。但真正引起其不良情绪的原因应该是其不合理信念：首先是符合"反黄金规则"，有绝对化的要求。也就是"我照顾你，你也要照顾我；我给你好吃的，你也要给我好吃的；我帮了你，你也一定要帮回我"。其次是过度概括化，以偏概全。小 h 未回答她一个问题，她就认为对方疏离自己；小 h 与小 g 经常一起去上课，她就认为两个人都疏离自己。也就是"我给你吃，你不给我吃，我帮你，你不帮我，就是欺负我"。再次是夸大负面事件的危害性。她认为大家假如再有口角的话，她们可能会像以前遇到的舍友一样打自己，因此害怕回宿舍。

（3）采用与不合理信念做辩论的修通技术对小 d 的不合理信念进行修通，使她逐渐意识到自己所持"我对你好，你也必须对我好""我帮过你，你也必须帮我"的观念是不当的，不利于良好人际关系的建立。通过合理情绪想象技术，让小 d 想象进入到与舍友争吵激烈的情境中，再次体验强烈的害怕情绪。在想象中小 d 通过改变自己对舍友的不当期望，努力摈弃自己畏惧舍友的情绪，感受适度的情绪反应，从而体验到积极观念对积极情绪反应的影响，逐渐认清事件对自己人际关系的影响，摆脱对舍友关系变化危害性的扩大化想象。

（三）案例启示

认知是人心理活动的"指针"，把认知这个"指针"校准了，情绪和行为的困扰就会在很大程度上得到改善。本案例中小 d 存在一些不合理认知，如"反黄金规则"，在很多学生中都存在。这种人际交往认知的偏差，是引发宿舍矛盾、人际关系紧张直至严重心理问题的根源之一。

合理情绪疗法分为心理诊断、领悟、修通和再教育四个阶段，辅导员可以根据与学生面谈所了解的情况和其他途径所掌握的材料，就学生所面对的问题，明确学生的"ABC"；在谈话中使用"产婆术式"的辩论技术，使学生认识到自己先前认知中不合理的地方，通过指导学生使用合理情绪想象技术，体验积极观念对形成积极情绪反应的作用，逐渐主动改变原有认知中不合理的地方；通过布置认知性、情绪性、行为性的家庭作业，不断地指导学生摈弃旧观念，强化新观念。在学生思想教育中，合理使用 ABC 理论，恰当运用合理情绪疗法，对预防学生心理问题和解决学生人际交往不适应的困扰问题，是必需和有效的。

辅导员运用合理情绪疗法应注意以下问题：

（1）辅导员在管理工作中遇到的学生冲突往往与学生的心理问题混合在一起，应该学会甄别学生冲突中存在的心理问题和思想问题。心理问题必须用心理咨询的技巧和方法去解决，思想问题可以适当采纳心理辅导的一些技巧和方法，但两者有本质区别，不能混淆。辅导员在处理学生问题时应该多思考，多问为什么，要寻找学生出现问题的真正原因。针对存在心理问题的学生，不能一味地用管理的原则去管教，而应该用心理研究的技巧和方法去启发、引导，让学生重新自我认识、自我接纳、自我提升。

（2）辅导员在运用合理情绪疗法向学生解释合理情绪理论时，应该注意角色的转换，不能以思想政治教育教师的角色去向学生灌输合理信念，而应该以心理辅导者的角色去完全接纳学生，对其行为和理念持中立原则，不批判；不是指导学生具体如何去做，而是用叙述、提问启发学生去思考、去发现事件发生不是情绪反应的真正原因，认知才是情绪反应的真正原因。辅导员应积极关注，而不是热心帮助，要让学生通过自我的努力去改变不合理认知，从而解决原本需要自身解决的问题。

四、待探讨的问题

（1）辅导员工作中的思想政治教育与心理辅导的角色转换，需要有深厚的专业基础理论和专业技能。工作理论和技能的缺乏，是辅导员不能很好地处理各种工作角色转换的重要原因。学校应该给辅导员搭建不间断学习和提高的平台，各高校辅导员之间有机会应多交流、多学习。

（2）学生思想政治教育、心理辅导不是几次讲课、几次谈话就可以达到效果的，需要的是不间断地关注、辅导、追踪。辅导员工作的重心能否回归本位，是提升辅导员工作成效的重要方面。

参考文献

[1] 中国就业培训技术指导中心，中国心理卫生协会．心理咨询师：基础知识．北京：民族出版社，2005.

认识自我　拥抱大学新生活

李睿贤

一、案例背景

大学是人生的一个特殊阶段，既是由传统被动式学习向自主学习的转变阶段，又是由基础知识学习向术业专攻学习的过渡阶段。这个阶段就上一阶段而言是一个跳跃，因此，对于每个大学新生而言，适应大学生活是一种挑战。面对崭新的大学生活，活泼、开放的新生在转变的过程中能够有较好的适应，而内向、沉默的新生则可能因为本身性格的原因，较难融入新的集体，也更容易产生适应不良、情绪波动较大的问题，有些同学甚至产生更为严重的认知失调问题。

本案例中的小 B 是一个内向、沉默的大一新生，面对新的学习生活环境难以适应，因而情绪不稳定，易暴躁，严重影响了正常的学习生活。本案例从引导其适应大学学习、生活的角度出发，探讨新生适应问题的解决与处理。

二、案例简述

刚步入大学的小 B，对新的大学学习方式并不适应：一方面，面对多门课程，小 B 不知道该怎么安排自己的学习时间；另一方面，小 B 无法融入大学群居生活，在处理与舍友的关系时出现一系列问题，屡屡与舍友发生摩擦，并大发脾气，使其舍友无法忍受，向老师投诉小 B 的种种行为。

为了缓解小 B 和舍友之间的矛盾，我约其进行谈话。面对我的约谈，小 B 表现得拘谨且焦躁不安。为了缓解小 B 的焦虑，我以学校对新生状态的常规访谈形式安抚小 B。

我在谈话中了解到，小 B 是独生子，父母都在工厂打工，从小到大为了生计忙碌，无法给予小 B 悉心的照顾。且小 B 的爷爷奶奶、外公外婆都已经去世，陪伴小 B 长大的只有电视机，这让小 B 从小生活得很孤单。小 B 小时候总是有很

多奇怪的想法，刚开始会和同学说，但是说出来以后同学会嘲笑自己，后来慢慢地就不敢说了。正是由于有这样的经历，很多时候在宿舍，小B不愿意和舍友沟通，也不敢和舍友沟通，害怕被嘲笑、被嫌弃。这样的性格也让他在尝试改变的时候屡屡碰壁，恶性循环地让他更加不敢和其他人聊天，总是担心被别人嘲笑，甚至感觉很迷茫，也没有什么动力，不知道在大学里要干什么。小B觉得，现在的他既不适应大学的学习方式，又没有办法和舍友相处融洽，甚至不知道自己应该如何和同学进行沟通，似乎什么都做不成、做不好。

三、案例分析与启示

（一）案例分析

第一，该生内心的孤僻、暴躁与早年生活环境带来的孤独感、受挫感有着强烈的关联，原生家庭的教养方式对其造成了很大的影响。

父母长期以来只关注小B的学习成绩和生活物质等情况，没有关注他的心理健康成长。即使是小B上大学期间，父母依然只是打打电话询问一下生活费、学习等情况，完全没有注意到小B的心理成长问题。加之从小以来都处于孤独的生活环境，造成了小B没有学会如何与人沟通交流，如何去适应大学生活环境。

第二，面对大学学习与生活的不适应，小B也主动寻求解决问题的方法，但苦于没有找到合适的。其主动解决问题的意愿使其有解决问题的动力。这种问题实际上不仅存在小B一个人身上，在很多大一新生身上也同样存在，应当及时对其进行引导。

（二）干预措施及其效果

对于小B的情况，我通过与整个学工团队的深度探讨和分析，主要从以下四个方面对小B进行帮助：一是与小B的舍友进行有效沟通，向小B的舍友说明，同学之间有点小摩擦是很正常的事情，大家应该以诚相待，摈弃成见；并将小B希望和舍友建立良好关系但不知道如何去做的意愿向他们表达，希望他们能够用包容的心态去对待小B，引导其学习适当的相处方式，改善彼此之间的关系。二是与小B的家人通了电话，向他们说明小B的现状，希望他们能够多多关注小B的心理健康，关注其内心的感受与需要。建议小B父母多与小B进行沟通交流，让小B真正感受到父母的关爱，从而更加愿意去打开自己的心扉。三是与小B的班级导生进行沟通，让作为导生的师兄师姐以过来人的身份给予小B中肯的意见，并在一定程度上对小B的行为进行影响。四是与小B所在班级的班干部进行联系，让心理委员持续关注小B的行为举止，其他班干部则给予其更多的关心，

积极带动其参加学校、学院的各类活动，提高与他人交流的能力。

除了外界的帮助以外，我更加注重对于小B思想、行为方法的引导：

第一，鼓励小B主动地去与宿舍、班级、社团的同学进行交流，并和小B约定一个星期以后把自己和其他同学交流的情况进行反馈。希望通过被动转为主动的方式来使小B更快更好地融入集体。

第二，改变小B的认知，减少其认知结构适应失调的可能性。向小B说明大学与中学的区别：大学不同于中学，需要个人自觉主动地去学习、生活，不断完善自己，要发现并改善自己的不足。应把握好大学这个优秀的平台，不断地去磨砺自己。同时让小B先根据自己对大学的期望写一份大学学习、生活规划，再向班主任、导生寻求意见并不断地完善，最终形成一个适合自己的、积极的、值得去努力的目标，鼓励他向着自己预定的目标不断前进。

（三）案例启示

事实上，小B的疑问在很多新生身上都出现过，这是一个普遍存在的问题。面对一个陌生的环境，想要很好地适应并绽放出自己的光彩，对于个体，尤其是一些性格比较孤僻、内向的个体而言是困难的。造成此类学生适应不良的原因主要有两个：一是学习方式的不适应。高中阶段填鸭式的学习方式让接受多年应试教育的大学新生难以适应大学主动的自主学习。二是学生本身性格较为内敛，对于新的环境需要更长的适应时间。对于这种情况，应该从两个方面去尝试解决问题：一是外部影响因素，二是自身改变动力。

外部影响因素主要包括家庭影响因素、学校影响因素等。家庭影响因素主要是指父母或兄弟姐妹等近亲属，或者其他与学生从小生活在一起的人对个体产生的影响。原生家庭的支持对于新生而言是重要的，家庭方面若能够给予学生心理上的支持，对更全面地改善学生心理状况意义重大。学校影响因素较多，也更加复杂多变，主要分为同学（班级）关系、宿舍关系、社团（协会）关系、师生关系、师承关系（师姐兄弟妹）。这些因素都可能在校园学习、生活等各个方面对学生产生影响。

然而以上这些都不是核心因素，内因才是事物发展的根本动力，因此，如何让学生自身认识到并有动力去改善自己的行为才是最核心的问题。

传统的说教式引导方式已经不能再成为教育者的核心工具。在当前网络、新媒体不断更新的时代，学生思维更加活跃，教育者的工作也就愈发具有挑战性。因此，教育的过程不能仅拘泥于固化形式，而应当以灵活多变、喜闻乐见的多种形式，有针对性地对学生进行合理引导。应以调动学生主动性为导向，先让学生

被动接受，发现、收获其中的乐趣，从而主动地去接受、去改变、去创新，这样才能更好地达到效果。如与学生保持联系，定期回访；组织活动并让其适当参与，与其建立良好的关系等。

目前小 B 的情况很不错，在社团工作中很努力，也愿意去与人沟通，虽然有时候在沟通过程中依然存在着一些小问题，但是他都愿意积极向老师询问以寻求解决。

四、待探讨的问题

新生的适应问题普遍存在，说起来似乎很容易，如何真正去改变却有很多困难。

每个学生都是不同的个体，遇到的适应问题可能也不尽相同。如何在新生入学之时在各个方面给予其引导，加强各个方面的支持保障，让新生真正从入学开始，甚至在收到录取通知书时就能够快速、有效地融入大学生活，是值得深入探究的。

新生只有真正融入环境，融入大学生活，摆脱自身束缚，才能真正感受到大学新生活的美好！

共　情
——调和矛盾的艺术

冯健生

一、案例背景

几乎所有的大学新生都憧憬着拥有
积极的学习氛围、美好的宿舍生活、和
谐的人际关系，特别是刚入学时，对大
学生活充满着各种好奇，什么都是新鲜
而又陌生的。这时候学生会逐步去尝试
适应和接受新的同学、新的老师、新的
宿舍和新的校园。但不同的个体在交往
的过程中，不可避免会因需求、价值观
等的不同产生摩擦，且进一步激化形成矛盾冲突。

宿舍作为休息、学习的重要场所，同学们有较长的时间在其中相处，因此宿
舍关系的融洽程度成为大学生评价大学生活的一个重要指标。但是由于个人的生
活习惯、行为、个性心理等差异，宿舍中往往会出现这样那样的摩擦。对于一些
小问题，同学们可能互相迁就、协调统一就能化解；而有些问题却悬而未决，不
可调和，甚至可能导致更为激烈的矛盾。

二、案例简述

某日，同一宿舍的 3 位大三女生小丽、小云和小芳一同到我办公室，向我诉
说发生在宿舍的一些矛盾。

我注意到小丽和小云都很憔悴，而小芳是一脸的无奈。

小丽告诉我，她和舍友小云间有个尝试多次却解决不了的问题想要求助老
师。具体情况是，本来宿舍 6 人关系很好，但相处久了发现，小云晚上睡觉很不
老实，不仅打鼾和经常说梦话，而且手脚乱动，弄出很响的声音和震动，把其他
人都吵醒了。小丽跟小云是好朋友，本想着关系好可以迁就，于是主动换去她下
床睡。谁知道小云的动静实在太大了，鼾声如雷，梦话连篇，甚至是踢打床板。
小云被叫醒后，全然不知发生什么事，再次入睡后情况依旧，全屋的其他人基本

没法睡。舍友想过好多办法，都收效甚微。小丽从此基本没睡过好觉，白天无精打采，精神很差，身心疲惫，心情很暴躁，极其痛苦。

这问题困扰小云宿舍的其他几位同学两年半了，现在已经到了忍无可忍的地步。她们说："不仅学习受影响，连基本的睡眠都得不到保证，全宿舍都非常烦躁，就要崩溃了。"因此，她们都希望将小云调到别的宿舍，让大家都可以睡得安稳。而小云本人也很有压力，睡觉的状况她无法控制，宿舍所有人都对她有意见，她很尴尬、很委屈，心情很糟糕。

三、案例分析与启示

（一）案例分析

需求不同引发冲突：在本案例中，小云和舍友在性格方面并没有什么太大的问题，主要在于需求方面产生了冲突。小云的舍友想要一个安静、舒适的睡眠环境，但小云睡觉过度不安分使得舍友们无法达成这个需求。在一开始时，舍友们选择忍耐，也想出不同的方法来化解这一矛盾，可都失败了，压抑时间过长后，需求无法达成的负面感受终究难以抑制，因此爆发。

（二）干预措施及其效果

首先，我仔细倾听学生的诉说，用关心的眼神交流，让学生尽情地向我"倒苦水"，宣泄不良的情绪，哭诉难受的遭遇，缓解紧张的心情，建立彼此初步的信任。经过一番交流，学生基本说清了事由，表达了诉求。

接着，我在倾听的过程中，适时地共情。我感同身受地表达自己的感受，把所见所闻也分享给学生，说明睡觉打鼾是很常见的现象，也是需要大家互相迁就、互相尊重的。我通过共情，拉近彼此的距离，认同和理解对方的感受，稳定对方的情绪，并逐步探讨解决问题的办法。我通过举例解说，把学生的注意力尽量转移到普遍事件上，一定程度上缓解了其紧张的心情，避免继续恶化；同时通过共情的方法，分担学生的极端情绪，达到了一定的效果。我向学生表示，会考虑她们的想法，想办法去解决问题。

然后，我向领导和相关部门汇报，商量大致的处理办法。这是宿舍中生活习惯差异引发的问题，考虑到小云睡觉动静大的情况，又是难以宿舍内调解的问题，只能做人员调动处理，先解"燃眉之急"。学校安排小云调离宿舍，到新的宿舍入住，暂时解决原宿舍5个人的睡觉问题。

（三）案例启示

大学是人生中的一个特殊阶段，对大多数学生来说，离开家乡来到一个陌生

的城市就学，身边不再是中学时期那样固定的班级、老师和同学，特别是集中住校后面临着集体宿舍中个人与集体、个人与个人之间关系的冲突，往往产生各种情绪和抱怨，普遍存在各种宿舍矛盾和纷争。

这种情况在独生子女中尤其明显。学生对新的学习、生活环境不适应，人际关系失调导致社交心理障碍。有时候因为各种压力集于一点，某件事就可能导致冲突爆发。情绪恶化到极点，就可能出现危机。而处理危机的第一步，就是倾听的同时运用共情的能力。

（1）教育者要善于共情。共情并不是表示同情，同情是对别人的悲惨处境在感情上产生共鸣，而共情则是换位思考，"如果是我的话会怎么样"，这是有想象力的表现，也是内心的真实感受——深入别人的思想，体验那个人眼中的世界。

本案例中，在学生之间的矛盾升级到"忍无可忍"的地步，很可能会进一步出现极端情况时，老师能站在学生的身边，与其共情，把自己代入学生的情感，转移学生对事件的注意力，引导学生逐步走出极端情绪，实在是很重要的一步。要知道，学生在走投无路的情况下，老师的巧言开导，就是一根"救命稻草"。因此，共情的运用，在化解危机时，是很有效的第一步。我们在做学生心理调适工作时，应尝试换位思考和倾听。人与人之间的关系是互相影响的，对他人最大限度的体谅、理解和关心通常也会为自身赢得体谅、理解和关心。

（2）共情并不是说教。本案例中学生的情绪几乎到了失控的临界点，遇到这样的"燃眉之急"，必须先"救火"。此时与学生对话，切忌说教式的谈话，那时学生心情很烦躁，没有那么多耐心去听教，学生最希望看到的是老师帮助解决问题。这时候教育者尽量不要以老师的身份去调解，而应以朋友或者同龄人的角度去听学生诉说，同时可以把自己的亲身经历或同类事例告诉学生，一是转移学生注意力，二是让学生增加见闻，起到借鉴作用，寻求新的解决办法。谈话的同时，应努力拉近彼此心灵的距离，达到"同呼吸共感情"的效果，缓解学生的急躁情绪，以便能够静下心来讨论问题。

四、待探讨的问题

从学生的成长经历来看，大学生应做好自我管理和自我约束，规律生活作息。同时，大学又是一个小社会，面对来自不同家庭不同生活背景的同学，大学生要学会平衡自己的心理状态，与他人融洽相处，共同学习进步。然而，我们应如何最大限度地化解宿舍不时出现的新问题呢？为避免危机出现了才被动应对，

我有以下思考：

　　思考一，是否应确立舍长的重要地位，负责向老师反映和汇报宿舍同学的诉求和学习思想状况？舍长是学生中最基层的干部，最了解宿舍同学的状态，应该最大限度地调动其积极性，协助老师做好管理服务工作，把宿舍的新问题及时处理好，避免继续恶化。

　　思考二，如何防止住宿生私自外宿？本案例中有学生因实在难以入睡，自己跑到校外租房。类似的情况时有发生，我们因此很难掌握学生的在校住宿情况，这样到底是制度不完善，还是监管不严？

自卑与超越

王国华

一、案例背景

人际交往问题是人们在交往过程中遇到的一系列阻碍人际关系建立的因素，又称人际关系问题。

人际交往问题主要有三方面的表现：①文化因素，如由语言、文字以及民族精神等在交换过程中被曲解引起的；②社会因素，如地位角色和空间距离；③个体因素，如个性结构（由人们的需求、动机、习惯、态度、价值观、人生观等方面的差异引起的）以及个性品质特征（如自卑、虚伪、冷漠、孤僻、多疑等）。

本案例以有自卑心理的学生小赵为例，其因自卑而引发人际交往问题，使得其正常的学习和生活遭受严重的影响。

二、案例简述

小赵从小学到高中的学习成绩十分优秀，并顺利考入我校。但他性格孤僻，不善交流，内心十分敏感。他所在班级的一名代班（代理班主任，由高年级师兄师姐担任，为新生提供学习和生活方面的建议以及帮助，意在让新生适应大学的生活）言谈风趣，班上的女同学都喜欢与其交谈。小赵对这个代班十分不满，认为其为人不正，经常和班上女同学说说笑笑，有时还请班上女同学吃饭，觉得是搞不正之风，拉帮结派。小赵还经常与宿舍同学闹矛盾，关系紧张。同宿舍的其他3名同学都性格开朗，聚在一起有说有笑，而他常独自一人。他觉得宿舍同学孤立他，这使他十分苦恼。小赵还反映宿舍同学深夜不按时休息，有时电脑音响开得很大，讲话声音太吵，灯光也影响了他的休息；同时还表示女同学都不理会他，他感觉十分孤单。

三、案例分析与启示

（一）案例分析

1. 自身因素

（1）自卑感。

大学阶段是青少年心理变化最为显著的时期，这给自卑心理提供了滋生的温

床。自卑,即自我评价偏低。按照个体心理学派阿德勒的理论,自卑感在个人心理发展中有举足轻重的作用。阿德勒认为,每个人都有先天的生理或心理欠缺,这就决定了人们的潜意识中都有自卑感存在。每个人化解其自卑感的方式影响着他的行为模式,许多精神病理现象的发生与对自卑感的自理不当有关。[1]小赵表面上很强势,其实内心很自卑。他的代班告诉他,有人认为他智商很高而情商很低。这句话给他带来了很大的伤害,引发了其内在深深的自卑感。

(2)自尊与自我价值感。

自尊对人的知觉和行为存在内隐影响,它调节着人与社会的关系,高水平的自尊有助于青少年调整好自己的行为与心境,减少挫败后的精神病性反应。虽然小赵来自小城市,在当地学习成绩比较好,但其不善于人际交往,性格内向,内心又十分敏感,自尊心强。他对别人不公正的评价十分在意,会记恨在心,因此特别需要对其小心呵护,否则容易造成其自尊心和自我价值感下降,导致其处理问题简单粗暴,极易引发重大的人身伤害事件。

(3)归因方式。

海德在他的著作《人际关系心理学》中提出了归因理论。他认为事件发生的原因无外乎有两种:一是内因,比如情绪、态度、人格、能力等;二是外因,比如外界压力、天气、情境等。一般人在解释别人的行为时,倾向于性格归因;在解释自己的行为时,倾向于情景归因。[2]小赵从代班为人不正,拉帮结派;宿舍同学孤立他,深夜不按时休息,有时电脑音响开得很大,讲话声音太吵;女同学都不理会他等,得出大家都针对他的结论,说明他比较倾向于情景归因。

2. 家庭因素

家庭教养方式对孩子的性格有重要影响。小赵家在小城市,父母文化程度均不高,从小教育的方式也只是以成绩高低作为衡量好坏的标准。传统的教养方式使孩子长大后性格偏向于自卑、易疑以及敏感、不合群。

3. 社会环境

人是社会关系的总和,大学生要逐渐接触社会,处理越来越复杂的人际关系。然而,涉世未深而又缺乏独立能力的大学生在遇到各种社会问题时,心中并不成熟的观念认识、道德信仰会被新的社会关系所冲击。现实的残酷和无奈带给他们更多压抑和不解。部分大学生会把这种无奈看作自己的无能,产生自卑心理。小赵内心敏感,经验不足,不能正确面对别人的批评也说明了这一点。

（二）干预措施

1. 及时交流，评估情况

我及时找小赵的宿舍同学交流，宿舍同学反映小赵无事总是找他们的麻烦，敌意十分浓，他们都很害怕，但不知是什么原因。为了避免得出片面的结论，同时我也找了小赵来了解情况。小赵把他认为代班搞不正之风，拉帮结派；宿舍同学孤立他，深夜不按时休息，有时电脑音响开得很大，讲话声音太吵；女同学都不理会他等情况都一一反映了出来。根据两边所说的情况，我认为双方都有做得不得体的地方，只要今后相互包容、相互理解，矛盾就会相应减少。

2. 联系家人，家庭助力

我代表学院联系了小赵的家人，把小赵的情况委婉告知其家人，让他们对小赵多些关心和爱护，不要再以成绩来论成败，要重视小赵个人成长，激发其发展潜力。

3. 召开班会，从中调解

我召开班会，让小赵所在班级 31 名同学都发言，表达一年来学习和生活等方面的体会和看法。轮到小赵发言时，他说他的代班告诉他，有人认为他智商很高而情商很低，这句话让他内心受到深深的伤害。我当着全班同学的面表扬了小赵敢于说出心里话的做法，并对讲此话的同学提出了委婉批评，希望大家在讲话时充分考虑每一个人的个性特点，不能讲伤害同学的话，对关系比较好的同学也要注意讲话的方式和方法。

4. 持续关怀，心理援助

学院经常开展一些心理志愿者活动，我鼓励小赵积极参与，希望他从中获得不一样的体会。学会助人可提高他的自尊心和自我价值感，助人的同时也是在自助。

（三）干预效果

通过老师和同学们持续地给予积极关注、与之交流，并在学习和生活等多方面给予关心和帮助，小赵最终有了许多可喜的改变，比如学会了如何和他人进行有效沟通，学会了用除学习以外的方法来提升自我价值感等。虽然一时之间没有发生翻天覆地的改变，但是他正在走向自我提升的路上。

（四）案例启示

通过该案例，我们得到以下启示：

1. 重视家庭因素

家庭是社会的细胞，父母是孩子最好的老师，对孩子的成长至关重要。辅导员应该及时了解每一位学生的家庭情况，重点预防可能会发生的问题。同时要形

成家校合作，与学生家长做好日常沟通工作。

2. 同伴交往很重要

同伴交往可相互传递信息，在互帮、互学中共同进步。同伴交往增加了相互学习社会技能、交往、合作的自我控制的机会。此外，同伴交往可获得情感安全感、归属感，有利于人格发展。小赵的案例告诉我们，在一个社会环境中，如果没有良性的同伴交往，会阻碍个人的成长以及自我价值的提升。

3. 心理教育放首位

由于青少年的发展存在个体差异性，每一个学生在入学时的思想观念和态度行为存在较大的差异，所以我们要注意学生心理健康，多开展有益身心的心理知识讲座和活动，并把心理教育纳入日常的教学范围。

4. 指导学生理性思考，恰当归因

不恰当的归因方式使人们在遇到问题时倾向于推卸责任，责怪别人，这也是小赵和同学的矛盾一步步激化的原因之一。辅导员在思想教育的过程中应注重对学生进行归因方式的教育，教会学生进行理性分析和归因。

四、待探讨的问题

阿德勒认为，自卑能摧毁人，也能塑造人。从另一个侧面讲，自卑是追求完美和自我实现的过程中必然出现的一种心理反应。每个人都有不同程度的自卑感，当自卑感用于激发人追求优越的方面时，是催人上进的动力，使人不断开拓进取，积极生活。[3]因此，辅导员今后做学生工作的关注点应该放在对学生自卑的转化上，我们并不是要消灭自卑，而是要让自卑更好地为学生的成长服务。

对容易产生自卑感的学生的帮助更是刻不容缓，特别是要教会他们正确的人际交往方法，给予他们正确的化解之策，使自卑为其所用，否则易酿成重大事故。同时我们应该有针对性地开展大学生心理教育，设置相关课程，并在学生管理中通过朋辈教育、班级建设等手段有效开展教育工作。

参考文献

[1] 程方吾．战胜自卑方案．青少年心理健康，2004，3（6）．

[2] 张前锋，周学能．后进生的分析及转化策略研究．课堂内外（教师版），2012（8）．

[3] 周芬，过国忠．从阿德勒人格理论看中国民营企业家的自卑与超越．宁波大学学报（人文科学版），2009，22（3）．

求同存异　互助成长

顾　书

一、案例背景

人在社会中不是孤立存在的，人的存在是各种关系发生作用的结果，人正是通过和别人互动而发展自己，实现自己的价值。人际交往问题是大学生最感到困惑的问题之一。人际关系的健康与否对在校大学生的影响十分显著。它通过影响大学生的学习、生活和工作等各个方面，进而影响到大学生对自我的正确认知，最终影响大学生的心理健康。大学生正处在一个思维活跃、精力充沛、兴趣广泛的阶段，人际交往的需求极为强烈，但其社会阅历有限，对某些问题缺乏较为深刻的认识，容易产生偏激心理，加上思考问题还不够成熟，因而在人际交往中常常带有先入为主的理想模型。一旦理想与现实不符，则容易因心理挫败感而出现交往问题，心理产生创伤。高校大学生中因人际交往而出现心理问题的案例屡见不鲜。本案例以学生小黄为例，研究如何帮助大学生解决人际交往问题，重建和谐人际关系。

二、案例简述

小黄因性格特征和生活方式等方面的原因与宿舍同学相处不愉快，影响了宿舍同学的正常学习和生活，宿舍人际关系一度陷入僵持甚至冲突的境地。

小黄来自农村家庭，家庭经济较为困难，他是家中独子，性格较为孤僻，但生活很有规律，性格内向而又固执，很少与同学来往，朋友不多。他上大学后第一次过集体生活，没有宿舍生活的概念和经验，不合群现象较为严重，再加上性格中有些自恃清高，做事情不太顾及他人的感受，因此与同学之间的关系较为紧

张，尤其与宿舍同学的关系更是陷入了不可调和的境地。在校期间他多次向辅导员表示无法与宿舍同学相处，觉得宿舍同学的生活习惯很差，对自己的生活和学习造成了严重的影响，要求调换宿舍。此外，小黄自我要求很高，心理压力沉重，常常表现出对未来学习和工作的极度忧虑，多次向辅导员表达学习困惑，对老师教学，对学校的环境、相关制度都提出了很多不满，对自己的学习成绩看得很重。

总而言之，小黄求好心切，虽表现出了积极向上的一面，但对周围各方面的环境表现出极度的负面情绪，无法用平和的心态适应大学环境，越是求好，越是在很多方面都事与愿违，从而进一步加深不满情绪，陷入一种恶性循环，心情愈加迷茫，抑郁而无法自拔。典型表现就是，和舍友相处不好，他认为都是舍友的过错；考试成绩不理想，他觉得很多人都舞弊，考试不公平；评先评优推不上去，他认为是同学们都不喜欢他，对他有偏见。大学期间，小黄两次调换宿舍，多次向老师投诉舍友的生活习惯，因个人学习和未来打算等方面的问题也多次向辅导员提出疑惑，表现出一种不健康的人格特征。

三、案例分析与启示

（一）案例分析

小黄的人格表现出极度"以自我为中心"的特点。根据让·皮亚杰（Jean Piaget）的认知发展理论，儿童把注意力集中在自己的行为和观点上的这一现象称为自我中心主义（或称自我主义）。自我中心主义以自己为中心解释世界和处理事情，其基本原则为"自我中心"。[1]他的问题在于认为所有的人和环境都要适应他的需求，而不是他来主动适应环境的需求，思考问题只会单向地从自我的角度出发，所以当遇到挫折时他的第一反应就是埋怨。极度失败的人际关系和对环境的难以适应是导致他出现焦虑、挫败等心理特征的关键因素。

美国学者舒茨以人际需要为主线提出人际关系的三维理论，即基本人际关系取向（FIRO）理论。其要点是：个体都有三种基本的人际需要，分别为：包容需要，即与他人接触、交往、相容的需要；支配需要，即控制他人或被他人控制的需要；感情需要，即爱他人或被他人所爱的需要。[2]小黄由于得不到包容需要和支配需要，同时由于理想与现实不符、心境与环境不符，表现出了人际交往方面的问题。

（二）干预措施

1. 加强心理辅导

我通过走访学生宿舍，下班级了解相关情况，与班级其他同学谈话，掌握了客观的信息。在此基础上，我多次与小黄进行面对面的交谈，从与他的对话中发现，他很重视自己的学习成绩，多次向我了解自己成绩的专业排名情况。他常挂在嘴边的一句话就是"宿舍其他同学都是不读书的人"。他一方面由于自卑羡慕其他同学轻松愉悦的大学生活状态，另一方面又因自傲和自尊表现出对其他同学生活方式的鄙视和不满。在倾听小黄的不满与诉求时，我尝试引导他跳出自我的角度来思考问题，用角色扮演和案例引用的方式，让他切身感受到以自我为中心的思考模式存在的逻辑误区和由此产生的严重沟通问题。利用小黄的好学心理，我推荐他阅读相关书籍，以帮助他清除内心疑虑，挣脱狭隘的思想束缚。

2. 关心学生，帮助学生解决实际问题

由于长时间的心理压力和较差的环境适应能力，小黄经常在学习、生活中遇到一些难题。幸运的是，在平时的沟通中，我获得了他的信任，他愿意在遇到问题时向我倾诉。在平时的交流中，我能重视他的问题，并在合理的范围内帮助他解决相应的难题，如调换宿舍、帮助他与任课老师沟通、提出经济资助的申请等。在解决实际问题的基础上，我指出他在人际交往中存在的问题，让他逐渐树立"只有人适应环境，没有环境适应人"的观念。

3. 帮助重建有效的人际关系

经过认真思考，我认为给小黄换一个新的环境或许可以化解上述矛盾，关键问题在于选择一个合适的宿舍。通过走访调查等方式，学院确定了成员性格都较为温和的 A 宿舍。刚开始，该宿舍成员无一同意小黄入住，他们对其孤僻的性格特征有所耳闻，无法接受小黄太以自我为中心的沟通方式和生活习惯。在接下来的深入交谈中，我多次与 A 宿舍的同学交流，希望他们能够给小黄一个被重新认识和接纳的机会，表示这样的机会对于小黄身心健康的发展有着莫大的帮助，并且保证如果小黄坚持不改变，并影响到其他宿舍成员的学习、生活，那么学院再重新调整安排。经过多番劝说，A 宿舍诚心接纳了小黄的入住。此外，我多次对小黄进行思想教育，希望他珍惜得来不易的机会。小黄也表示愿意尝试用新的沟通和思维模式来和舍友相处，在一个新的环境里努力改变自己，融入同学，融入生活。

在此基础上，我鼓励他大胆参加即将到来的班委换届竞选，在服务班级的学生工作中重新建立与同学之间的良好关系。也许是小黄的参选让同学们感到惊

讶，再加上他精心准备了一番演说，最终他成功入选班委成员，为改善自己的人际关系又迈进了一步。

4. 加强与学生家长的沟通

在平时的工作中，我一方面加强与小黄的沟通，另一方面加强与其家长之间的联系，希望家长能够对他多点关心和鼓励，双管齐下，共同做好他的思想疏导工作。

（三）干预效果

经过多方面的努力和采取一系列措施，小黄的问题逐渐得到解决。首先他与宿舍成员之间相处和谐，尽管还没有成为亲密的朋友，但是至少不再出现激烈的冲突。他在遇到不同的生活和作息习惯的时候不再像从前一样反应激烈，而是学会了换位思考和适应环境，宿舍成员也表示并不存在与他很难相处的情况。其次，由于小黄思想上的转变，再加上担任班委工作让他有机会为同学服务，并有机会与同学更多地相处，让大家看到他认真求好的一面，小黄与同学和老师之间的交往得到了很大的改善，在摸索中他也渐渐能够体会"以自我为中心"是一种极端错误的思维模式，遇到挫折的时候应去适应环境而不是一味地抱怨。当然，尽管在生活中他还是偶尔会感到困惑、感到挫败，但整个人的状态、同学对他的评价已经得到了很大的改善。目前小黄已经顺利毕业，并且走上了工作岗位，相信在今后的工作、生活中他会在历练中得到更好的成长。

（四）案例启示

大学较之于中小学最大的区别就在于大学是一个类社会的环境，在这里除了学习，学生还必须学会处理和应对很多问题，其中人际关系和挫折处理便是很重要的内容。良好的人际关系能够为大学生活注入积极的生命力，促使学生在遇到挫折时能够用宽容和换位思考的积极心态来面对，更加可以帮助学生成长。本案例中的小黄是一个积极求好、肯学上进的学生，自我要求很高，但他在处理人际关系和面对挫折时表现出极度的以自我为中心的特点，对环境的适应能力很差，如果长期得不到积极的疏导就很容易形成抑郁、焦虑等严重的人格问题。

作为辅导员，首先应该积极帮助学生转变心态，在倾听的基础上通过帮助学生解决实际问题获取学生的信任。其次，通过心理健康教育，在安抚的同时必须让学生明确意识到自身存在的问题，以及由这些问题可能带来的矛盾和不良后果，引导学生做出适当的改变。最后，在教育的基础上采取措施，帮助学生重新建立有效的人际关系，如转换环境，鼓励其他同学帮助和支持，引导学生积极参与班级工作等。在这个过程中，辅导员也应该积极寻求学生家长的帮助和支持，

以达到事半功倍的效果。

四、待探讨的问题

人际交往是一种复杂的行为表现，影响人际交往的因素有很多，存在人际交往问题的学生既有各自的特性，也存在一定的共性。能够通过不同的案例归纳出存在人际交往问题的学生的共性，并有针对性地开展大学生心理教育，设置相应课程，并在学生管理中通过朋辈教育、宿舍文化建设、班级建设等手段有效开展教育工作，是我们接下来应该要探讨和解决的问题。

参考文献

［1］曾燕波．皮亚杰的认知发展论．家庭教育（中小学版），2014（6）．

［2］黄玉莲，等．舒茨三维人际关系理论在护患沟通中的应用．护理研究，2012，26（11B）．

不做受伤的刺猬

杨　敏

一、案例背景

　　心理学上将大学生人际交往定义为大学生之间以及大学生与他人在交往中建立的直接的心理上的联系。大学生除了学习专业知识外，培养个人能力也相当重要，如自我学习能力、创新思维能力等，其中人际交往能力最为重要。然而，相关研究表明，当前大学生心理健康问题中人际关系问题处于十分突出的位置，存在着性格孤僻、与舍友关系紧张等多重问题。[1]

　　本案例以女生小 M 为例，其大学期间与舍友关系紧张，产生人际交往障碍，又恰逢失恋，导致她的正常学习、生活遭受影响。

二、案例简述

　　在与小 M 的交流中我了解到，她来自外省的一个农村，从小学开始便是在寄宿制学校学习和生活的。一直以来，她品学兼优，却几乎没什么朋友。她本来成绩名列前茅，却因为高考失利，没能去自己理想的学校。她因为是外省生源，与本地学生在生活习惯与环境背景上多有不同之处，在大学的日子也并不快乐。随着时间的推移，问题越来越多，她抱怨食堂的伙食不合胃口，当地的方言听不懂，和宿舍同学的关系也无法很好地处理。后来，小 M 跟交往不久的男朋友分手，很伤心地回到宿舍，自己边哭边发呆了整个晚上。让她更加难过的是，整个晚上，宿舍同学居然都没有过问此事。

　　之后在深入挖掘的过程中，我从她班里同学的反馈中了解到，小 M 平时很容易激动，话不多，但是语言尖锐，不顾及他人感受，也总是独来独往，与宿舍同学关系紧张。

　　后来小 M 终于在学校某社团找到了自己的兴趣，也找到了一些志同道合的朋友。一学年很快过去了，她也认识了前面提到的男朋友，她认为谈恋爱的日子

很幸福，每天能够跟自己喜欢的人一起学习、一起进步，很开心。但是快乐的日子没有长久，后来，她发现男朋友跟社团的其他女同学接触较多，这让她觉得自己失去了男朋友的关注和关心，于是把脾气撒在了其他同学身上。社团里的同学开始不理解她的行为，也逐渐远离她。直到某天晚上，她终于忍不住对男朋友发脾气，男朋友的一句"你简直不可理喻"把她所有的坚持都摧毁了，她发现原来自己并没有得到喜欢的人的认可，而更可悲的是宿舍同学也没有一个能够倾诉。

三、案例分析与启示

（一）案例分析

1. 自身因素

（1）认知的误区。

认知是人基于客观环境对自身及周围的人的一种主观感受与评价。学生对自己评价过高会导致目空一切，不屑与人交往；对自己评价过低会导致自卑，羞于与人交往。对自我与他人的不良认知，往往是造成大学生人际交往障碍的重要原因。[2]在生活中，同学们总是嬉闹聊天，小 M 插不上嘴，日积月累，每当大家讨论一个话题，她就开始习惯性不予搭话。久而久之，她与宿舍同学产生了隔阂，相互之间很敏感，有时会由于一些小事与同学产生小矛盾和冲突，导致关系很紧张。分手事件发生后，宿舍同学表现冷漠，没有关心她，这也让她感觉很伤心，增加了她的自卑感，进而否定自己，同时出现试图逃避的不良心态。

（2）人际交往能力不足。

个人人际交往能力是形成良好人际关系的重要保证，人际交往失败跟其交往能力不足息息相关。小 M 一直以来成绩优秀，大多数时间用来埋头学习，不注意跟同学们交流。在大学里，同学们思想开阔，生活丰富多样，她交往能力的不足就暴露出来了。交往中出现的问题导致她形成了强烈的挫败感，更多的时候选择退缩逃避。

2. 学校教育和家庭教育不完善

我国的各类升学考试以及教育制度仍以应试教育为主，缺乏对素质教育的考量，因此从学校教育到家庭教育都以应试教育的特征为蓝本，来教育和引导学生，一味地追求分数，而忽视了学生综合能力尤其是人际交往能力的培养。[3]小 M 从小在寄宿制学校就读，缺乏家长的正确引导，关注点往往都是学业成绩而忽视了全面素质的培养。在学校层面，中小学普遍的应试教育抑制了学生的人际交

往能力，过分注重智力因素的培养却忽视学生情感、意志等非智力因素的培养。小 M 虽然有优异的学习成绩，但是学校心理教育的缺失，使她缺乏对自己、他人和社会的正确认识和评价。

（二）干预措施

1. 深入问题，换位思考

我召集了小 M 宿舍的几位同学进行了一次深入交流。首先，让小 M 跟宿舍同学讲了自己所发生的事情，并谈了谈她的感受。其次，也让她试着换位思考，从宿舍同学的角度去思考和领悟，她也因此深深地意识到自己没能够及时和充分地跟舍友沟通，并且缺乏对舍友的理解和包容，从而影响到自己的生活和情感。宿舍几位同学也为自己没有及时发现小 M 的心事和感受而内疚。在集体生活中，人人都有自己原本的生活习惯和交友方式，人无完人，只要能够充分沟通并互相理解就好。同时，遇到问题也要学会主动寻求他人帮助，而不是自我逃避甚至自我封闭，所有的过往都只能代表过去，现在能够认清现实，知道如何继续，才是最重要的。

2. 认识本质，心理暗示

在多次交谈中我对小 M 进行了积极的心理暗示。她一直以来属于考试型学生，通过自己的勤奋苦读，专业课基础扎实，这是她本身所具有的优势。然而"独学而无友，则孤陋而寡闻"，这充分反映了集体生活中交友的重要性。学习上的真正竞争对手不是同学而是自己，人际交往障碍的形成最重要的根源不是别人而是自己，所以应在课余时间多看些课外书，多接触同学，交流信息，扩大知识面，培养和提高自己的交往能力。经过一段时间的干预，小 M 由开始的被动交往变为主动交往，与别人交谈时也敢于发表自己的意见。她有这种进步，大家都为她感到高兴。

3. 心理咨询

学院邀请学校心理咨询中心的老师为小 M 提供心理咨询，咨询师通过共情与其建立了良好的咨询关系，并看到了问题所在且认真分析总结了问题产生的原因。咨询师运用理性情绪疗法对小 M 进行疏导，让其看清了自己的不合理信念。通过将近一个月的咨询治疗，小 M 已能正确认知发生在自己身上的事情。

（三）干预效果

学院多次联系小 M 家长同步对其进行教育和辅导，达到了一定的效果。同时，老师与同学们一起持续地给予小 M 无条件的积极关注也是一个贯穿全程的有效方法。功夫不负有心人，小 M 终于从一系列伤痛中恢复过来，并以更加良

好的心态投入到学习和生活中去。

（四）案例启示

1. 加强学校教育和家庭教育

学校和家庭是一个人成长的主要环境，老师和家长如果能对学生积极正确引导，将会起到事半功倍的效果。首先，家长要建立起与学生有效沟通的渠道，形成沟通交流的意识和习惯，增进彼此的信任及亲近感，为正确引导学生奠定基础。其次，学校要深刻认识到素质教育的重要性，明确素质教育的意义，注重培养学生的综合素质，引导学生认识到人际交往的重要性，帮助学生树立正确的人际交往观。[4]

2. 正确评价他人和自己

正确认识自己、充分了解他人是避免在交往过程中出现问题的关键。小 M 之所以会产生自卑从而逃避问题，正是因为她没能够正确认识自己、充分了解他人。通过与他人对比来审视自己，固然可取，但是"金无足赤，人无完人"，在与他人比较的时候不仅要学会选取恰当的标准，避免以偏概全，更要善于发现双方的不足和他人的优点。只有学会客观公正地评价自己和他人，才能够找准人际交往障碍的突破口，克服自卑心理，把握好人际交往的尺度，建立良好的沟通交流平台。

3. 提高人际交往能力

良好的人际交往能力需要学生从主动参与、积极交往、培养广泛兴趣爱好等多方面入手。辅导员应该引导学生积极参与学校组织的各级各类校园文化活动及社团组织，保持良好的交往心态，培养积极的交往心理，锻炼和提升人际交往能力。[5]

四、待探讨的问题

辅导员在学生管理的日常工作中，除了日常的事务性工作要处理，更要关注学生的学习生活及思想动态，在关注显性问题的同时更要关注隐性问题。有时学生之间有小矛盾和摩擦时不主动找老师，这就要求我们发挥各级学生干部的作用，洞悉学生各方面的情况。

同时，在现今教育体制背景下，如何有效地、全方位地开展素质教育，提高学生人际交往能力，不仅需要辅导员思考，更需要从家庭教育、基础教育着手，社会也需要营造一种健康的大环境，为学生成长成才保驾护航。

参考文献

［1］孙华峰，鲍丙刚．大学生人际交往障碍、形成原因及对策浅析．安徽理工大学学报（社会科学版），2004，6（1）．

［2］丁敏娜．思想政治教育视域下大学生人际交往障碍对策研究．成都：电子科技大学，2012.

［3］姚天保．大学生人际交往障碍的归因分析．襄樊职业技术学院学报，2008，7（6）．

［4］杜佳桐．浅析大学生人际交往障碍的原因及解决对策．才智，2016（9）．

［5］董鹏，等．大学生人际交往障碍形成的主要原因及解决途径．高等教育研究（成都），2012（3）．

不放弃　终成器
——因材施教成功个案分析
肖　斌

一、案例背景

　　师生良性交往的前提是尊重、信任、理解以及营造和谐的沟通氛围。首先，尊重是解决问题的基础，包括尊重学生的人格与尊严，尊重学生的思想与观念。其次，信任是走向学生心灵的动力，包括信任学生能接受建议，信任学生能日趋完善。再次，理解是搭起良好师生关系的桥梁，包括理解学生的生活眼光，理解学生的心灵感受。最后，和谐的师生关系在实际的教育教学过程中发挥着举足轻重的作用。作为教师，若想让学生"信其道"，必先激发学生"亲其师"。唯有如此，学生才会愿意接受教师的教育。

　　本案例以因误会产生矛盾的助理辅导员小王和学生小李为例，旨在探讨当学生与老师发生冲突时应如何及时调节，并尝试为针对学生不同的特质，如何进行教育、如何与其建立区别于传统"教"与"学"的新型师生关系等问题提供解决方案。

二、案例简述

　　某年夏季军训期间，学生小李和助理辅导员小王因为误会发生了冲突。站在军训队伍最后一排的小李，因为天气热、军训太累有一点儿小松懈，以至于军姿站得不够标准，此时刚好被小王看到了，就从背后提示性地"搞"他一拳，并要求他站好。当时小王从背后并没有认出是小李，就只是以为一个同学没有好好站军姿而已，之后更是没有当回事儿。但是由于双方之前在学生工作上产生过分歧，小李以为小王是故意针对他，在被"搞"了之后觉得很愤怒，一气之下在

其微信朋友圈里发表了一篇一千多字的公开信，信里历数小王的种种"恶行"。此篇公开信以迅雷不及掩耳之势在学生之中流传开来，一时间沸沸扬扬，各种议论之声不绝于耳。

三、案例分析与启示

（一）案例分析

1. 自身因素

（1）消极自尊心。

理论上，所谓的"自尊心"指的是尊重并维护自己的人格尊严，不允许别人侮辱和歧视的心理状态。但是很多大学生不能正确理解"自尊心"的内涵，致使行为过于偏激，盲目自大，过分浮躁，犯了错误后不能勇于认错，经不起批评和指责等，即消极自尊心。不难看出，小李强烈的消极自尊心在公开信风波中表露无疑。当小王提醒他站好并"搐"了他一拳之后，他认为小王的行为就是在有意针对他。为此，他不但当真了，而且因此生气了，发表了长篇公开信，这就是典型的自尊心太强的表现。

（2）自我中心的价值观念。

小李在对小王"搐"他的行为有意见时，第一时间不是和小王进行沟通以了解他此举的意图，或者向别的辅导员反映，又或者向别的同学倾诉、征求意见，而是采取了最为极端的方式：在网上公开。从教育心理学的角度来看，小李缺乏沟通或者说倾听的耐心，因为他并不愿意把自己的想法说给同学或者老师听，宁愿对着电脑把自己的心情放在网络上以求发泄情绪。没有争吵，不给别人任何解释的机会就判了别人"死刑"，这是极其"自我中心"的表现。此次零沟通所导致的误会完全是单方面的行为，另一方并不知情，导致事件扩大到一定程度才有相对的干预措施出现，也就是说小王的形象已经很大程度上受到了此封公开信的影响。

2. 学校环境

（1）学校多元文化的包容性。

包容性通常指社会个体或某个社会主体能够包容客体的特性。学校文化的多样性与包容性是指学校的人性化管理、兼收并蓄和求同存异。我校校训的一部分就是"博学笃行"。"博学"之"博"不仅意味着知识的广泛猎取，同时还意味着博大和宽容。唯有博大和宽容，才能促使学生完善与成长。因此，小李的行为虽不值得提倡，但还是情有可原的。虽然他处理事情鲁莽冲动，不顾及别人的感

受，不考虑事情的严重后果，但是，作为教师不应该斤斤计较，而是要把事件当作学生不成熟的表现，进而在以后的教育过程中根据其性格特点和行事作风加强相关针对性教育。

（2）同辈群体的影响作用。

同辈群体又可以称为"同龄群体"，是指由一些年龄相仿、志趣相当、情感态度与价值观趋同、社会地位较为接近的人所共同组成的一种非正式群体。正是诸如此类的趋同才使得同辈群体成员之间的互动或者交往比较直接，并具有深刻性与经常性的特点。小李和大多数同学都是"90后"，他们的显著特点就是敢爱敢恨、疾恶如仇。这既是一个好现象，又有令人忧虑的一面。一方面，他们具有自己的个性，能够不畏强权、直言不讳地表达自己的想法；另一方面，他们的个性也常常会导致他们在缺乏冷静以及周全思考的情况下疯狂地支持或者激烈地反对某事物、某行为。

3. 社会环境

（1）微博、微信等的普及使每个人都热衷于表达自己。

网络社会作为一种全新的社会结构，已经悄悄改变了我们的生活。同学们通过微博、微信等方式，运用简短的文字配图片来表达自己的快乐或悲伤心情、释放压力、发泄情绪等。此时微博、微信等就相当于一个小世界。在这个小世界里面，每个人都是自己话题的主体、自己空间的主人，想说什么就说什么。但是，值得我们忧虑的是，互联网的这种交互方式同时也容易致使学生的自我中心主义膨胀，变得更加叛逆，更容易发表过激、不负责任的言论。本案例中的小李就是在微信上发表了一封带有主观色彩的公开信，用于释放自己对小王的不满情绪。

（2）不理智网友盲目跟风，对当事人进行言语"霸凌"。

微博、微信等由于信息来源渠道广、形式多样、信息发布简单，极易成为学生用来获取资讯的一个重要渠道。但是，由于微博、微信等传播的范围广、速度快，一大部分网友根本没有足够时间了解事件的全部真相，就凭借已有的短小片段描述盲目转发、评价，理所当然地对事件予以"放大"，使之"发酵"。对事情没有弄明白就传播，并对当事人进行言语上的攻击，容易形成网络言语"霸凌"，给当事人造成恶劣影响。此案例中小李的公开信一发表，同学们便议论纷纷，对于小王的各种负面言辞就出来了。教师和学生社会角色不同，给人们的印象往往是学生忍无可忍才会忤逆老师，因此大多数学生对于小李是非常同情的。当然也有部分学生为小王"正名"，但是也在阵阵吐槽声中被淹没。

（二）干预措施

1. 多方调查，还原实情

看过小李的公开信之后，学工办老师首先找到了当事人小王，根据公开信所涉及的一些情况进行深入沟通，并试图了解当天发生的具体情况。小王由于刚接触学院学生工作，年轻气盛，看到信中关于他这一拳的描述非常激动，表示要和小李对质，但此举没有得到学工办老师的同意。然后，学工办老师又约了当事人小李来办公室一对一面谈。按照小李的说法，他写这封公开信的原因其实非常简单：天气太热，军训已经很累了，此时王老师还来故意"找茬"，心里气不过，就写了公开信。除了两位当事人之外，学工办老师也找了几位当时在场的同学了解情况，综合多方的说法，初步判断，此次公开信的导火索是小王的确和小李有过肢体接触，但绝对不像小李说的"王老师'掮'了他一拳"那样夸张。小李觉得王老师做事过于简单武断，所以一直以来都对他心有不忿，刚好最近在军训，身体很疲惫，整个人情绪波动比较大，就像一个"火药桶"。而这次的事情，就像一个导火索，把他给点着了，情绪一下子就失控了。

2. 个别谈话，沟通疏导

在此案例中，经过学院副书记、学工办老师、辅导员等与小李面对面、一对一认真谈话，整个事情的前因后果已基本清楚。学工办老师首先对小王工作方式方法中存在的问题以及对小李造成的伤害给予道歉，随后又十分严肃地批评了小李："王老师的工作方式有问题，但是你发表公开信这个表达方式有没有问题呢？"学工办老师告诫小李：有意见、有诉求时，要合理表达，不能凭一时冲动行事。经过学工办老师的沟通与疏导，小李表示愿意删除公开信，并主动要求写一份书面说明，对此次事件做一个检讨，一方面反思自己处理事情的方法，另一方面是为小王消除影响。

3. 持续关怀，长善救失

（1）尊重信任与严格要求相统一。

尊重信任学生与严格要求学生相结合的原则是指教育者既要尊重信任学生，又要对学生提出严格的要求，把严和爱有机地结合起来，使教育者的合理要求转化为学生的自觉行动。此案例中，学工办老师相信小李有自我反思与解决问题的能力，因为他反思得足够深刻，也十分具有效率。除此之外，教育者应在尊重信任学生的基础上提出严格要求，爱要得体，严要有格。为此，学工办老师不断在小李后来担任的学生干部工作中给予其耐心指导，把他爱较真的脾气引导到好的工作方式方法上。

（2）利用积极因素克服消极因素。

实践证明，极端的批评方式所产生的实际效果不甚理想。因此，教育者在发现有些学生出现了诸如自我约束能力差、看待问题较片面、言语或者行为容易过激等问题时，要采取正面教育、积极疏导的方法，而不是批评与指责。这就要求教育者了解学生，善于发现和利用学生的积极因素，如尝试抓住学生的一个闪光点进行赞扬，使其有获得成功的喜悦。此案例中的学工办老师在看到小李的缺点与不足的同时也看到了他的闪光点，为此给予小李很多锻炼的机会，以期能利用他的闪光点对缺点进行克服。事实证明这是十分值得实践的。

（3）提升自我价值，促进自我认同。

自我认同是一种对自己做人做事方式的肯定，有一股认准方向就不怕孤军奋战的豪情，并非指自我的盲目尊大。对于此种类型的学生，教育者要善于发挥正面引导的积极作用，通过一些适当的工作安排让他们有机会证明自己的实力，在此过程中对于他们表现良好之处要及时给予表扬和鼓励，必要时给予相关指导。案例中的小李后来评上了"优秀学生干部"，作为一名学生干部，他的工作能力非常突出，得到了师生的一致好评。

（三）干预效果

从此次公开信风波之中，不难看出小李的个性特征：第一，他敢于发表公开信，证明他做事大胆，直截了当；第二，他写的公开信虽有夸大成分，但所涉及的问题也确实存在，证明他善于发现问题，提出问题；第三，他的性格缺陷很明显，那就是遇事不够冷静，容易鲁莽行事。

针对小李的个性特征以及学生工作进一步细化的需求，学工办老师给予小李一个很好的锻炼机会：由学工办牵头组织成立某部门，该部门的负责人就由小李来担任。学工办老师通过不断地在工作中给予他耐心的指导，把他爱较真的脾气引导到好的工作方式方法上。现在的小李，一方面不改本色，有不同意见依然会直截了当地提出来，另一方面又更加讲究方式方法，不但能发现问题，而且能给出不少解决问题的好方法。他已经成长为一名优秀的学生干部。

（四）案例启示

该案例反映的问题值得全体辅导员警惕，通过该案例，我们得到以下启示：

1. 教师之爱

教师之爱是教师对于学生所特有的一种情感。热爱学生具有丰富的内涵，它要求教师不仅对学生的爱要有韧度、有温度、有高度，而且要会爱学生、能爱学生，即掌握热爱学生的方式、方法以及具备热爱学生的能力、实力。其实学生偶

有过错或不端之举，对此教师应多怀谅解之心，因为宽容也是一种教育。一般来说，学生有了过错，总希望得到教师的原谅，并愿意改正。在这场公开信风波中，教师没有片面地指责学生不懂事，而是切实地站在学生的角度去思考问题，更进一步地说，是切实站在全体学生的角度去思考问题。

2．因材施教

每一个学生都是发展中的人，是具有独立存在意义的个体。为此，教学有法却也并无定法，教师只有充分尊重学生的个性，因材施教，才能很好地促进学生的个性发展与全面发展。只有充分了解学生之"材"，才能按其"材"施教。本案例中的公开信风波之后，学工办老师十分重视"知"学生，从而认真分析了小李行事莽撞、心高气傲的个性特征，因此，在给了他适当锻炼机会时，特别引导他遇事既要果断坚决又要多听取别人意见，三思而行。

3．长善救失

每个学生都是矛盾的统一体，既有优点示人，又有缺点可寻；既有积极正面特质，又有消极负面特质。而教师的教育任务就在于实施"长其善而救其失"的教育方法，使学生的长处得到发展，并通过长处的发展来补救其过失。此案例中，学工办老师消除了对小李的"刻板"印象，客观、公正地分析和了解他，准确地判断其"长板"和"短板"，进而在一段时间内抑其所短、扬其所长，直至其"短处"转换为"长处"。

四、待探讨的问题

1．教育要以预防为主，防治结合

漫漫教育之路，师生产生矛盾在所难免，"发现一起解决一起"固然可以，但毕竟过于劳心劳力。大禹治水的故事告诉我们，一味地堵塞并不能解决问题，合理地疏导才是正确的方法。建立良好的沟通机制、听取学生的正当诉求、及时改进工作中存在的问题，让有想法、有能力的同学能够畅所欲言，为学院的发展建言献策，切实参与到高水平大学建设的进程中来，才是治本之道。

2．教师的自我反思与榜样示范作用

影响教师专业发展以及自我成长成才的一个行之有效的方式就是自我反思。教师通过教学日志等途径对自己实际的教育教学工作实践进行反思，一方面可以逐步提高自己的教学水平，另一方面也可以逐渐具备自我监控的能力。除此之外，教师在工作、学习和生活中的一举一动都会不知不觉地被学生效仿，对学生产生一种示范效应，因此，教师不管是在何种情况之下都要保持足够的理性，做

到举止得体。尤其是对学生的要求，教师自己必须要先能够做到并且追求极致，用榜样的力量以及示范作用去感染每一位学生。

3. 多方结合形成教育合力

在人的一生之中，家庭教育、学校教育和社会教育这三大教育形式对于一个人的影响可谓最直接且最重要，它们共同影响一个人的发展方向以及未来的发展成就。单凭学校教育的一己之力，要使学生得到全面的发展，显得势单力薄。只有得到家庭、社会等方面的支持和配合，学校才能更了解学生的情况，营造出更好的教育氛围，提出更适合学生的教育方法，使学生得到更好的发展。因此，学校、家庭、社会应该构建"三位一体"的教育体系，形成一个强有力的教育支持网，在学习型、健康型的环境以及风气上"站好岗"，致力于共同促进学生的个性发展和全面发展。

放下防御　融入集体

任佳妮

一、案例背景

对新环境的适应是大学新生入校后面临的首要问题。大部分大一新生是第一次离开家，第一次离开父母，第一次一个人独立生活，他们即将面对的是和以往完全不同的生活状态。大部分学生都能够及时调整自己的状态，适应环境的变化。而总有部分学生，面对周围的人、事和环境的改变，一时间无所适从。如果不及时帮助他们解决适应问题，对他们今后在学校的学习和生活将产生负面的影响。

本案例以新生小 W 为例，讲述了如何对其进行积极干预和引导，帮助其适应大学生活的过程。

二、案例简述

据导生小 A 反映，该班有一名新生小 W，性格比较孤僻，不爱说话，也不与班上其他同学交流，主要表现有：①早训休息时，大家都三五成群地在一起聊天，只有小 W 一个人坐在角落不说话，小 A 前去询问是否身体不适，其表示并没有任何状况。②小 A 去检查宿舍时，其他同学都坐在一起谈天说地，热情地和他打招呼，只有小 W 一个人躺在床上塞着耳机玩手机，见到他时起身叫了声"师兄"后便又躺下，一言不发地继续玩着手机。③小 A 在开学初加了小 W 的微信，偶尔与小 W 有简单的交流。之后突然有一天，小 W 给小 A 留言说"不想跟你聊天了"，然后就将小 A 的微信删除。期间小 W 与小 A 并未发生任何摩擦，小 A 再次添加，小 W 也未同意，这让小 A 感到莫名其妙。④某天，小 W 未经请假突然离校。后来小 A 与其父母联系，确定他回家了，但是他没有和老师沟通，也未办理任何请假手续。

某天，我们突然接到某专业老师的电话，说小 W 受伤了，目前在医院，于

是我们即刻前往医院。据该专业老师反映，小 W 的膝盖原来有旧伤，但是上课时没有与其沟通，再加上动作做得不规范，导致膝盖再次受伤。到医院后，我们向医生了解到的情况是，小 W 需要手术，手术需要亲属签字，并且需要一定的费用。但小 W 是新生，医保还没有完全办好，所以前期的手术费用需要自己垫付，等医保办好才能报销。我们来到观察室，将医生告诉我们的情况告知小 W，全程小 W 几乎没有说话，但他当时的态度是不愿意做手术，也不愿意将自己的情况告诉家人，最后直接穿上鞋子一瘸一拐地往外走，并且很气愤地说，如果我们给他家里打电话，他立马退学。无奈，我们只能先将小 W 送回宿舍。

三、案例分析与启示

（一）案例分析

1. 教育背景

小 W 初中毕业后直接读了中专，由于内心不服气，于是又重新考回高中，再考大学，所以年龄上比同年级的同学要稍微大一些。通过与小 W 的简单沟通，我发现小 W 的心理比同年级的同学要成熟一些，他觉得其他同学都很幼稚，聊的话题他都没兴趣，学校的活动没什么意思，不想参加。

2. 家庭情况

小 W 的祖籍在外地，现在全家已搬至广州，经营一些小生意，家庭经济情况一般。在小 W 读高三的时候，母亲生病，为了不影响小 W 高考，家里并没有将母亲的病情告诉小 W。小 W 高考结束后才得知母亲的病情，内心产生了极大的愧疚感。现在母亲每周都要去医院做治疗，所以小 W 每周末都会回家照顾母亲。

小 W 有一个哥哥和一个弟弟，小 W 与弟弟同班，同时高考，小 W 考上了我校，弟弟只考上了普通高职院校。由于经济的压力，当时家里曾考虑只让考上本科的小 W 上学。虽然最后兄弟俩都得以上学，但也为此产生了一些隔阂。他的哥哥没有工作，文化程度不高，也不帮家里的忙。可以说他的家庭氛围相对有些复杂。

对于母亲的愧疚以及和弟弟的隔阂等复杂的家庭原因，导致了小 W 的性格有点孤僻古怪，不习惯与别人发生过多的接触，同时也缺乏对人际关系的管理。

3. 自身因素

大一新生还处于青春期，他们的心理活动往往处于一种半成熟半幼稚的矛盾状态。小 W 的舍友反映，小 W 人非常好，在宿舍中通常是扮演"家长"角色，

很会照顾人，特别照顾大家的情绪和感受。从与小 W 的交谈中，我发现小 W 的自尊心非常强，不愿意告诉别人自己的困难，更不愿意接受别人的帮助，所有的事都闷在心里，想自己扛着。由于不懂得如何与别人进行有效交流，加之对外界的不信任和不满意，所以他渐渐将自己的内心封锁起来，有什么心事也不愿意对他人讲。

（二）干预措施

本着"以人为本"的原则、对学生负责的态度，我们做了以下工作：

1. 深入调查

为了摸清小 W 的情况，我们去档案室查询他的档案资料，通过其班主任、同学等多方面对他进行了解，同时多次找小 W 单独谈话，真诚热情地与他促膝长谈，希望他能够感受到我们的关怀和爱护，敞开心扉，跟我们说明他的想法。

2. 与家长沟通

在事情发生后，我们还是将小 W 在学校的情况及时向其家长反馈，同时也跟家长了解了小 W 在家中的表现。其家长反映小 W 虽然不善言语，却是一个非常孝顺和爱护家庭的人。我们也告知了其家长学校的相关资助政策，只要有需要，就可以提交相关证明材料向学校申请，以减轻家庭负担。

3. 让同学给予鼓励

我们深入小 W 的班级和宿舍，从各方面掌握他的材料，让班级的同学经常鼓励他，多关心他，带动他参加一些集体活动。鉴于小 W 的经历，我们介绍了一些与之年龄相当、专业兴趣一致的高年级师兄师姐给他认识，让他跟着师兄师姐提升专业技能，放松身心，改善精神状态。

4. 支持兴趣发展，鼓励参与集体活动

在日常生活中，我们常鼓励并支持小 W 多参与班级、学校等举办的文体活动。同时，我们积极与专业老师沟通，希望通过各门专业课的教学，发现小 W 的兴趣特长，鼓励其更多地投入到专业的学习当中。

（三）干预效果

目前，小 W 的问题虽然还没有完全得到解决，但是通过与小 W 的沟通，他已经决定做手术。且据舍友反映，小 W 也开始参与一些宿舍的集体活动，人际关系有所改善。

（四）案例启示

每一个大学新生在刚进入大学的时候，或多或少都会有不适应的现象，但是

由于每个人的家庭环境、成长背景不同，所需的适应时间也不同。大学的时光是宝贵而短暂的，这个适应过程的快慢，影响着他们接下来四年大学的学习和生活。因此，作为与学生接触最多的辅导员，应该深入新生群体当中，及时发现那些适应困难的同学，积极帮助他们调整心态，以适应大学生活，从而避免一些心理问题的发生。可从以下方面着手：

第一，关注"特殊学生"。对开学初心理普查发现的有问题学生重点关注，收集他们的相关资料，深入宿舍、班级，从各方面了解他们的实际情况，同时发挥学生干部的重要作用，从更多方面去关注他们，及时了解他们的心理健康状况。

第二，及时与学生父母沟通。通过与学生父母的及时沟通，可了解学生的家庭状况以及成长环境，以便更有针对性地开展工作。进入大学后，大多数学生离家比较远，其父母很难了解其实际的心理健康状况，因此，做好与学生父母的交流，同时将学生出现的状况及时反馈给其父母，能够更好地发挥家庭教育的作用，往往会取得意想不到的效果。

第三，积极组织学生开展如心理知识竞赛、观看心理电影、邀请专家开展心理讲座等活动，通过这些轻松而又愉快的活动，潜移默化地提高学生的心理健康素质。当面临一些挫折和不适应时，接受过心理健康教育的学生可以在一定程度上避免发生心理问题。

四、待探讨的问题

俗话说，"众人拾柴火焰高"。除了联系学校内部的力量，我们还应聚合社会的力量。社会的变迁过程，实际上也是一种心理态度、人生价值观和思想行为等更新、定位和变革的过程。社会转型时期信仰的迷茫、价值观的失落必然会对大学生产生一定的影响。与此同时，社会风气、社会舆论也会在成长着的大学生心中留下深层的心理积淀。[1]正确积极的舆论有利于大学生的心理健康成长，错误消极的舆论会对大学生的心理健康成长造成不良影响。社会制度的完善和社会风气的改变能够影响大学生的许多看法和追求，所以只有高效地凝聚学校、家庭和社会的力量，才能更好地提高大学生整体的心理健康水平。

参考文献

[1] 马英，高海英. 关于大学生心理健康状况的调查分析. 长春工业大学学报（高教研究版），2006，27（3）.

正视自己　换位思考
——大学新生适应不良的辅导分析
付　艳

一、案例背景

大学新生适应问题一直是高校关注的重要问题，新生适应高校生活的好与坏直接影响学生大学四年以及今后的发展。

本案例以一刚入学新生小黄因无法适应大学生活，导致出现交流障碍为例进行分析。

二、案例简述

小黄，独生女。父母都是教师，双方感情较好。小黄所读小学和中学所在地离家都比较近，所以一直都是走读没有住校。因各方面表现都不错，她受到亲戚、朋友、邻居、老师和同学的喜爱。后来，小黄考上了自己喜欢的大学。进入大学后，小黄开始了集体宿舍的生活，但由于以前一直不住校，养尊处优的她现在突然与五名同学一起居住，生活非常不习惯。

小黄刚进入大学，初次参与集体生活，很想和大家交朋友，但又不知道怎样与人交往。大学阶段的课堂相比小学、中学更为活跃自由，而小黄在这方面较为薄弱，看到其他同学侃侃而谈，自己却什么都不知道，感觉很自卑。班级竞选班干部时，小黄做足了功课鼓起勇气上台竞选，但由于缺乏经验，加上紧张，什么都忘了。在宿舍她也很少融入舍友间的话题，平时也不跟舍友一起吃饭，周末跟舍友的活动几乎没有。小黄作息时间比较有规律，但舍友有时候在午休时说话，使得小黄休息不好。为此，小黄很不高兴，但又不想和舍友闹僵，就采取尽量远离舍友的办法。其实小黄很不愿意这样，她心里难受，但又不想对父母说，怕父母担心。小黄身边又没有朋友诉说，因此心情很烦躁，情绪低落，容易发火，对学习和集体活动失去兴趣，学习效率下降，睡眠不好，吃什么都没有胃口。从小黄的舍友与班级同学那里了解到，小黄的生活作息规律，平时都独来独往，在班

级集体活动中很少看到她的身影，不喜欢说话，脾气捉摸不定，不合群。

三、案例分析与启示

（一）案例分析

小黄表现出焦虑、烦躁、轻度抑郁和睡眠差等症状。从严重程度来看，反应强度不太大，没有对社会造成严重影响，初步判定为一般心理问题。造成其心理问题的主要原因如下：

（1）生理因素：小黄从外观上看体形偏胖，脸上长满青春痘，在同学面前表现得非常不自信，这是造成小黄自卑和焦虑的直接原因。

（2）社会因素：主要包括社会环境、学校以及家庭三方面因素。具体表现在小黄家庭环境很优越，成绩一直很优秀，受到老师和家长的喜爱，从小没有离开过父母，也没有经历过寄宿生活。进入大学之后，对于第一次开始集体宿舍生活的小黄来说，她遇到了极大的适应问题，但是，社会支持系统并没有提供应有的帮助和支持，老师、同学和家长也没有及时发现问题并给予应有的关注。

（3）心理因素：认知逻辑出现偏差。个性追求完美，自尊心强，同时性格内向，应对人际关系能力较差，缺乏有效解决方式。

（二）干预措施

为了改善小黄目前的不良情绪状态，改变小黄的不良认知方式，提高小黄的认知能力，我们启发小黄理性地分析和提高自身在人际交往中的观念和技能，同时完善小黄的个性，帮助小黄正确认识自己，增强其社会适应能力。对小黄产生心理问题的原因进行分析后，运用"艾利斯合理情绪疗法"的相关技术帮助小黄改善其心理问题，所涉及的具体步骤如下：

1. 第一阶段：采取摄入性会谈相关技术方法

通过倾听、共情、无条件积极关注等，让小黄宣泄自己的情绪，提高小黄的信任感，建立良好的关系。

2. 第二阶段：引导小黄寻找出不合理信念

首先，了解小黄的具体情况。小黄阐述舍友不喜欢自己的表现为：去食堂吃饭、去逛街都不邀请自己。这个时候我们需要引导小黄，让她理性对待"是否舍友去食堂吃饭、去逛街都不邀请自己，就是不喜欢"这个问题，而小黄想当然地认为："宿舍同学都应该相互邀请一起吃饭、逛街，这才是正常的宿舍。"小黄应对这种"非正常"的宿舍关系的方法就是消极对待，从而使自己心情烦躁，变得易怒，学习效率下降，与舍友关系越来越紧张。

其次，引导小黄换位思考。详细了解发生在小黄身上的事情经过以后，引导小黄换位思考。比如引导小黄想象宿舍舍友也遇到一位像自己一样的舍友，会怎样处理？同时引导小黄列出处理步骤。

最后，鼓励、激励小黄。让小黄了解事物发展的规律，通过一定的理论知识启发其思考。让小黄认识到引发客观存在的结果的原因是多方面的，原因的本身无所谓对错好坏，也并不是事情本身让你高兴或不高兴，而是个人对事情的看法和评价左右着一个人的情绪和行为，因此，每个人对自己产生什么样的情绪是有责任的。要想解决自己目前存在的各种问题，必须从改变自己对事情的看法入手，多角度思考问题。

3. 第三阶段：采取合理情绪想象技术方法

具有合理信念的人一般认为在自己的生活环境中，每个人不一定都需要得到他人的喜爱或赞扬，无论别人怎样看待，每个人都是有价值的。一个具有理性智慧的人，不会以得失作为自己行动与否的衡量标准。

因小黄不敢与人交往，为了帮助小黄重建合理信念，采取合理情绪想象技术予以矫正能达到非常好的效果。比如先让小黄想象自己正站在一位很想交往的同学面前的场景，并诉说当时的心情和感受。此时要求小黄保持这一情景想象，并想办法把这种情绪改变为一种适度的反应。一旦小黄在想象中做到了这一点，就要求小黄说出自己是怎样想的。

通过以上三个步骤的交流，小黄的焦虑和抑郁情绪已经明显改善，能对自己的问题有更清晰的认识。

此次案例采取的是放开性的心理咨询方式，通过与学生的沟通、交流，与学生建立良好的朋友关系，同时深入调查，了解情况后加以正确引导，疏导其内心情绪，最终解决问题。整个过程采取的干预措施主要以心理援助为主线，及时纾解负面情绪。

（三）案例启示

大学新生适应问题一直是高校学生心理问题的集中爆发点，小黄的案例只是很多新生适应过程中非常典型的例子。对于这类问题，辅导员、班主任与心理咨询老师通过心理咨询的方式确实可以及时地处理好，而且只要老师们能够及早干预，新生适应问题基本就能较好解决。在处理这类新生适应问题的时候，也让我们对新生适应问题有了新的认识，并有了一些启示。解决新生适应问题有三个关键点需要抓住，分别是及时干预、引导以及预防。新生适应不良的问题可能涉及社会、家庭以及自身等多方面因素，在处理时一定要及时，在了解原因以后要快

速地加以干预。通过正性干预，学生体会到老师的关心，内心会很快有个调适过程，这个时候再进行正性引导，引导学生宣泄负面情绪，将其引向合理情绪。

现在的高校新生基本是 90 后，大多是独生子女，以自我为中心的心理在很多 90 后学生的身上都存在，所以在具体解决新生适应问题的时候，我们要抓住这个特点，及时地调整学生的心态，努力让新生适应角色转变，这对维护高校稳定有重要的积极意义。但是等新生出现了适应问题才来解决时，辅导员则会显得比较被动。因为出现适应问题的新生会比较多，面对这一比较大的群体，抓住学生的特点并及时解决确实很重要，但是面对一个可预知的现象（特定的角色转换所产生的心理问题），更应该重预防。学生从高中进入大学的心理变化是一个可以预知的过程，每位学生的心理在这个时候必然会发生变化，并需要适应的过程，有的学生能很快适应，但是有的学生很难适应。面对这样的问题，我们可以采取一些有效的措施减少新生适应的困惑。比如入学初进行有效的新生适应教育、发放一些高校生活指引手册、多举办一些新生团队辅导等活动。这些都是有效预防和解决新生适应问题的手段。

四、待探讨的问题

从学校的角度，针对个性特征鲜明的 90 后大学生，学校如何做到因材施教，快速地引导新生适应环境转变带来的问题，已经成为维护高校稳定的一个重要课题。因此，如何有效地做好应对值得每位老师思考。采取何种有效手段进行较好的预防更是今后高校有待进一步探讨和思考的问题，如果能探索出一些适应本校校情的有效方法，将对整个高校新生适应问题起到重要作用。

原生家庭影响下大学生适应性问题探讨

何怡雯

一、案例背景

原生家庭（family of origin）这一概念来自家庭心理治疗领域，是指个人出生后被抚养的家庭，是个体情感经验学习的最初场所。朱智贤主编的《心理学大词典》认为，"适应"是来源于生物学的一个名词，用来表示能增加有机体生存机会的那些身体上和行为上的改变。而大学生的适应性则体现为学生在面对学习、生活环境的变化时，为达到认知和情感上的平衡而产生的符合外部环境的行为。[1] 大学，对于每一个新生而言，都是一个新的代名词。他们来自五湖四海，生长于各不相同的原生家庭，有着各不相同的成长经历。他们从进校的那一刻起，就开始感受到各种新鲜事物，体验到身边人、事、物的改变。有的大学生很快适应了新的环境，而部分学生却难以适应，其中原生家庭环境对个人成长适应的影响是不可忽视的重要部分。

二、案例简述

小 N 成长于离异家庭，随母亲一同生活。新生入学时小 N 性格表现为安静内向，学习认真，为人谨慎，与宿舍同学相处较为融洽。大二开始，与宿舍同学开始出现隔阂和矛盾，交流日渐减少，不愿意到宿舍住宿，旷课情况也越来越突出。学习工作效率与生活中的人际交流频率降低，处事总抱着悲观的心态，沟通交流时有意隐藏自己的真实想法，甚至常常撒谎。家人觉察到小 N 的变化，主动联系学院老师，了解其在校情况。

三、案例分析与启示

（一）案例分析

1. 家庭因素

（1）家庭沟通方式。

家庭沟通方式对孩子的性格、处世有着很大的影响。父母离异前，小 N 的生活较为幸福，得到家人的疼爱。父母离异后，小 N 跟随母亲生活，经济支持主要来源于父亲。父亲不善表达，对小 N 的教育方式较为强势，常因小 N 不听话而大声严厉斥责，双方较难进行良好的沟通。母亲自立坚强，但经济条件一般，忙于工作，对小 N 的关心和教育也稍显不足。通过了解，小 N 与其家人都是很关心彼此的，但由于沟通不畅，导致小 N 对父亲存在误会与不理解，父亲也觉得小 N 不懂事。

（2）经济问题。

小 N 的经济支撑主要来自其父亲，但父亲的经济负担并不轻松。母亲辛苦工作，但收入也不多。因此小 N 希望通过自己赚钱获得经济和人格上的独立。但是由于精力和时间有限，解决经济问题时就引发了兼职和学习的矛盾。这种经济上的渴求和学业上的压力导致小 N 迟迟不能真正地投入大学的学习生活中，不能适应。

2. 自身因素

（1）家庭认知。

每一个家庭成员都在扮演着各自不同的角色以维护良好的家庭关系。对于小 N 而言，家庭角色的欠缺或变化产生的影响是很大的。因为原生家庭的特殊情况，他感到孤独，觉得自己不被关注和重视，这种情况激发其奋力寻求途径以满足自身强大的欲望，希望通过自己的努力改变现状。这样的认识和理解在一定程度上造成了其性格的变化，影响其人际交往。

（2）与人相处方式。

小 N 不擅长人际沟通，但并不是一个孤僻冷漠的人，他愿意分享心事，只是行事较为独立。在与同龄人的交往中，小 N 觉得相比其他同学自己更加成熟，所以容易出现一些人际沟通上的不畅和误会。

（二）干预措施

1. 深入交流，了解原委

我院学工队伍第一时间与小 N 展开真诚而深入的交谈，运用心理学上共情、积极关注、倾听等方式了解他的内心世界，成为他愿意倾诉的朋友，获得他的信

任，引导他回到正常的学习、生活轨道上。

2. 联系家长，家校合作

通过联系家长核实小 N 提到的家里的特殊情况，并了解在家长理解中小 N 的变化和他们对这个事件的看法，告知家长小 N 的真实想法，并对后续跟进处理方式和内容达成共识——采取以鼓励为主的沟通教育方式，帮助小 N 重返正常的校园生活，树立对未来的信心。

3. 走进班级，了解详情

与同班同学、同宿舍同学及时沟通，借助朋辈力量帮助小 N 尽快适应大学生活，让他知道身边依然有同学愿意帮助他，而且很关心他，给他心理力量。并让与小 N 关系密切的同学留意小 N 在课堂上和生活上的表现，如有异常，及时与学院学工老师联系。

4. 及时反映，做好跟进

将事件的发生与过程及时向领导反映，并做好记录备案。及时跟进小 N 情况，从心理角度通过正强化、心理暗示等方式帮助其认识自己，认识家庭，增强自我效能感，尝试走近同学，与人建立亲密关系等等。

（三）干预效果

第一次和小 N 的对话安排在环境安静的地方。小 N 分享了他的家庭情况、学习情况和自己对未来的想法。他的反应是较为被动、悲观的，认为自己已经不被家庭重视；认为大量的外出兼职能够让自己取得更好的经济报酬，获得独立，而自己也的确没有处理好学习和兼职的关系。经过多次沟通，在无条件积极关注下，小 N 开始思考自己在学习、工作、生活等方面下一步应该怎么做，愿意与同学们更多地接触和交流，旷课情况有所好转。其家长也积极配合工作，帮助小 N 走上正常的学习、生活轨道。

四、待探讨的问题

每一个大学生都来自不同的家庭，他们有着不同的成长经历，接受着原生家庭潜移默化的影响和引导，怎样才能让来自五湖四海的学生更好更快地适应大学生活，是值得学生工作者们思考的一个重要问题。对此，笔者有以下几点思考：

（1）在新生入学教育时加强引导学生树立正确的大学观、金钱观等。帮助他们理解什么才是"最有意义的大学"，讨论大学的时间应该如何分配，交流大学期间和大学毕业后自己的规划等。通过"大学生涯规划"这门课程跟进学生的思想动态和计划实施情况，引导他们实现大学生涯意义与价值的最优化和最大化。

（2）走近学生，成为学生的知心朋友和人生导师。辅导员最基本的职责应该是对学生的日常管理、思想引领等。但事实上辅导员的常规性工作既繁杂又繁重，常常导致所谓的"走进宿舍、走进课堂"并不能真正落到实处。因此，对于辅导员而言，如何在繁重繁杂的工作中创新思路、抓住重点、解决难点是需要持续思考与努力的内容；此外，在学校管理层面也期望能够更好地规范制度、完善制度，让现状有所改变，让辅导员能够回归最核心与本质的工作。同时，辅导员还要加强自身在心理咨询方面的能力，提高自身业务素质，更好地帮助学生走出心理混沌、解决心理问题。

（3）加强与学生家长的沟通。目前大学新生基本上已经年满 18 周岁，具有独立的行为能力，因此我们常常忽略了与家长的沟通。而很多学生产生心理问题都与家庭环境有着千丝万缕的联系。因此，发现学生存在某些问题时应及时与家长取得联系，争取得到家长的配合，共同努力帮助学生解决问题。

（4）发挥同学的力量。每一个学生都是生活在一个集体中的，如何发挥班级、宿舍成员在实践中的积极作用也是值得关注的焦点。正如本案例中通过小 N 的舍友、同学了解小 N 的具体情况，帮助小 N 走出困境，给予他精神力量，这些都是一个集体发挥的作用。

五、结语

每年我们从几千个原生家庭手中迎来几千名对大学有着好奇与期待，对未来有着憧憬与迷茫的学生。他们性格迥异，成长经历各不相同，帮助他们更好地适应大学生活，融入大学生活，未来以最好的姿态走入社会，其教育难度、管理难度之高可想而知。但对于辅导员来说，让每一名学生都健康、茁壮成长是他们的希望。辅导员对学生的帮助是潜移默化的，也许短时间内并不能有实质性的收获，但是辅导员的工作确实非常重要。只有我们用心了才能真正地帮助学生，让他们少走弯路，不走错路；在他们迷茫的时候为他们指路，在他们无助的时候拉他们一把。也许面临着和小 N 一样困难和困境的学生还有很多，但只要我们有心去做好，用心去做好，他们的困难就一定能得到解决，他们一定会有一个更加美好的大学和明天。

参考文献

[1] 陈洪进. 大学生家庭环境、防御方式与适应性的关系研究. 保定：河北大学，2011.

一切从心开始　一切重新开始

——新生入学适应问题个案分析

季美含

一、案例背景

大学是个体学习专业知识，提升专业技能，为步入社会后更好地应对挑战而做准备的一个重要阶段，但对于大学新生来说，他们将要面临着各种来自学习、生活及人际的新挑战与影响。由于部分大学新生对于新生活缺乏必要的心理准备，不知道应该如何面对新的环境和人际关系，因此常常会感到精神压力大，思想包袱重，进而影响到个体甚至是他人正常的学习和生活。因此新生入学适应问题的研究及新生入学教育的探讨显得十分必要。

本案例主角小璐入学时因床位分配被安排至与高年级学生同寝，由于其适应能力较差，从而引发对所学专业感到迷茫、人际关系不协调、对周围环境感到恐惧等一系列新生适应问题。

二、案例简述

小璐因入学时床位分配被安排至与高年级学生同寝而向学院申请调宿，该申请短时间内未能被满足，导致她在一段时期内持续出现不愿回宿舍面对舍友的逃避心理。据其舍友描述，小璐在宿舍时与家人通话常常伴随哭泣且言语中大多包含对学校环境和所学专业的不满等抱怨之辞，满满的负能量也给其舍友带来了些许负面影响。

三、案例分析与启示

（一）案例分析

1. 自身因素

（1）人际交往期望过高。

人际关系是指人与人在交往中建立的直接的心理上的联系。人是群居动物，人际关系对每个人的方方面面，如情绪、生活、工作等有很大的影响，人际交往总是以双方的成本价值为基础，实现等价交换。在与小璐沟通过程中，我发现她其实并非性格孤僻，反而非常乐意结交朋友，但同时易对朋友产生较强的依赖心理。在与同宿舍的师姐们交往的过程中，过高的人际交往期望值以及过强的依赖心理，也使得师姐们有压力，从而彼此产生误解，进而引发宿舍关系不和谐等问题。

（2）自我效能感较低。

自我效能感指个体对自身成功应付特定情境的能力的估价。案例中小璐对自己的外形、能力等不够自信，总觉得别人都很棒，而自己好像没有什么特长。这在大一第一学期期末重新选择专业方向时也有所体现。选择商务英语方向，担心自己谈判能力不足；选择师范教育方向，担心自己的个性会误人子弟。对此，我多次引导，使其发现自身乐于与人交往、乐于助人等闪光点，而专业技能的提高可以在日后的专业学习中通过努力得以实现，逐步建立其自信心。最终让我欣慰的是，她觉得像我一样做教育工作者帮助学生成长是件很有成就感的事，最终选择了师范教育方向。

2. 家庭因素

（1）家庭教养方式。

家庭教养方式对孩子的性格有重要影响。据了解，小璐有一哥哥，作为家中的小女儿，父母对其也算是疼爱有加，从小尽量满足她各方面的需求，养成了小璐以自我为中心的个性，遇到问题时不会换位思考，不利于处理好与师姐们出现的一些矛盾。

（2）父母的价值取向。

家庭是孩子的第一所学校，父母是孩子的第一任老师，孩子从父母的言行中习得自己的人生观、价值观。在多次沟通及了解后，可以确定的是小璐在大学之前并无心理方面的过往病史，但她这样敏感、易钻牛角尖的性格也许是受母亲的影响较多。在与其母亲沟通的过程中，我发现并没有像与其父亲沟通那样顺利，

其母亲固执地认为女儿变成现在这样的状态是由于在学校没有被安排到心仪的宿舍而造成的。

3. 环境因素

每个学生都是独立的个体，而在大学相对轻松自由的氛围之下，同学之间的关系较高中对比起来相对疏远，除了上课时会见面之外，更多的时间是各忙各的学习、社团工作等，难免给人一种人情淡薄的感觉，也谈不上班级凝聚力和集体荣誉感，有些班级甚至出现了班会组织不力、集体散漫的情况。

（二）干预措施

针对上述情况，我第一时间与其家长取得联系，且建议学生到我校心理咨询中心进行心理辅导，并在有合适的床位后第一时间满足了其申请调宿的需求。具体解决方案如下：

1. 深入交谈，获得信任

第一次发现小璐可能存在入学适应问题是在新生报到的第二天。那天我到学生宿舍巡查，特别关注那些被安排在零散的床位与不同年级甚至不同学院的学生同寝的新生。当我巡查到小璐宿舍时，她先是问我如何申请转专业，表示其想学与金融有关的专业，对于刚刚入学报到第二天就有了转专业想法的新生，我自然会更关注一些。于是我在她宿舍停留了很久，询问其想要转专业的原因。在交谈中得知，英语专业并非她的第一志愿，且她本身英语基础较为薄弱，担心与同学拉开差距，而受其哥哥影响，认为金融专业更实用更易就业。

听了她的顾虑后，我对她存在的一些错误认识给予指正，鼓励她认真学习本专业知识，并且告诉她等到大二的时候只要学有余力且家庭经济条件允许的话，还可以报读金融学作为第二专业，这样也能使她未来的就业更具竞争力。听了我的分析后，她觉得似乎有些道理。

在聊完专业困惑后，她向我提出了为何这么多同学中偏偏是她被分到跟师姐同寝的疑惑，感觉自己被孤立了，我也向她解释了原因。在跟她接近一个小时的交谈中，我明显感觉到这是一个敏感且易钻牛角尖的孩子。由于当时时间已较晚，于是我告知她学工办的地址和联系方式，鼓励她有困惑的时候随时跟我联系。

果不其然，没过几天，她就带着宿舍调换申请书到办公室找我，并且面带愁容，神色紧张，说自己还是无法接受分到与师姐同寝的现实，每天课余时间也不想回宿舍，上课无法集中注意力，看到学校周边的环境也觉得很糟糕，说着便开始哽咽。于是我先尽力安抚她的情绪，让她平静下来。我先对她的情况表示理

解，告诉她她目前的情绪反应属于正常的现象，只是还没有适应新的环境。然后教她如何调整心态，分散注意力。同时鼓励她如果愿意，就在课余时间到办公室协助老师们做些力所能及的工作。

2. 联系家长，家校配合

为了对学生的家庭环境及成长史有更深入的了解，在发现小璐的情绪问题后，我第一时间与其父亲取得联系。在与其父亲沟通的过程中，其父也表示最近确实在跟女儿通话的过程中发现其存在哭泣与抱怨的现象，家人也很担心她的状态，也希望我们能多多关心她，引导她早日适应大学生活。对于我们这么及时地发现问题并第一时间主动与家长沟通的工作效率，其父也表示感谢，并乐意配合我们的工作。

3. 对接校心理咨询中心，寻求专业指导

从新生入学时的心理普查结果反馈来看，虽然小璐并未在重点关注之列，但在发现小璐的问题后，我担心其一时的情绪问题会逐渐发展成心理问题。但在与其沟通的过程中，我渐渐发现其实她很乐于表达自己，在遇到困难时也很主动地寻求老师及朋辈的帮助，起初我担心如果直接向其推荐到校心理咨询中心进行咨询，是否会让敏感的她觉得老师认为她异于常人，但在我试探性的言语下，她却表现出很积极地想主动向专业的心理咨询师进行咨询以缓解目前的情绪症状的意愿。于是我告诉她校心理咨询中心的地点，她便自己主动去预约。我也与心理咨询中心相关老师对接，及时获取其咨询的情况。根据校心理咨询中心的反馈，小璐的状态仍处于可控的范围，经过引导，应该可以改善。

4. 借助朋辈力量，鼓励与包容

为了更全面地了解小璐在宿舍与舍友相处的情况，我约了同宿舍的高年级的同学到办公室详谈，也请相应年级的辅导员协助做同宿舍同学的思想工作，希望大家能够尽量包容小璐，相信她只是一时的不适应，而内心其实是很渴望得到大家的接纳与认同的。同时希望作为师姐的她们，能在专业学习上给小璐更多的指导及建议，并请她们帮助我密切留意小璐在宿舍的动态，如有异常，及时与我联系。

5. 及时汇报与做好跟踪记录备案

鉴于我是第一年带新生，经验还比较欠缺，所以在遇到这类型的问题时，我注重第一时间向领导及前辈请教，寻求他们的成功经验分享。同时做好跟踪记录备案，以便在跟家长沟通时有据可循。

（三）干预效果

在其家长及校心理咨询中心的配合下，经过一个学期的反复疏导，小璐目前

表现正常，与同学相处融洽，学习兴趣大大提高，且在班级中担任班干部，已经开始投入大学正常的生活、学习中。

（四）案例启示

1. 重视家庭因素

父母是孩子的第一任老师，家庭对孩子的成长至关重要。辅导员应该及时了解每位学生的家庭情况，及早发现可能的问题，重点预防。同时要形成家校合作，与学生家长做好日常沟通工作。

2. 积极关注，加强引导及教育

高中学习模式与大学学习模式的转变导致学生出现了不适应的情况，因此应加强新生入学教育时对树立大学目标的引导。在高考的压力下，高中的学习较为紧张且更多地由老师作为主导，而步入大学后学习的压力减小，需要自主安排学习计划，很多学生一时无所适从，找不到方向与目标。而小璐对目前所学专业并非十分感兴趣，因此产生退缩的心理。在新生入学教育阶段，很多辅导员会按惯例布置学生写大学生涯规划书，但由于日常工作的忙碌，很少有人能做到对学生上交的规划书逐一、仔细地去看。若能做到逐一看每位学生的规划书，相信可以从中发现问题并及时、有针对性地去做好引导工作。辅导员应指导学生定下短期及长期目标，提高他们的学习主动性，摒弃"大学很轻松"的错误观念，使他们尽快找到与自己专业相结合的兴趣点，努力学习一技之长，培养他们独一无二的"超能力"，并积极参与各项实践活动，为大学毕业后的就业打好基础。

3. 发挥朋辈及班集体的作用，增强集体凝聚力及荣誉感

在本案例中，由于大一期末的专业方向调整，小璐刚好幸运地重新分到了一个学风、班风都很积极向上的班集体，这让她感觉到对集体的归属感，在大家的带动下，也渐渐找到了学习的方向及适合自己的方法，还在班级里担任了班干部，参与班集体建设。从此可以看出，辅导员应加强班级建设管理工作、加强班干团队培养。

四、待探讨的问题

1. 校园基础设施建设待完善

随着我校各项工作全面步入高水平大学建设的历史新时期，我们对优秀生源的需求提高，同时优秀生源必然也对我校的期望值提高。在逐步扩招的大趋势下，学校应加紧步伐完善校园基础设施建设，例如宿舍的扩建及条件的完善，以满足学生及家长的需求。

2. 如何提高工作效率，减少事务性工作，真正深入学生

在大学，辅导员本应是与学生接触最频繁的老师，但现实是辅导员与学生之间更多地成了"请假之交"的关系，有的学生甚至在校四年仍不知道自己的辅导员是谁，我们不禁反思，造成这样一种局面，是谁之过？辅导员最基本的工作职责本应是加强对学生的日常管理，做好思想政治教育工作，但现实中太多的事务性工作缠身使得辅导员分身乏术，每天"两眼一睁忙到熄灯"的状态并非夸大其词，而学生的观念及印象中辅导员都很悠闲，觉得一个学期都见不到辅导员几次，时间久了，便也造成了辅导员与学生之间的误解，学生不能理解辅导员工作的现状及难处，辅导员对学生也欠缺了解，更多时候是出现问题了才去解决，而没能做到让危机化解于雏形之中。针对这种现状，一方面，我们期望从上至下有所改变，尽量减少任务性、事务性的工作给辅导员带来的压力，使辅导员能够有更多的时间和精力回归最基本的工作；另一方面，辅导员本身应努力寻求创新的工作方法，提高效率，培养好学生干部，尽量从事务性工作中解脱出来。

3. 如何建立健全与学生家长沟通的渠道，形成教育合力

大学生作为成年人，已具有独立的人格，因此在工作中我们往往忽视了与学生家长的联系，但事实上很多学生存在的问题都与其原生家庭及成长环境有着密切的关系。辅导员应注意定期与家长保持联系，了解学生的一些个性特征及在校期间没有表现出来的反常现象。为了学生的全面发展，相信大多数家长会积极配合我们的工作，形成教育合力，互相配合做好学生的成长成才引领工作。

4. 如何加强辅导员心理咨询专业知识技能的学习

在对高校辅导员队伍的专业化、职业化要求更高的今天，如何提升自身的素质及竞争力，是我们自身需要思考的问题。校学生处也在尽力为辅导员职业能力的提升做出努力，例如对辅导员参加心理咨询师的培训及考证予以公费支持，同时为辅导员的发展提供更多的平台及机会。

主动沟通，互相包容
——人际交往冲突个案分析

王国华

一、案例背景

在大学里，宿舍是学生学习生活的一个主要场所，舍友间的关系直接影响学生生活学习的方方面面。近年来由于宿舍人际关系引发的伤亡事件时有发生，的确令人痛惜。小林与舍友之间也出现了人际沟通不畅的问题，虽没有给舍友带来伤害，但造成了自己严重的精神问题。

二、案例简述

小林来自东北地区，来广州读书不到一年，与同宿舍同学的相处便开始出现问题，与舍友的关系逐渐变得紧张，发展到与舍友打架的地步。小林担心自己会因不理智行为受到学校处分，再加上与同宿舍的其他三个人关系紧张无法沟通，每次回到宿舍就像面对十面埋伏的敌人，久而久之脾气变得异常暴躁，甚至出现躁狂症的相似言语和行为表现。

慢慢地，小林平时尽量少回宿舍，甚至不敢回宿舍住，曾独自一人在一所教学楼旁边的草丛里睡了两天。身边同学发现他不见后立即向老师和学校反映，学校、学院发动保卫处、老师、同学到处找他，在找到他的时候，小林的情绪异常激动，辅导员都无法和他谈话，期间他还打伤一名女教师。在情绪激动的状态下，说什么话对他好像都没有太大作用，小林当时精神异常兴奋，坚持认为舍友联合起来孤立自己，非理性的言语及行为有明显的躁狂症倾向。无奈之下，只好由保安强行控制到脑科医院做检查。

检查结果确诊小林为躁狂症，需要及时治疗。在住院治疗的同时，我也定期到医院为小林做心理辅导，帮助他缓解症状尽早康复，在辅导过程中我了解到他认为他的三位舍友孤立自己，舍友们有什么事情从来都不告诉他，说话做事有时也都避开他，舍友不想让自己住在同一个宿舍，加上他自己也不太会表达，所以越来越感觉自己与舍友间很疏远，逐渐心生怨气。有一次，他在外面开不了门，当时舍友们就在宿舍里面，但就是没有人给自己开门，他十分绝望，也非常生气，进宿舍后就和舍友打架，之后就不想再回宿舍了。小林内心很委屈，觉得自

己并没有得罪他们，不知道他们为何会这样对待自己。看到他的委屈和痛苦，我及时做出回应，让他明白我能体会被人孤立的感受确实很痛苦，而且自己与其他人的关系也会受到影响甚至还会遭到别人误解。但是，他与舍友之间的沟通一直存在问题，自己认为的可能并不是事实，因此，自己的想法和感受也许并不完全正确，也许在舍友们看来并非如此。鼓励他大胆与人沟通，用自己以为的去想象别人有时并不正确。之后，我又及时到他们宿舍展开调查，舍友们说，当时门锁坏了，但还是可以开的，是小林误解了他们。而且三名舍友都认为：小林性格孤僻，从不与他们交流，只是独来独往，不是同学们不理会他，而是实在没办法和他沟通。舍友们也表示由于年轻不会顾及其他人的感受，也存在不会关心人的问题，导致打架事件发生，感情都受到伤害，他们都没想到，小林会因此患上躁狂症，都感到内疚。他们觉得如何关心同学内心的感受从家庭到学校都很少有人教育他们，所以他们不知如何处理。不是主观上给小林造成了伤害，而是由于无知在客观上造成了小林的躁狂症的发生。可以看到，不及时沟通以致事情发展至此实在可惜。

对小林的三个舍友，我也进行了适当的思想教育，告诉他们上大学不只是学知识，更要从德、智、体、美、劳五方面全面发展。关心同学是社会交往的重要内容，要通过交流沟通了解每一个同学的性格、习惯，互相包容，培养宽阔的胸怀。学会关心同学、爱护同学对于我们走向社会十分重要，将来走向社会必须学会与人健康地交往，在大学期间就要学习与不同的人交流的本领，这是上大学应该学习的重要内容，绝不能有孤立同学的"冷暴力"行为出现。舍友们纷纷表示以后会学会关心爱护同学，注意沟通交流。如果有解决不了的问题会寻找老师或其他途径的帮助。这也反映出大学教育急需加强社会交往健康教育的指导工作。

在接下来的三年里，我们安排小林的母亲来校工作，陪同小林治疗与学习，保障好小林的生活并要求他按时吃药治疗，尽早恢复健康。我定期为他做心理辅导，每周一次面谈或电话交流。小林在恢复治疗的过程中，经常中断吃药，致使病情反复无常，我教育他药物虽有一些副作用，但与保证身体健康相比较，吃药是小害大利的事情。于是我让他坚持吃药，并传授给他与同学交流的正确方法与策略，学会平等交流，从矛盾中学习交流技巧，建立强大的心理素质，这样才能在人际交往的风雨中锻炼成长。为了补上他的课程，我给他制订了专门的学习方法和计划，对他进行学习方法的训练，从而提高了他的学习效率和学习积极性，学习成绩也不断进步。在这期间，小林还发生了一些骚扰女同学的事件，给几名

女同学造成惊吓和心理伤害。我又及时地给他做教育工作，就如何正确认识和追求异性对他进行帮助教育。安排学院老师对受到惊吓的女同学进行安抚关心，要求对小林进行进一步的教育管理。组织心理咨询中心的老师专门为他开展恋爱心理辅导。我十分注意将他的主要精力拉回到学习上来，不断找他进行学习训练，主要强化他的动手完成作业的能力，克服空想和不切实际的想法。同时让他参加集体活动，还安排宿舍同学一道和他参与集体活动的方方面面，尽量减少他单独活动的机会。

经过三年多的努力，小林完成了大学学业，顺利毕业。

三、案例分析与启示

（一）案例分析

1. 家庭教育问题

家庭教育不全面，从小学到高中，父母从来只问孩子成绩如何，很少关心其他方面，如与同学关系的处理，是否快乐地学习和生活等。一切生活都是父母包办，自我生活能力弱，培养了一个只会学习不会关心他人的孩子。

2. 学校方面的问题

中小学教育只注重学习成绩，对综合素质的培养不太重视，造成人际关系处理困难，解决实际问题能力差。

3. 自身成长因素

小林在小学、中学成绩都很好，而且会下象棋，在哪儿都受到别人喜爱，养成了以自我为中心的性格，从不会主动关心他人；而自己也长期缺乏与人有效沟通的知识方法和技巧。

（二）案例启示

1. 要关注大学生人际交往问题

人际交往障碍是一个比较普遍的存在，我们要更多教育和关心一批只会学习的大学生，在处理人际关系方面给他们及时的帮助和教育，这要引起学院、老师们的高度重视，并加大教育的实施力度，对有人际交往障碍的大学生，要尽早发现，尽早辅导，防止出现严重的后果。

2. 用爱和支持鼓励他们用健康的方式与人相处

耐心而细致的教育可以改变一个大学生的命运，老师的爱和支持关系到大学生的身心健康甚至生命安全，我们绝不能有半点大意，这就是思想政治工作和心理教育工作者存在的意义。我们教育工作者要给这些特殊的大学生更多的关爱和支持。

四、待探讨的问题

大学生人际交往障碍问题引起的伤亡事件一直存在，尤其是因为宿舍人际关系出现问题和恋爱问题造成的事故较多，因此在高校管理中，如何通过有效的宿舍和班级管理来减少和预防由于人际沟通不畅引起的矛盾和问题，有待进一步的探讨和实践。

集体的力量
——重病学生紧急救助处置及启示

刘　源

一、案例背景

颅脑是人体的重要器官，是人的生命中枢所在。颅脑疾病包括颅内压增高和脑疝、颅脑损伤、颅脑先天性畸形、颅内肿瘤和颅内血管性疾病。本案例以突发颅脑疾病的小潘为例，探讨重病学生紧急救助处置相关问题。

二、案例简述

2015 年 11 月 21 日（星期六）晚上 9 点半左右，我院学生小潘在宿舍晕倒，被送往大学城医院急救，生命垂危。经检查，小潘被确诊为脑疝，医院已下达病危通知，需立即实施手术，但手术需要家属同意。而此时我们经过多方联系依然找不到其父母。在此紧急情况下，经请示学校领导，学生处廖老师在手术风险告知书上代替家属签了字，使手术得以顺利进行。

三、案例分析与启示

（一）案例分析

1. 自身因素

（1）家族史。

家族史指某一种疾病在患者家族成员（较大范围的家族成员，不仅限于祖孙等直系亲属）中的发病情况。可以是阴性（即没有发现同样病的患者），也可以是阳性（指发现有同样病的患者）。小潘的母亲患有间歇性精神病，长期住院治疗。

（2）自尊与自卑心理。

自尊，亦称"自尊心""自尊感"，是个人基于自我评价产生和形成的一种

自重、自爱、自我尊重，并要求受到他人、集体和社会尊重的情感体验。自尊是人格自我调节结构中的心理成分。自尊有强弱之分，过强则成虚荣心，过弱则变成自卑。

小潘从小由伯父抚养，在伯父家长大，上大学的费用主要靠亲戚资助。虽然家庭经济十分困难，但小潘并未向学校申请困难资助，因此未进入学校贫困生数据库。小潘未向学校申请困难资助，极有可能是因为他自尊心极弱以至于变成自卑，不希望别人知道自己的家庭情况，不想让别人可怜自己，认为自己有能力，无须依靠贫困救助，这正是自尊过弱导致自卑的典型。

2. 家庭因素

（1）家庭环境。

家庭环境是孩子发展最初的也是最重要的环境，它包括物质和心理两个方面。家庭物质环境包括家庭的经济状况，衣、食、住、行的条件等；家庭心理环境则是由家庭成员的精神生活内容所构成的。小潘的家庭环境较为贫苦，母亲又患有精神病且需住院治疗，让原本贫穷的家庭雪上加霜。本来家里的物质条件就差，加上父母没什么文化，也许在日常生活中给了孩子很多无形的压力。

（2）父母情绪对孩子的影响。

父母的情绪对家庭心理氛围的形成起着关键的作用，特别是在核心家庭中，父母由于种种因素形成积极的或消极的心境，然后，将这种心境投射到孩子身上，使孩子感染与父母同样的心境，而且彼此相互强化，形成家庭心理氛围的反馈和网络结构。如果父母两人的情绪不一致，则孩子的心理调适就比较困难，久而久之，给孩子造成巨大的心理负担，甚至引发心理疾病。小潘的母亲患有精神病，父亲则靠打临时工挣钱，物质和心理的贫瘠致使一家人无法好好沟通，而父母的情绪在某种程度上影响了小潘，导致彼此沟通的脱节，所以小潘出现了这样的问题父亲也几经周折才得知。

3. 学校制度

学校制度指的是一个国家各级各类教育机构与组织的体系及其管理规则。它包括两个方面：一是各级各类教育机构与组织的体系；二是教育机构与组织体系赖以存在与运行的一整套规则，如各种各样的教育法律、规则、条例等。现代教育制度的核心部分为学校教育制度。案例中小潘的一系列事件是学校教育制度不足的体现，对于一些贫困学生的调查、心理疏导、突发事件的干预以及建立良好的监督系统这些方面做得还是不够。

（二）干预措施

1. 事出有因，了解实情

我马上联系了护送小潘前往医院的舍友，以了解事情最新动态，并紧急增派班长、级长赶往医院协助处理。此外，我指派一名学生干部去办公室查询该学生的学生登记表，并拍照发给我。学生发过来的照片显示，该学生来自粤西，父亲72岁高龄，母亲50岁，均为农民，无工作单位，为当地低保户。同时医生向小潘的同学了解小潘最近几天在日常生活中的表现，又向他堂哥了解小潘家族病史。据同学反映，近两日小潘曾出现呕吐、头晕症状，以为是受凉感冒，自行买药服用；他堂哥表示他母亲患有精神病，家族曾有人死于脑颅疾病。

2. 联系家长，寻求支持

为了第一时间告知小潘父母，我叫学生查询小潘的手机，找到了小潘父亲的电话。但是，当我打过去时，一直无人接听。于是，我指示学生继续查找其他亲属的电话。所幸，学生找到了他姨妈的电话号码，我马上将小潘晕倒送往医院救治的消息告诉了他姨妈，并且请求他姨妈尽快通知他父母。在无法直接通知学生父母的情况下，能联系上他姨妈，也算是对他亲属的一个初步告知。

3. 危急关头，果断决策

不一会儿，我们又收到学生传过来的进一步的消息，说小潘确诊为脑疝，医院已下达病危通知，需立即实施手术，但手术需要家属同意。为此，我们再次联系他父母，但仍是无人接听。在此紧急情况下，经请示学校领导，学生处廖老师在手术风险告知书上果断代替家属签了字，为手术的顺利开展争取了宝贵的时间。

4. 不遗余力，告知亲属

学生父母一直联系不上，但幸亏联系上了他姨妈，通过他姨妈，我们又先后联系上了他的堂哥、堂姐。后来，我们从他亲戚那里得知了小潘家庭的基本情况以及其父母的现状。

我们赶到大学城医院门诊部五楼手术室时，小潘正在手术。我们见到了学生处以及当晚值班的数学学院相关领导、辅导员，还有小潘的表嫂和他的几名同学。我们向先前参与处理此事的领导、老师、同学表达感谢，并进一步了解事情的详细经过。

22日晚7点左右，小潘的父亲和另外两名亲属赶到医院，我们将小潘病发、处置、治疗的经过给他们做了详细说明。晚上10点左右，我们将他们安顿在学校招待所。据小潘亲属介绍，小潘的父亲年事已高，平时在家里都需要人照顾，

在医院也帮不上什么忙，第二天便会返回老家。

5. 院里院外，守望相助

12点半左右，学生处、数学学院值班领导、辅导员相继离开医院寻求更佳解决办法。我们和小潘的表嫂，以及若干学生，继续在手术室外守候。

11月22日凌晨4点半左右，小潘的堂哥从老家赶到了大学城医院，我们向他详细通报了事情的发展和处理经过。

小潘的手术一直在紧张地进行……我们紧盯着手术室的大门，一有动静就立即起身走近，但每次都失望而归，加上一直没有医生或护士出来通报手术进展情况，让大家倍感煎熬。

经过近11个小时的等待，至22日上午10点，小潘终于被推出了手术室，出来以后马上又被转移至住院部监护室。彻夜未眠的我们，马上跟着轮床来到监护室。

在监护室外继续等候近一个小时以后，医生终于出来向我们通报小潘病情。医生表示，现在只是清除了小潘的颅内积血，解除了生命危险，完成了漫长治疗康复过程的第一步，但出血原因尚未查明，需留在监护室观察治疗3~5天。今后，他还需接受一系列检查治疗，不排除某些不确定性风险。

6. 众人拾柴，募集善款

针对小潘家庭经济条件和很可能需要支付的高昂治疗费用，12月8日，我们在学院微信公众号上发布了为小潘捐款的倡议书。虽然倡议书只是面向本学院，但在社会上引起了强烈反响，文章点击量过万，并且被广泛转发，热心人士的爱心超越了学院、学校的界限。各界人士纷纷慷慨解囊，捐款源源不断，我们总共收到了13万余元的捐款。我们将捐款分三次交付给医院，作为治疗按金。除了为他募集善款，我们还向学生处申请到了一笔5 000元的临时困难补助。小潘的事件，也受到了其老家媒体的关注报道，他的家庭也收到了来自当地的10余万元捐款。这些资助，大大缓解了他家庭的经济压力。

7. 持续关怀，送去爱心

我们每日与小潘的亲属联系，跟他们进行沟通交流，对他们进行安抚。学生处和学院的相关领导、老师也多次赴医院看望小潘，向主治医生了解最新病情，营造了一种温暖关爱、以人为本的人际氛围。

（三）干预效果

12月22日上午，小潘再次接受了脑部微创手术。由于病情出现好转，12月23日上午，小潘被转移到普通病房。

经过一个月的治疗，小潘意识已有所恢复。当我们安慰或鼓励他时，他眼角流泪，但无法用语言表达；进食、咯痰、排便都依靠导管；小腿肌肉萎缩松弛，整个人很消瘦。

小潘的治疗康复需要一段比较长的时间，但亲属不愿放弃他将来可以返校学习的希望。后来，在我们的建议和协助下，他堂哥帮他办理了休学手续。

2016年1月6日，小潘转入普通病房已过半月，脑部病情已趋于稳定，人已苏醒，能辨认人，能听到声音，手脚都可以做小动作，虽骨瘦如柴，进食、排便仍然依赖导管，但总体病情稳定可控。

1月21日，寒假前第二天，气温持续走低，寒潮将至。这天也是小潘入院两个月的日子。绝大多数同学已经考完试，回到温暖的家，开始美好的寒假生活，而小潘依然躺在病床上，与病魔进行着斗争。这天，我们又去医院看望了他，了解他的最新病情，并馈赠红包一枚，表达了对小潘的新年问候和祝愿。我们走进病房时，恰巧碰到从老家过来的四位亲属。虽然素未谋面，但在事件处理过程中来来回回的电话联系让大家一见如故，亲切握手寒暄。借此机会，亲属就我们对小潘病发以来所给予的关心帮助表示感谢，我们也对亲属们所承受的辛劳表示慰问。

转入普通病房近一个月，小潘一日比一日好转。对比上一次所见，其精神、气色、意识、知觉均有进一步的改善。当我们分别跟他握手的时候，他的手抓得紧紧的，很有力度，不愿松开，激动之情难于言表，只能化为手脚的挥动、嘴巴的抽搐以及溢出眼眶的泪水。

五个半月以后，5月3日，在他即将转回老家治疗的前一天，我又一次去看望他。他静静地躺在病床上，气色比以前好多了，看起来恢复得不错。头盖骨已装回，头上留了一道长长的疤，一直睁着乌黑有神的眼睛，四肢肌肉已恢复不少，活动自如，与他人交流基本无障碍，精神也不错。他表姐说他能记得以前的人和事，但对新近发生的事反而记不起。当我问小潘认不认识我时，他用响亮清晰的声音回答说认识，并且叫出了我的名字。但当他堂姐问他今天早上吃了什么时，他说不知道，可见今后很长时间他还将面临大脑功能恢复的任务。

昔日床头盘旋的各种管线已经不见，甚至没有任何医疗器械，可见以前那种紧锣密鼓的治疗已经结束。他堂姐说，最近一直在做高压氧，回老家后还会继续做。期间，进来一位医生，给小潘做针灸治疗，将一束银针密密麻麻地扎满小潘的左手臂。医生说，这是在帮助他恢复大脑功能。

临走前，我跟他握手道别，感受到他手不一般的力度和温度。5月4日，小

潘的堂哥把小潘接回老家某职工医院继续治疗。对小潘事件的处理，至此基本结束。

（四）案例启示

虽然时逢周末、事出突然、人命关天，但在整个事件处理过程中，我们遵循学校、学院突发事件应急处理机制，依照相关领导的统一指挥安排，做到了人员迅速到位、信息迅速上报、病人迅速送治，始终不慌不忙、有条不紊、粗中有细。事件的圆满落幕，证明我们处置及时得当，也体现了我们这个团队较高的战斗力，使我们得到学生亲属的充分肯定。我们清醒地认识到，突发事件始终是悬在辅导员头上的达摩克利斯之剑，树立规避突发事件的意识、具备处置突发事件的能力，是一名合格辅导员的必备素质。作为参与处理的第一责任人，我深刻体会到此类突发事件对辅导员来说是一场残酷考验，如何进行及时有效的处置，如何规避潜在的风险，考验着辅导员的能力、责任和智慧。幸运的是，在事件面前，领导的支持、同事的协作以及学生的配合，让我避免了孤军奋战；面向社会发布捐款倡议以及意料之外的高额捐款，营造了良好的社会支持系统，助了我们一臂之力；一波三折、有惊无险的救治过程，让我们见证了时间就是生命；学生的积极帮助和支持、家属的真诚理解与感激，让我们深感欣慰；而小潘最终性命无虞，更是我们工作最大价值之所在。我们期待他早日康复，重返校园，继续自己在广州大学的未竟学业，继续感受生命的美好。作为学生的良师益友，救助学生生命，辅导员责无旁贷。百炼成钢的我们，时刻准备着，当下一次事件不期而至时，将一如既往地无所畏惧。

四、待探讨的问题

家庭因素在人的发展中起着重要影响，而影响较为重大的是心理素质，只有家庭和睦，互相尊重，彼此理解、包容，才能给予孩子真诚和理智的爱。家庭成员之间感情融洽，志趣相投，态度和善，为人谦虚，心理相融，反映出互爱的高尚情操和积极向上的气息。

经过此事件，我也在思考学校是否可以考虑成立朋辈互助小组，纳入整个监督体系，为及时发现身边同学的紧急情况而努力。因为高校中其实存在大量的单亲家庭学生和贫困生，他们平时很少能被关注，他们的心理也被忽略，从而导致了发生问题时杀伤力极其严重。朋辈互助小组在生活中多留意、关注这类特殊人群，在遇到突发事件时也能尽快处理。只有学校家庭内外联合，同时给力，我们才能更好地促进学生的心理健康发展。

第三单元

职业启航

独立"塔尖"　　无惧风雨
——优秀生求职受挫个案分析
王翠华

一、案例背景

本案例以学生小丘为例，叙述其因毕业前求职受挫，思想及心理波动较大，并接连做出危险行为，后得到有效干预的事件。

二、案例简述

小丘因毕业临近而求职接连受挫，心情非常焦虑。某日晚，小丘因心情太苦闷，找舍友小邓到宿舍楼顶谈心，聊天过程中抑制不住冲动想跳下楼，但因信佛不想自我伤害，于是让小邓把他推下楼。小邓见状赶紧拉他回宿舍并耐心劝慰，因未意识到问题的严重性而未向辅导员汇报。隔一日后的早上，小丘醒来后情绪非常狂躁，因舍友仍未睡醒，无人倾诉，痛苦至极，于是有轻生行为。舍友起床后发现这一情况，觉得事态严重，遂当天向辅导员汇报。

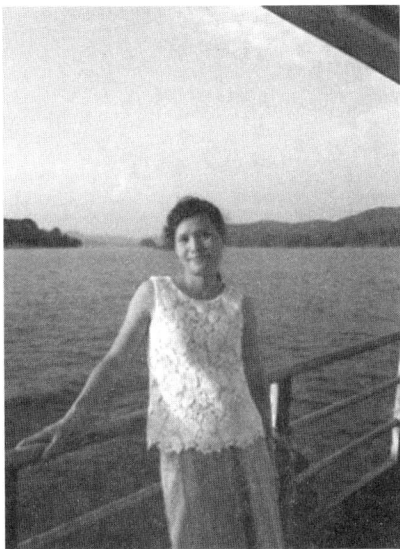

三、案例分析与启示

（一）案例分析

辅导员在对小丘进行多次心理疏导及思想教育的过程中，深入分析了其心理状况及造成其心理问题的原因。

1. 分析学生的心理状况

（1）优势分析。

小丘学习成绩优秀，大一至大三一直跟随学院专任教师从事学术研究及参加课外学术科技作品竞赛，曾获得全国性大赛奖项，是传统意义上的优秀生。

与同班或同年级同学相比，小丘存在独特的心理优势：其一，他学习非常刻

苦，学习成绩优异；其二，他与同班同学及舍友的关系比较融洽，且能把心里的苦闷向他人倾诉；其三，他与母亲的关系非常好，非常孝顺母亲，希望能通过自己的能力改变家庭经济比较窘迫的状况。上述优势为接下来我们的心理疏导及思想教育奠定了良好的基础。

（2）劣势分析。

小丘身上存在着以下心理劣势：其一，他的学习成绩以及多方面表现都非常优秀，一直被老师和同学们视为优秀生，因此他对自己的要求非常严格，对未来工作单位的期望非常高。当其他同学都找到不错的单位而他却屡受挫败时，他就产生了极强的嫉妒感、挫折感及对自己能力的怀疑，痛苦至极而不能自拔。其二，他的思维认知水平与现实行为能力水平发展不平衡，虽然能认识到强迫、抑郁、焦虑等情绪的危害，却无力靠自己乃至他人的劝慰而得到疏导、调节、控制。这些心理劣势为我们加大了心理疏导及思想教育的难度。

2. 挖掘学生心理问题的深层成因

在与小丘深入交谈后，辅导员了解到其来自单亲家庭，其父在其母怀着小丘的时候抛弃了他们，小丘长大后试图与其父联系，虽然也见过几次面，但其父经常避见小丘，更从未付过抚养费。因此，小丘一直由其当普通工人的母亲含辛茹苦独自抚养长大。在如此家庭背景下长大的孩子比同龄人更加懂事，更加理解母亲的艰辛。他把对母亲的同情与对父亲的怨恨化作学习的动力，期望通过学习上的优秀改变自己的命运和家庭状况，让父亲对自己另眼相看，从而后悔当初对其母子无情抛弃的行为，或者说以自己的成功报复父亲的冷酷无情。因此，小丘从小就比同龄人用功刻苦，他认为休闲娱乐是在浪费生命，不允许自己用一点时间在休闲娱乐上，稍微放松一下自己就产生罪恶感。

当毕业时间逐渐临近，学习成绩平时不如他的同学都纷纷找到不错的工作单位，而他却屡屡受挫，由此产生了心理不平衡的嫉妒感，继而是对自己的怀疑、失望，以及对能否凭自己多年积累的学习上的优秀改变自己命运及家庭窘况的迷茫，后来逐渐演变成恐惧。这些嫉妒、怀疑、忧虑、恐惧夹杂在一起，凭他自己的能力无法厘清及排解。虽然其母了解小丘的心理状况不佳，也苦口婆心劝慰他不要给自己太大压力，但也无法改变他的执拗；同学们因为对小丘家庭状况了解不多，只知道他来自单亲家庭，其他一概未闻，这就导致他们劝解安慰小丘的时候没有切中重点而收效甚微。

虽然小丘自己也明白嫉妒、怀疑、忧虑、恐惧等负面情绪对自己非常不利，也尝试努力摆脱负面情绪的困扰，但由于其思维认知水平与现实行为能力水平发

展不平衡，最终导致接连做出危险行为。

（二）干预措施

针对小丘的上述心理状况及成因，辅导员采取了以下思想教育及心理干预策略：

（1）营造相互理解、相互信任的谈话氛围，与学生取得共鸣。辅导员在接到小丘舍友的汇报后，意识到事态比较严重，马上通知其母事态紧急，要求其立刻从家中赶到学校，同时亲自赶往小丘的宿舍。到了宿舍，在与小丘谈话的过程中，辅导员为了避免加重其心理负担，不把全部精力集中在负面情绪上，而是采用随意谈话的形式与其海阔天空地聊天，诱导其逐渐转移对自己负面情绪的注意，进入一种轻松的交流氛围，从而进一步了解他的情况。小丘也从与辅导员的对话中感受到真诚和关心，逐渐解除心理戒备，打开心扉，谈到在求职面试中所受种种挫败对自己的打击。后来，交谈到晚上7点多，辅导员带他到附近的饭店吃饭，在良好的进餐氛围中，小丘进一步向辅导员吐露自己一直讳莫如深的家庭状况。师生在轻松愉快的交谈中逐渐建立起互相理解和信任的关系。

（2）设身处地体验学生的处境及情感。在与小丘多次交谈过程中，辅导员捕捉到造成小丘求职挫败痛苦的两个重要因素：其一是班里成绩不如他的同学都已经找到如意的工作单位，其二来自家庭状况造成的压力。辅导员为了让他产生心理共鸣，讲述了自己读书与工作的奋斗历程以及往届一些与其有相似经历的真实案例，陈述这些个案中当事人出现的心理状况，并分析这些心理表现存在的客观性、合理性和不利性，以及他们如何调节各种情绪以达到心理平衡。小丘在听了这些真实的个案后，不但感受到了老师的真诚与爱护之情，而且从中学到了调节情绪的方法与技巧，提高了现实行为能力水平。

（3）肯定其过往的优秀成绩及积极情感，诱导学生以积极的心理暗示使自己内心进入良性循环。心理学家巴甫洛夫认为：暗示是人类最简单、最典型的条件反射。从心理机制上讲，它是一种被主观意愿肯定的假设，虽然不一定有根据，但由于主观上已肯定了它的存在，心理上便竭力趋向于这项内容。它是人或环境以自然的方式向个体发出信息，个体无意中接收这一信息，从而做出相应反应的心理现象。通过心理暗示，可以达到改造人的思想和行为的效果。辅导员在与小丘多次的接触、交谈中，每次都不失时机地给他一些积极的心理暗示，并帮助他有效地接收心理暗示作用，由此帮助他的内心形成良性循环。如谈起他小学与中学时通过刻苦学习取得优异成绩的经历，他在参加全国性课外学术科技作品竞赛中如何与队友日夜奋战在实验室并最终取得奖项的经历等，引导他消除对自己

的怀疑，暗示他求职面试失败只是暂时的，日后机会很多，只要努力肯定能找到符合自己期望的工作岗位。在这样的心理暗示及心理预期下，他的情绪有所改善。

（4）促成家庭、学校、社会三个场域的合力，提高教育实效。思想教育及心理教育是一项系统工程，在空间上的维度涉及家庭、学校、社会三个场域，只有把三方面的力量有机组合起来，形成"三位一体"的教育网络，才能产生整体教育效应。

辅导员为了防止小丘再次做出危险行为，稳定其心理状态，根据小丘与其母感情深厚、孝顺母亲的特点，在接到情况汇报的当天即通知其母到学校来，详细向她介绍了小丘近期的反常举动，提示她不要责怪孩子，后与她一起商量思想引导方案。当天，在稳定了小丘的情绪后，辅导员建议其母把小丘带回家休养一段时间。

在小丘跟随其母回家休养期间，辅导员随时跟进他的思想及心理状态，发现其晚上仍然失眠，情绪也经常波动，于是建议其母带小丘到正规医院寻求心理医生的诊断及治疗。之后，小丘在其母的陪同下到市区心理医院求医，精神科医生诊断其为焦虑症，并开了治疗的药物处方。考虑到小丘的情绪不稳定，辅导员随后带其到学校心理咨询中心做心理干预。在药物、咨询师的心理干预等多方共同作用下，小丘的睡眠及心理状态逐渐得到改善。

（三）干预效果

小丘在家里休养了一段时间后回到学校，辅导员安排其舍友及其他同班同学对他给予更多的关心及帮助，联系学校心理咨询中心的老师为他做心理辅导，督促他按照医嘱随诊及服药，还随时通过电话或面谈进行思想教育，引导其积极面对挫折，勇敢尝试到不同的招聘单位面试。其间，小丘的心理状态逐渐稳定下来，并接到了一所外商独资银行的录用通知，这就加速了他心理状态的恢复。离校前，小丘的心理疾病基本痊愈。

（四）案例启示

从本案例中，可得到以下启示：

（1）引导优秀生正确看待自己。优秀生由于学习成绩好一般都有优越感，要帮助和引导他们正确认识自己：既要看到自己学习上的优势，又要看到自己其他方面的不足。要引导他们认识到自己虽然在所在班级、学校是学习尖子，但在全省或全国就不一定拔尖，在某一专业比较精通，在其他专业可能是个门外汉；在浩瀚的知识海洋中，自己所知的更是微不足道，从而消除优越感，在任何情况下都保持谦虚谨慎、积极进取的态度。

（2）培养优秀生关心他人、关心集体、关怀社会的友爱品格。部分优秀生往往在学习上非常刻苦，不太重视其他方面的发展，不关心他人，不关心集体，乃至漠视社会的发展，与同学的关系仿若陌生人，一旦遇到困难或挫折则无人倾诉，无法找到帮助排解的途径，这就加剧了其心理上的孤独，甚至造成轻生事故。为此，教育者在日常教育中必须注意排查有类似状况的学生，并注重培养其与同学特别是舍友的友谊，多安排他们参加集体活动，让他们在参加集体活动的过程中感受来自他人的关爱与友善，逐渐形成友爱和谐的人际关系，从而避免优秀生因漠视甚至敌视同学，最后落入孤独无援的困境。

（3）日常教育中关注优秀生的心理状态，适时予以指导，必要时进行挫折教育。挫折教育是优秀生成长道路上的必修课，也是他们今后适应社会激烈竞争必不可少的一个过程。教育者应该引导他们避免产生狭隘的情感，只钟情于学习，忽视了其他方面的进步。可以适当给他们布置一些课外的任务，为他们提供展示其他才华的舞台，锻炼他们多方面的能力。他们在完成这些任务的过程中，会遇到困难，也会经受挫折，教育者再适时予以帮助及引导。这样既可以增加他们克服困难的勇气，也能锻炼他们承受挫折的能力。

（4）在对优秀生的思想教育及心理辅导过程中充分肯定其优秀之处，诱导其以积极的心理暗示改善不良情绪。通过心理暗示，可以达到改造人的思想和行为的效果。优秀生因为在过往的学习中具有优秀的表现，其心里往往引以为傲。教育者在对他们进行思想教育及心理辅导的过程中，可运用心理学上的心理暗示理论，充分肯定他们过往获得的优秀成绩，暗示其通过自己的努力也可以摆脱目前的困境，引导其形成良好的心理预期，从而改善沮丧的情绪。

总之，教育者只有全方位关注优秀生的成长，才能培养出学习、品德等各方面俱佳，全面发展的真正意义上的优秀生。

四、待探讨的问题

在学校思想教育中，一方面，教育者往往把注意力放在所谓的"问题学生"身上，对优秀生更多的是关注其成绩，忽略了其心灵成长的需求，对其心理问题往往视而不见；另一方面，优秀生长期处在"金字塔尖"，面对的更多是鲜花和掌声，很少遭遇失败或被冷落、批评，这导致他们承受挫折的能力较弱，一旦遭受挫折，往往更容易情绪低落、不知所措、一蹶不振，个别学生甚至存在自杀倾向。这就要求教育者改变以往对优秀生的教育及管理方法，探究并积累对优秀生进行思想教育的规律及心理辅导的方法。

赏识教育激发学生潜能

李燕冰

一、案例背景

赏识教育并非简单的表扬加鼓励，而是赏识学生的行为过程和行为结果，以强化学生的行为，激发学生的兴趣和动机，创造环境与机遇，为学生指明发展方向。在教师的眼中，每位学生身上都有一座可以挖掘出无限潜能的"冰山"，每位学生都应享有实现自己最大潜能的机会。教育的奇妙之处就是通过教师的不断赏识激励与科学指导，让学生认识自己的无限潜能，并做好生涯规划，把潜能转变为自身的优势与能力，不断成长与积累提升，并通过努力到达成功的彼岸。学生小杰的成功案例，就恰恰体现了赏识教育激发学生潜能与激励学生成长的效果。

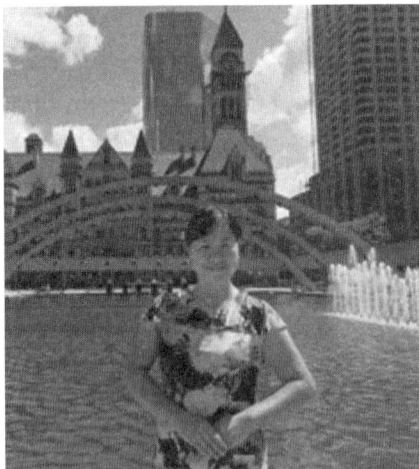

二、案例简述

第一次见到小杰是在他大二时，他给我的第一印象就是很不自信，当时他是来找我倾诉最近碰到的挫折与困惑的。原来小杰和女朋友分手了，同时最近的一次普通话等级考试又没有通过，两件事加在一起让他觉得自己很失败。他问我如何才能找到努力的目标与动力。在耐心听他把最近的烦心事全部倾诉出来后，我让他把困扰自己的事情与如何应对的方法逐一理清后写出来。写完后，小杰表示心情轻松多了。接着，我指导小杰用 SWOT 分析方法，认识自身的优势与劣势，并了解目前实现自己的大学目标所面临的机遇与挑战，并指导小杰制定大学生涯规划书的方法，让他回去用一周的时间认真写好大学生涯规划书。

一周后，小杰拿出写好的大学生涯规划书，定下了当一名中学老师的职业目标，并针对这个目标，细化了从大学二年级到四年级每年的具体计划。我充分肯定了小杰的目标与方案，同时鼓励小杰在大学期间至少做到"五个一"来提升

综合能力：当一次干部、独立组织策划一次活动、参加一次比赛、获一次以上奖励、参加一个专业社团。小杰不是很自信，说自己能力有限，尽力而为吧。我拍拍小杰的肩膀，用赏识的语气说："小杰，我从你的大学生涯规划书中看到了你对大学的期待，同时从你对自我的分析中看到了你具备实现这'五个一'的潜能，我会给你推荐机会，但你也要积极尝试与锻炼啊！""李老师，如果我有机会参加比赛，您能当我的指导老师吗？"小杰充满期待地问。"好啊！"我爽快地答应了。我们在赏识学生的同时更需要在实践中给予学生实际的支持与指导，这样学生的潜能才能被有效地激发出来。

于是每次有适合小杰的活动与比赛，我都会专门发送相关信息给他，动员他参加。有一天，小杰来找我，原来他对我推荐给他的活动中的"挑战杯"大学生创业大赛很感兴趣，特意来请我做他的指导老师。小杰能这么积极主动，我很高兴，于是认真指导他如何写好创业策划书，并建议他物色好团队，学会与他人合作。小杰刚开始有些担心，怕自己没有经验做不好，我鼓励他大胆尝试并指导他如何寻找志同道合的同学形成强有力的创业团队。通过小杰的认真投入和团队成员的努力，创业策划书经多次修改与完善，终于上交了。为了让小杰增加自信，我多次指导与训练小杰展示和介绍自己的作品。在学校及广东省的"挑战杯"大学生创业大赛中，小杰均获得了好成绩。特别是在为"挑战杯"广东大学生创业大赛做准备的过程中，小杰再次克服了困难，挖掘了自身潜能，把创业策划书从40多页完善到120页。用小杰的话说，通过这次比赛，他觉得自己的潜能获得了开发，原本觉得不可能的事，通过坚持不懈，竟然可以做到，而且做得这么好！

在大四的寒假，小杰再次挑战了自己的潜能。原来小杰从大学一年级到三年级，一直备考普通话，遗憾的是每次考试都无法达到二乙水平（小杰是师范生，师范生要获得教师资格证必须考取普通话二乙证书）。小杰是南方人，一直没有信心练好普通话。放寒假前，小杰找我聊天，说对考普通话很没有信心，我知道他很想当一名中学老师，就鼓励他以考试作为动力与锻炼平台，把将普通话练好作为目标，把"短板"练成自己的"长板"，因为语言是一个中学老师的基本功。整个寒假小杰并没有休息，他参加了一个普通话强化班，每天都抽时间训练。功夫不负有心人，很快，小杰把获得普通话二乙证书的好消息第一时间告诉了我。我在祝贺小杰的同时，又给他定出新的努力目标，希望他能报考研究生，为做好一名中学老师做更充分的准备。小杰也觉得自己可以尝试一下。因此，小杰每天除了上课外，还安排了研究生考试的复习时间与内容，考研已成为他激发

自己新潜能的动力目标。

通过两年的赏识教育与激励，小杰已获得了较为全面的发展，连续获得学校奖学金，顺利通过了全国公共英语四级与六级等级考试；担任了主要学生干部，领导潜能得到了挖掘。小杰在大三第二学期又主动来找我，请我指导他的毕业论文，一般的学生是大四才按学院的统一要求开始找指导老师与确定选题的，小杰能提前准备是想兼顾考研时间。我对小杰能提前规划与兼顾毕业论文与考研准备十分肯定，经与他多次交流，引导其选定了能发挥他特长与兴趣的毕业论文题目。小杰完成毕业论文的过程也是其专业素质潜能提升的过程，他虽然定了论文题目，但由于原来没有写专业论文的基础，不知从何入手，包括实证调查问卷的设计、文献综述的撰写、论文格式的规范、论文观点的提炼等方面，都需要我细心指导与不断鼓励。论文写好后，我还要求小杰修改了十多次。由于比其他同学早准备与进入毕业论文的撰写阶段，小杰还成为班上其他同学的"小老师"，告知他们毕业论文的规范与注意事项。通过毕业论文的撰写，小杰经历了从开始的迷茫到最后的自信。论文答辩时无论从内容创新、规范性还是问卷调查等方面，答辩小组老师均给了小杰很高的评价，小组 10 名毕业生当中，小杰获得了唯一的优秀成绩。为了让小杰养成严谨的学风，我让他按答辩小组老师的意见对论文进行了认真完善，由我把关后才上传学校毕业论文系统。在学校毕业论文抽检时，小杰的毕业论文被评定为"优秀"。毕业时，小杰以优秀的专业成绩与综合素质被保送到广东某重点大学就读研究生。

我与小杰之间的经典对话是："你努力尝试，定会有意外收获！""有您的指导与鼓励，我会全力以赴做到最好！"

三、案例分析与启示

每一位学生身上都隐藏着一座潜能"冰山"，很多学生开始时都如小杰一样出现困惑，甚至不自信，他们每次主动找我们倾诉或寻求帮助时，就是最好的教育时机与实施赏识教育的开始。本案例就是从小杰主动寻求指导着手，从帮助他认识自我开始，鼓励他树立目标，同时及时跟踪他的近况与提供平台，帮助他逐步实现规划目标。赏识教育并不仅仅是表扬学生，还应引导学生了解自身与发现自己的潜能，从而进行科学的人生规划。

赏识教育的实施过程需要注意以下三大原则：一是以尊重为基础，运用暗示原则，让学生明确发展方向与目标，专注目标，期待成功；赏识学生的行为结果，以强化其行为，最终达到学生自我赏识与自我激励的效果。二是运用认同原

则，注重学生自身的优点，不断挖掘其潜能，鼓励学生全面发展。三是运用期待原则，激发学生的兴趣和动机，创造机会与平台让学生体验成功。

赏识教育有如星星之火，点燃了学生的自信，激发了学生的最大潜能，不断激励着学生成长与成功。

四、待探讨的问题

赏识教育在大学生职业生涯规划中发挥着重要的作用，是大学生应对困难与挫折的动力源泉。赏识教育开始时是教育者对学生进行引导，提供支持与帮助，最终的教育目标是达到学生自我赏识与自我激励。本案例说明，对普通学生实施赏识教育，可为其成功实现职业生涯规划提供现实参考。但赏识教育与大学生职业生涯规划之间的关联性、相互作用的机理与规律等问题还有待进一步探讨，性别、性格、兴趣、家庭背景、成长经历等因素对在大学生职业生涯规划中进行赏识教育的影响也有待探讨。

言传须严　身教须深

蒋义丹

一、案例背景

"党员教师一对一指导学生"是我院开展的特色活动，即一位党员老师在每一个年级对应指导一名学生。本案例中，我将述及我指导的学生小周。当年新生入学时，因为她在入学愿望一栏写着"想学演讲"，学工办老师便将她与我配对，就这样，开始了我对小周言传与身教的指导。我们一起走过了三年多美好的岁月，谱写了一段严师与高徒的佳话。

二、案例简述

因为想学演讲而与我结缘，因为想当老师而与我同行，小周从一个爱笑的稚嫩大一新生，变成如今依然爱笑的大四毕业班学生，不同的是她已历练成学院最牛"学霸"：荣获我校"十佳学生"入围奖；获我校师范技能大赛文科组第二名，创学院在学校师范技能大赛的最好成绩；在广东省第四届思想政治教育专业师范生教学技能大赛中荣获一等奖，创学校思教专业学生在此项比赛中的最好成绩。我三年多对小周"一对一"贴身指导，小周个人成长的成功足迹显现了我言传身教的育人作用。

三、案例分析与启示

（一）言传须严，那是非比寻常的严格要求

苏霍姆林斯基认为，教师不仅是知识的传授者，而且是塑造一代新人的"雕塑家"。对于教师，他还说："你不仅仅是活的知识宝库，不仅仅是一名专家，善于把人类的智力财富传授给年青一代，并在他们的心灵中激起求知的欲望和点燃热爱知识的火花，你还是塑造一代新人的雕塑家，是不同于其他雕塑家的特殊的雕塑家。教育人，造就真正的人，就是你的职业。"

1. 加强对学生思想的塑造，要求学生积极向党组织靠拢

我从小周入学第一天开始，就鼓励她写入党申请书，积极主动向党组织靠拢。我定期了解她的思想、学习、工作、生活状况并予以指导。经过努力，她被确定为入党积极分子，我开始对她进行严格的培养考察，每半年填写一次考察意见，发现问题及时提出并帮助其改正。以下是我对小周的三次考察意见：

经过半年的考察，小周在各方面有了较大的进步。思想上，认真学习党的先进理论与方针政策，用先进的理论指导实践，积极参加志愿者活动，思想上进；学习生活中，能够理论联系实际，联系群众，本着全心全意为人民服务的宗旨，热心助人。在专业课程的学习中，刻苦努力，有明确的学习目标，在同学中树立了良好的榜样。希望继续加强学习，争取更大的进步。

又经过半年的考察，小周较前段时间有更大的进步，认真参加党支部的各项活动，积极学习党的理论知识和各项方针政策，在理论上不断充实和完善自己；在学习和日常生活中，能用党员标准严格要求自己，团结同学，乐于助人，积极参加文体活动和每月一次到老人院探访的活动，在同学中树立了良好的典范。希望今后进一步培养独立思考能力，加强政治敏锐性。

再经过半年的考察，小周取得很大进步。她更积极向党组织靠拢，表现主动，有意识地培养自己作为一名共产党员应有的基本素质，继续加强理论方面的学习，关心时事，参加学院"读书节"摄影比赛获一等奖，在实践中不断完善和超越自己，长期坚持参加志愿者活动，到老人院探访和到广交会当指引志愿者，难能可贵，同时，能较好地处理学习与工作的关系，全面发展，综合素质较高，已符合入党条件。

我密切的关注和考察，使小周得到了及时有效的指引，于 2015 年 11 月被发展为预备党员，2016 年 11 月预备期满如期转正，朝着成为优秀共产党员的前路迈进！

2. 加强对学生学习的激励，要求学生各科成绩优异

大学生的主要任务是学习，学习搞不好就称不上是好学生。所以，我在小周入学第一天便对她提出学习上的要求，即各科至少 80 分，平均分 80 分以上，平均绩点 3.0 以上，目标是获学校奖学金。

学习目标提出后，便看小周的努力了，然而一开始她努力的结果却未如所期，于是我为其分析原因，找出现实与目标存在差距的症结所在。大一上学期期

末考结束后的一个早晨，我接到小周打来的电话，她在电话里诉说自己期末考成绩不理想，有三科的成绩是 70 多分，在班上差不多排到 20 名了。她自觉快要掉队了，深感迷茫。我追问她有几科是上 90 分的，她说只有大学体育一科达到 90 分。瞬间，我懵了，这样的成绩完全达不到评比优秀学生的入门条件。没想到她还说全宿舍同学成绩都差不多这样，于是我和她讲起了台湾陈阿土的故事，要她做影响别人的陈阿土，向成绩好的同学看齐，带起整个宿舍的学习。

如何才能影响和带动别人呢？就是要敢于成为别人的榜样。我郑重地提出要消灭"7"字头，所有科目成绩都要在 80 分以上，一些科目要争取 90 分以上，各科还要争取进入前三名。面对如此高标准、严要求，小周信心不足，于是我和她讲起自己大学参加"中国革命史"课程考试的事情：我习惯每考一科都从头到尾反复复习三遍以上，对着一本厚厚的《中国革命史》教材，刚开始我也有些畏难，但是我咬牙坚持，一页页认认真真过关，一遍遍踏踏实实复习，真正做到地毯式、360 度无死角备考，最终卷面答得非常好，得了满分。小周听了这件事之后很受鼓舞，虽然觉得我提的目标有些难以达到，但被我当年勤奋学习、精益求精的态度打动，决心像我那样学习，力求 100 分，以后每科的考试都争取上 90 分。

在我的激励和督促之下，小周发奋学习，经过三年的努力，获得 136.5 个学分，绩点达到 3.8，从大一综合测评第四名、获二等奖学金，到大二、大三综合测评第一名、获一等奖学金，再到三年综合测评排名年级第一、获国家奖学金，成绩年年走高，呈上升趋势。她两次参加"挑战杯"项目，有文章入选广东高等教育出版社即将出版的《问学之得：大学生心目中的思想政治理论课》一书，以独立作者身份发表学术论文三篇，获得了保送华南师范大学读研究生的资格，成绩斐然。

3. 加强对学生实践能力的培养，要求学生坚持无私志愿服务

小周是一个乐于助人、勤于奉献的女孩，她大一就加入了我校青年志愿者协会，利用业余时间当志愿者，服务大众，奉献社会。她大一至大二积极参加各类志愿活动，如到广州市大元帅府小学当第二课堂老师，到广州市老人院探访老人，成为传梦书屋志愿者、广交会志愿者、官洲街志愿者等。

小周第一次正式穿上志愿者服，是到敬老院探访老人。当时她感到无比骄傲和自豪，感觉自己像长着美丽翅膀的天使，在执行无比神圣的任务。那天，她探访的对象是谭奶奶，当她满腔热情地向谭奶奶作自我介绍，并热切地等待回应时，谭奶奶却面无表情，不愿和她交流。看着谭奶奶那副冰冷的面孔，她无所适

从，没待多久就选择了离开敬老院。她回来后向我倾诉，我开解她不要心急，要想走进别人的心里，是要慢慢用心交流的，不要把自己的行为当成去施舍他人，而是要诚心诚意地尽自己所能去帮助他人。后来，经过坚持不懈的努力，谭奶奶终于接纳了小周，原来谭奶奶是因为孤独太久才紧锁心扉的。

大三时，我辅导小周将她的志愿者经历写成了一篇题为"原来我不是天使"的演讲稿，在总结升华中帮助她明白了一些道理：不要以为志愿者是天使，能将他人从水深火热中拯救出来；不要以为只要你给别人献上一份温暖，别人就会立即给你投来笑容。志愿者不是天使，只是一种真实存在，是一种设身处地，是一种感同身受！不要期盼自己的行为会得到什么回报，要做的就是付出一颗真心，做到一种坚持，一种自始至终的坚持！她加深了对志愿者的认识，更加自觉地投身到志愿服务活动中去，为社会贡献自己的一份力量！

（二）身教须深，那是身体力行的深度影响

榜样的力量是无声的，魅力的影响是无穷的。正如苏霍姆林斯基所认为的，推动学生追求高尚美德的力量，是教师在精神和道德方面的表率作用，是教师在生活目的和准则上的表率作用。我们不能把所谓的道理生硬打包扔给学生，而应不动声色，带学生以一种审美的方式去体验、去感悟、去领略。教师须言传，更须身教。

1. 以高尚的教师道德感染学生，使学生巩固专业思想

孔子说："亲其师，信其道。"教师的一言一行对学生的影响非比寻常。学生对教师的观察是"察其言而观其行"。我以有理想信念、有道德情操、有扎实学识、有仁爱之心的"四有"教师形象潜移默化地影响学生，身体力行地教育学生。小周在与我的接触和交流过程中，被我对教育事业的无比热爱所感染，越来越喜欢教师这一职业，并立志成为像我一样受学生欢迎和爱戴的优秀教师。

我竭尽所能去履行教书育人的天职，以高尚的人格感染学生，以丰富的学识引导学生，以和蔼的态度对待学生，以博大的胸怀爱护学生，以文明的仪表影响学生，做爱岗敬业、爱校强校的榜样，做以德修身、以德育人的楷模。我谨记我校的校训"博学笃行，与时俱进"，自觉完善自身知识结构，更新知识内容，掌握新的教学方法，坚持一流的教育教学质量标准，保持一流的精神状态，创造一流的教学成果。这影响着小周刻苦钻研，最终取得学习佳绩。

我满怀爱心去饰演良师益友的角色，洒向学生的都是爱。爱能拉近师生间的距离，爱能走进学生的内心。善于与学生交流，了解学生想法，尊重学生需要，体会学生感情，成为学生的良师益友，是教师的应有之义。每当学生找我倾诉思

想、学习、工作、人际、情感等问题时，我都会以学生为先为重，急学生所急，想学生所想，耐心倾听，循循善诱，帮助学生排忧解难。学生喜欢叫我"丹姐"，我很喜欢这个称呼，这一方面说明学生把我当知心姐姐，彼此走得近；另一方面因为"丹姐"的粤语发音好似"撑伞"，寓意我愿为学生遮风挡雨，成为明亮的导航灯。这影响着小周掌握师范技能，懂得情感是走进学生内心的通行证。

我燃烧自己去践行照亮别人的誓言。教师没有显赫一时，没有流芳百世，有的只是年复一年默默耕耘。选择教师这一职业，就意味着选择了付出。教师的一生淡泊名利，舍弃追求，为学生默默倾其所有。我在寒假主动给所教班级 37 位同学一一打电话，分别进行半小时以上的谈话，为教书育人永不言倦；我不惜几度通宵为学生改稿，指导学生三夺"南粤长城杯"演讲大赛一等奖，获"挑战杯"校级立项，为教育事业永不言悔！我甘为人梯乐奉献，燃烧自己亮别人，这就是教师的情怀、教师的风范、教师的精神。这影响着小周养成无私奉献的精神。

2. 以娴熟的教学技艺影响学生，使学生提高师范技能

小周心中有一个教师梦，为了实现这一梦想，她积极主动地学习如何提高自己的师范技能，常常来旁听我讲课，向我取经。她虽然自身条件不是特别好，但硬是通过三年多不懈努力，不断地提高自身的综合素质。通过跟我学习，她在师范生技能比赛的道路上越走越好，在我校师范技能大赛中获文科组第二名，更在广东省第四届思想政治教育专业师范生教学技能大赛中荣获一等奖。

小周常旁听我讲授的"思想道德修养与法律基础"课，被我课堂上的掌声不断所吸引，写出了《掌声是怎样响起来的》一文，该文被选入广东高等教育出版社即将出版的《问学之得：大学生心目中的思想政治理论课》一书。在听我授课的过程中，她不仅学会了专业知识，还学会了师范技能，收获甚丰，受益匪浅，这对她参加师范生技能比赛帮助很大。

通过听我的授课，她懂得了教学要有"独特的人格魅力"。"在丹姐的课堂上，她的眼神始终不离学生，对学生充满善意和无限的期许；她的脸上始终不无笑容，每一次看到丹姐笑，便有一种莫名的感动，无论多疲惫，她都对大家报以灿烂的笑容，将温暖传递给每一位学生；她的身体始终不会坐下，无论多累，她都坚持站立讲课，用无声的语言教育学生要做正直坚定的人！她以热情自信和善良的人格魅力感染着学生。"小周如是说。

通过听我的课程，她懂得了教学要有"精湛的课堂艺术"。"第一，采用有

趣的教学法，进行隐性教育。第二，发挥学生的积极性，让课堂变'活'。第三，把握学生思想'芦苇'，从学生出发。"这些从关注学生的思想、精神状态出发的教学方法，使课程有利于学生身心健康发展，并让学生感到受重视。

通过听我的课程，她懂得了教学要有"延伸的课外教育"和"无私的育人精神"，并深深地体会到雷鸣般的掌声是为像我那样坚持言传身教的教师响起的，是为像我那样坚持育人为本的教师响起的，是为像我那样坚持无私地为学生倾其所有且无怨无悔的教师响起的。她也深切地体会到当教师的巨大价值和意义，更坚定了自己的教师梦，决心为成为一名优秀的教师而不断努力。

小周这一个人成功案例，说明了一个教师言传身教的重要性，诠释了一个教师言传身教的作用，印证了一个教师言传身教的魅力。在一对一贴身指导小周的过程中，我切身体会到教师的言传身教必须是"言传须严，身教须深"，只有这样才能真正起到潜移默化影响学生和塑造学生的作用。

四、待探讨的问题

虽然我是小周的"一对一"老师，在三年多的辅导过程中对她进行了有的放矢的教育和行之有效的指导，但是仍觉得做得不够好。由于工作较忙，"一对一"老师都是利用业余时间进行义务指导，没有系统的人才培养目标和具体的量化指标指引，学院也没有进行相关的培训，完全是凭个人经验和师德进行辅导，更多的是靠情感教育和奉献精神起作用。如果教师能够得到宏观指引，在学生大一时就帮助其进行本科四年的大学生涯规划，让学生在大学生涯规划这根"指挥棒"的指引下，规划大学经纬，追寻人生梦想，相信学生的发展会更加全面和完善。

走出迷茫　掌舵未来

张秋君

一、案例背景

目前我国大学毕业生普遍面临就业难的形势。为了使当代大学生在毕业就业时具有更好的专业能力及专业竞争优势，我国各高校普遍开展了大学生职业生涯规划教育，让当代大学生能对自己有清晰的认识，知晓和培养自己的优势，弥补自己的不足，提早适应就业的压力，以期实现更好地就业。

我校大学生职业生涯规划教育往往是与新生入学教育同步开展的。但是，大多数新生对于自己的专业和未来就业并没有清晰的认识，此时做出的职业生涯规划只是初步、懵懂与模糊的设想。随着时间的推进、课程的深入学习，同学们的想法也在不断改变，对于自己当初的计划也会做出改动。本案例中的学生小陈便是在职业生涯规划中理想和目标不清晰，对于自己的学业丧失了动力，课余生活也无所追求，在校生活呈现出被动、消极的状态。

二、案例简述

女生小陈现在是大二学生，她因为职业生涯规划不明确而造成了心理困扰，心理表现异常。小陈因为大学生活与高中生活的差别比较大，无法适应新的学习生活，因此与宿舍及班上的同学交流极少，对宿舍与班级的活动经常不参加，甚至有厌恶心理和拒绝行为。小陈性格偏内向，与同学们沟通交流时经常不自信，非常自卑。因此，她在参加宿舍和班级活动时，都是持消极心态，逃避待之。小陈在新的环境中，对自我进行了否定，进而对自己的专业学习和生活都丧失了目标，没有科学的职业生涯规划，虚度年华。

三、案例分析与启示

（一）案例分析

1. 个人因素

（1）角色转化与环境适应出现障碍。

小陈在中学时期成绩非常优异，也一直担任班长职务，具有很大的优越感和成就感。但是，在来到大学后，同学与老师都是陌生的，她产生了较大的心理落差。一方面，自己对于陌生的环境还没有适应好；另一方面，自己只是群体中平凡而渺小的一员，曾经的优越感已不复存在。此外，在大学这个新的学习环境中，大多数同学的成绩都比自己好，加之在班长竞选中落选，小陈觉得自尊心受到了很大的打击，于是产生了对自己进行否定的心理。

（2）自我价值狭隘。

在大一的学习中，小陈觉得自己已经很努力了，可是成绩却靠后，没能获得奖学金和评上其他荣誉，就觉得自己学习用功了也不能获得好成绩，无法实现自己的价值，对学习和生活都失去了前进的动力，不愿意和他人进行交流，得过且过，没有目标。小陈对于自尊与价值的定位局限在是否担任班干部与获得奖学金上，显得过于狭隘了。

（3）职业生涯规划观念缺乏。

小陈对于自己所学的专业没有清晰的认识，她认为大学的学习只需要按时出勤、成绩及格就可以了，对于自己专业知识的积累、专业技能的培训和实践能力的锻炼毫无概念和行动。这样一来，她就觉得是否与大家交流、是否参加各类实践活动都不重要了。

2. 家庭因素

小陈的父母因为生意繁忙，经常不在家，与小陈的交流比较少，对小陈的关爱也比较少。因此，小陈从小遇事都会自己承担与解决，不习惯向父母诉说迷惑与烦恼。面对迷茫的大学生活，小陈也没有向父母诉说与寻求帮助。

3. 学校因素

学校对于学生来说具有两个重要的功能：一是生活，二是教育。开放的校园生活环境，需要同学们以开放的姿态共同参加集体活动，而小陈作为新生，还未能很好地融入校园的集体生活。学校教育通常以理论知识的传授为主，对于专业技能的培训、实践能力的培养和职业生涯规划的引导较少。我校职业生涯规划教育采取大班制的教学模式，基本在大一进行。然而此时，学生的课程以公共课和

基本理论为主，对自己的专业认识还不清晰，无法做出具有实际意义的职业生涯规划。因此，小陈便出现了对于生活和学习没有目标、虚度时光的消极表现。

（二）干预措施

小陈的主要问题在于自我认可的偏差和职业生涯规划的缺乏，因此，需要围绕这两个问题来采取措施。

1. 加强跟踪，了解其心理变化

在平时，我主要通过"心理晴雨表"和班级心理委员来了解小陈的心理情况，知晓小陈的问题所在。在必要的时候，我也会主动和小陈进行互动，了解小陈更多的信息与心理变化。

2. 秉持优势视角，助其找回自信

优势视角是当代社会工作在进行助人自助的专业服务时经常采用的方法。在与小陈沟通时，我也坚持秉持优势视角，采用倾听和鼓励的交流方式，发现小陈身上的优点，帮助她重新建立自信心和挖掘潜能。首先，小陈具有良好的英语基础，在高考与大学英语四级考试的时候都取得了较高的分数。其次，小陈的语言表达能力较强。在交谈过程中，小陈的表达非常清晰，逻辑性较强。最后，小陈具有一定的学生干部工作经验，具有较强的班级活动组织能力。小陈在初、高中时期一直担任班长，对于班级同学具有较强的服务积极性，对信息传达与班级组织和协调等工作能较好地完成。

3. 学会与他人交流，提高交际能力

实现自我认可，也需要他人对自己的认可，因此，小陈需要多与身边的同学、老师和家长交流沟通。对于以往自己班长竞选落选与成绩落后的问题，小陈应当客观看待，多与同学交流，发现自己的不足。在交流的过程中，小陈首先要敢于与他人交流，向班里同学、老师和家长诉说自己的迷惑；其次，要善于与他人交流，既不以自我为中心，又不妄自菲薄。学会与他人交流，建立良好的交际网络，在与大家的交流中展现自我，进而获得大家的认可，是实现自我价值和自我认可的重要一步。

4. 围绕兴趣，制订职业生涯规划

为了充实小陈的学习和课余生活，实现个人价值，需要指导她制订职业生涯规划，这份规划要以兴趣为导向。小陈的英语基础好，对于英语的学习也比较主动，在平时能做到每天背诵英语单词和阅读英文书籍。在专业课方面，她对人力资源与财务管理比较感兴趣。另外，小陈比较喜欢看电影这一娱乐休闲方式。因此，为了让小陈重拾自信心与重新构建人际关系网络，通过与她交谈，我向她提

出了以下职业生涯规划建议：

（1）主动融入宿舍与班集体生活。

宿舍生活是小陈在校生活的重要部分。宿舍是小陈体现自己社会性的起点。因此，小陈需要先突破在宿舍的交际困境。面对与舍友无法交谈的问题，小陈应当主动问候和关怀舍友，主动参与宿舍的卫生打扫，当舍友有困难的时候要主动伸出援手，而当自己有困难需要帮助的时候也不要羞于启齿，应适当向舍友寻求帮助。班集体生活是小陈在校生活的另一重要部分。小陈需要积极参与班级活动，于是我鼓励她在班里报名参加学院运动会方阵，增加她与同学交流的机会，既有利于重新构建人际关系网络，又有利于充实课余生活。这样一来，小陈可以争取在与同学们的相处中，获得大家的认可，并争取在下一学年参加班干竞选。

（2）加强专业学习，实现多方面发展。

在过去的一年，小陈对于学习丧失了动力。小陈可以以她感兴趣的人力资源与财务管理为突破口，加强专业学习，多参加这两方面的专题讲座学习、学术交流活动和专业技能竞赛，并保证其他科目的学习顺利完成，不挂科。在搞好专业学习的同时，小陈可以以通过大学英语六级考试和雅思英语考试为目标，学好英语，还可以以考取人力资源与会计等从业资格证书为动力，掌握更多的专业技能，为将来的就业打下坚实的基础。

（3）丰富课余生活。

在学习之余，小陈可以参加自己感兴趣的社团，增加参加文体活动的次数。在参加这些活动的时候，应尽量抓住每一个展现自我的机会，增强参与活动的主动性和积极性。此外，小陈也可以追求自己喜欢的休闲方式，在学习、生活中做到劳逸结合。这样一来，当小陈内心感到郁闷时，就可以及时疏解自己的负面情绪。

（三）干预效果

通过干预，小陈已能积极参加班级和学院的活动，在各种活动中，她也能与同学正常地交谈，分享活动中的感想和收获。在大学专业学习中，小陈认识到学业成绩固然重要，但是良好的思想品德、身心素质和个人能力如组织能力、交际能力等也都是非常重要的，因此，她会通过加强对专业的认识，树立学习目标，在理论知识素养和实践能力等方面提升自己，并结合个人的兴趣与特点，制订切实可行的职业生涯规划。

（四）案例启示

1. 注意把握大学生的心理特征

大学生的自我意识比较强，因此，在开展学生工作时，我们要尊重和支持学生的自主性和个性表达，对于部分遭受生活和学习困扰的学生，则要主动介入，加强引导。

2. 注重交流方式

平等的交流方式可以使辅导员和学生的沟通更为顺畅。一方面，学生可以无心理负担地把自己的困境和迷惑表达出来，以利于辅导员对学生存在的问题进行快速的识别；另一方面，学生对辅导员的开导也更加容易接受，从而起到解决问题的效果。

3. 坚持长效机制

学生存在的问题，如对职业生涯的迷茫，往往需要较长时间才能解决。因此，在解决学生遇到的问题时，应该具有从问题的发现和识别、需求的分析到方案的制订与实施等工作流程，并保持对学生的动态关注。在工作时，可以通过文书档案的形式记录工作开展情况，并阶段性地进行总结，积累经验。

四、待探讨的问题

1. 职业生涯教育与专业教育的有机结合不够

目前，我校的职业生涯教育基本集中于大一新生阶段。在大一阶段，一方面，同学们学习和掌握的专业理论较少，对于自我潜力的挖掘不够；另一方面，职业生涯教育多为大班教学，无法结合同学们的具体情况开展教育，使得新生的职业生涯教育效果大打折扣。在大二到大四阶段，同学们的专业综合能力不断加强，而此时的职业生涯教育却处于较少或者缺乏的状态，与同学们展现自我的迫切需求形成了较大的矛盾。因此，需要促进我校学生职业生涯教育与专业教育的有机结合。在对学生的教育中，应当全程具有职业生涯规划的观念，而不仅仅是在新生时期，而且要保证学生在专业学习中打好专业基础和掌握好专业技能，还要积极鼓励学生敢于突破自我，抓住每一个锻炼自我的机会，在专业学习中使自己不断成长。

2. 有效引导机制缺乏

小陈的情况在学生中来说是具有普遍性的。有相当多的学生同样面临迷茫的学习生活，却没有转变心态及寻求同学和老师的帮助，而是虚度时光，荒废学业。因此，学生的职业生涯教育，既有赖于学校引导机制的进一步完善，又有赖

于学生工作的不断改善，善于发现学生的问题，及时为学生解决困惑。

首先，在学生做职业生涯规划时，老师需要及时了解学生的需求，在学生遇到困惑时，及时发现学生的问题所在，并以认真负责的态度为其提供指导和帮助。

其次，老师需要不断增强对学生的职业生涯教育能力，掌握好相关技能，准确识别学生存在的困惑与问题，并制订最有效的解决方案，为学生提供有效的引导和帮助，促进他们潜能的发挥与自我价值的实现。在本案例中，我对小陈的引导还只是初步解决她目前所遇到的问题，如果要更好地挖掘她的潜能，提高她各方面的能力，我的引导能力还需要提高。

最后，职业生涯教育是一个动态的过程，需要有跟踪与反馈机制。在本案例中，小陈虽然已经做出许多改进的尝试，如多与舍友和其他同学沟通，重新制订自己的职业生涯规划，但是，要将设想化为实际行动，是一个不断累积的过程，并且每一时期她的心理变化与自我成长状况都不一样，因此就需要对她的情况进行长期的跟踪，进行有效的反馈。

鱼和熊掌　可否兼得

——休学与创业的艰难抉择

唐　勇

一、案例背景

　　2014 年 12 月 2 日，教育部印发《教育部关于做好 2015 年全国普通高等学校毕业生就业创业工作的通知》，要求各高校建立弹性学制，允许在校生休学创业。一方面，国家经济转型需要大量的创业型、创新型人才；另一方面，高校的众多毕业生给大学生就业带来巨大的压力，令更多人有创业的倾向。国务院办公厅 2015 年 5 月 13 日印发的《国务院办公厅关于深化高等学校创新创业教育改革的实施意见》已明确提出，"实施弹性学制，放宽学生修业年限，允许调整学业进程、保留学籍休学创新创业"。2015 年底，广东省人民政府办公厅印发了《广东省人民政府办公厅关于深化高校科研体制机制改革的实施意见》，支持有条件的高校深化学分制管理改革，为大学生创新创业营造有利条件。要求高校放宽学生修业年限，允许在读大学生（含研究生）保留学籍，休学从事创业活动；制定相应的规定，明确休学创业的学生免修课程的范围以及相应课程成绩考核评定方式。高校支持在校大学生创新创业工作情况已成为考核高校人才培养质量的重要指标。由此可见，休学创业的大学生虽然从总量来看不多，但得到了各级部门和政府从上至下的支持。

　　不过当学生打算休学创业时，他们要面对不同程度的困惑和犹豫不定的选择，如何正确合理地对他们进行指导，是摆在辅导员面前的现实课题。某年开学伊始，就有一名女生小 L 和我交流了关于休学创业的想法。当时我受到校组织部和团委的委派，正在中山市西区团委挂职，年级日常的管理事务是由另一名兼职

辅导员负责，休学的事宜应当由他跟进。但由于小 L 对我比较信任，她有一些问题没有考虑清楚，希望得到我的帮助和指引，因此我尽管不在广州，但依然通过电话、微信等方式与她保持联系和交流，并最终解答了她的疑惑，坚定了她休学创业的信心。最后，小 L 休学了两年以经营健康减肥连锁店并取得了一定的创业成绩，之后复学继续完成大四学业。

二、案例简述

某日，我接到了小 L 的电话。在电话里，她和我说她想办理休学。在我询问她休学原因的过程中，我感觉她对于休学创业还有疑虑，因为她此时已经升入大四，还有一年就毕业，而且这最后一年的学业压力也不大，主要是专业实习和毕业论文的撰写需要花费较大的精力。到底是现在办理休学去创业，还是在大学最后一年兼顾学业和创业？此时她自己是没拿定主意的。因此，我在电话里简单地表示已理解了她的诉求，并让她加我微信，通过文字和语音进行更多的交流，给她适当的指引。

通过进一步的交流，我了解到小 L 一直都有创业的想法，用她自己的话说，"创业是其职业规划与人生愿景的必然选择"。她在读中学的时候，梦想自己的人生就是"有闲有钱有事业"，希望以后自己的职业能够相对自由，而且通过努力拼搏能有属于自己的事业王国，人生的后半段能实现财务自由。从高三毕业开始，她就不断接触当时社会上的新鲜事物和把握商机，如香港代购、保险营销员、微商和淘宝等电商。这些尝试虽然没有取得很大的成绩，但是让她得到了历练。此次小 L 的创业选择了当下时髦的健康产业。她果断买下某减肥疗法的广州区域代理权，并且很快在广州开了第一家减肥连锁店。从开店到开学的这段时间，是否休学专心经营生意这个矛盾就一直困扰着她。

在了解完她的情况和困扰后，首先我向她提了五个问题：

（1）此刻对她来说，创业更重要还是完成学业更重要？

（2）家庭的经济条件是否能支持她创业，父母是否需要她尽快回报家庭？

（3）父母对休学创业有何意见？是否支持她休学经营健康减肥连锁店？

（4）如果不休学，她是否有精力兼顾学业和生意，生意可否找人代为管理？

（5）如果连锁店半年内生意不佳而倒闭，她是不能中途办复学回来学校继续学业的，那对于剩下的半年，她有什么计划？

对于问题（1），她的回答是：此时创业更重要，因为创业一直是她的梦想，她对创业的想法是坚定的。对于问题（2）和（3），她说家里人给了她很大的自

由，金钱方面家里不需要她操心，可以让她自己做决定并尽力支持，唯一的要求就是她最后要拿到本科的毕业证和学位证。对于问题（4），她表示之前没有接触过减肥行业，一切都要从零开始，如减肥技术的把握、员工的招聘与培训、店面装修、广告设计、开业的筹备和宣传等，都是边学边做，因此自己无足够的精力兼顾学业和生意，也由于起步阶段是小规模经营，不容易找到充分信任的人代为管理而且会增加创业成本，所以才有了休学的打算。对于问题（5），她坦言没有考虑过类似的问题，有可能会另外寻找创业项目，或者着手准备考研、考公务员，但对于不能中途回来复学这一点，她是清楚的。

小L回答完问题后，我就向她指出，其实她自己的回答已经把是否休学的困扰解决了。第一，此时她的注意力都放在健康减肥连锁店的经营上，势必会影响她的毕业实习和毕业论文的准备，不休学反而可能顾此失彼。第二，只要家人支持，她自己考虑清楚而不为这个决定后悔，那就可以顺着自己的想法去做，也就是办理休学。第三，没有考虑创业失败的情况也不要紧，只要不失去信心，不要颓废地生活，不要浪费一年的光景即可。第四，休学相比勉强完成学业的好处在于，可以进退有度，觉得创业不合适，可以回来学校认真读书，准备考研深造；如果勉强完成学业，到时再想深造就没有学校那么宽松的环境了。对于我的意见，小L表示认同和信服，很快就办理了休学手续专注于经营生意。

目前小L已复学以完成最后一年的学业，而她的减肥生意也进展得不错，成为广州和东莞两市的区域代理，有直营店5家、加盟店10家。

三、案例分析与启示

作为我院近几年来为数不多申请休学进行创业的学生，小L的选择具有开创性的意义。而通过对其指导，排解其困惑，帮助其达到学业与创业的双赢目标，可以为我们的工作积累宝贵经验。通过对该案例进行分析，可以为以后的类似问题提供解决思路和方法，具有现实性和积极性的启示意义。小L的创业意愿比较强烈，只是在将要办理休学时产生了一定的心理波动，造成患得患失的不适应感。我通过细致的介入和分析，令小L认清了问题和症结之所在，她很快就解决了自己的心理问题，并办理休学专心创业。本案例的完满结局，有赖于老师的分析、学生的反思和其家庭的支持，这三者缺一不可。

（1）小L的创业意愿比较强烈，难点在于如何引导她正确建立对休学利弊的认知。在本案例中，我采用的是一种发问式的引导方法，通过问题的提出和回答，让小L逐渐看清自己的处境，明白如何做合适的选择，从而做出自己的

决定。

（2）当下越来越多的学生有选择困难的问题，主要在于他们面对的选择较多而心里患得患失、瞻前顾后又缺乏选择的勇气和担当，害怕承担失败的责任。我面对小 L 的选择困惑，采取为她的选择做减法的策略，逐步剔除对她较不重要的选项，最后剩下的就是明确的目标。

（3）寻找适合自己的职业发展道路，不是每个人都适合创业。小 L 的创业道路并不顺畅，从高三毕业到现在，摸爬滚打努力了几年才有现在的一些成绩，而且也不代表以后的发展就能一帆风顺。所以盲目地鼓励创业和盲目地禁止创业，都是不可取的。现阶段有很多测试软件，可以给个人的性格、特质、行为模式等方面提供参考的依据，判断个人是否适合创业，再结合学生的家庭情况和压力承受程度，对学生的创业冲动可以有更科学的认识和指导。

四、待探讨的问题

1. 关于创业的困难与坚持

在小 L 复学后，我和她对创业这个话题进行了讨论。作为一个目前来看还算成功的创业者，她觉得创业一定要有坚定的信念。创业和求职或者选专业不一样，如果不喜欢目前的职业或者专业，我们有很多理由可以坚持，也有很多机会可以重新选择。但是创业一定要有热忱的态度，如果对选择的事业没有高度的认同、喜欢和坚定的信念，就很难在创业的路上走下去。因为创业的路上一定有很多磕磕绊绊，有时候一件很小的事情都会让人质疑自己。我也和她说，面临很多选择的人也不一定适合创业，因为这种人通常能力不错，选择多了，遇到创业的挫折也许就会出国、考研、考公务员，所以创业更适合那些坚定热爱、选择不多的人。尤其是在目前创新创业蓬勃发展的大环境下，什么人在什么处境下适合创业，是每一个想创业的学生需要加以冷静判断和认真思考的问题。

2. 关于创业的教育与学习

我和小 L 都认为，学习永远都是重要的。我们在读书的时候，所学所思都会潜移默化影响我们的行为，形成处事的逻辑和观念。尤其是作为一名创业者，一切都要学习，一定要每时每刻保持一颗学习的心。现在的市场瞬息万变，如果没有不断地学习和进步，很快就会被市场淘汰。创业和学习其实是不矛盾的，偏颇地认为创业和学习一定是不能兼容的思维，很容易对学生的个人成长和职业发展造成伤害。

身残志坚　直面就业

黄顺婷

一、案例背景

我国近年来就业形势日益严峻，大学毕业生在就业过程中遇到了许多困难，就业竞争非常激烈。在社会的有效需求赶不上高校毕业生的快速增长等严峻的就业形势下，残疾高校毕业生作为毕业生的一个特殊群体，在就业过程中，与健全毕业生相较而言，面临更多就业困难和障碍，这对他们的心理必将造成一定伤害。

根据《中华人民共和国残疾人保障法》，残疾高校毕业生指在心理、生理、人体结构上，某种组织、功能丧失或不正常，全部或部分丧失以正常方式从事某种活动能力且持有残疾证的高校应届毕业生。[1]

本案例以我校残疾毕业生小林为例。小林在毕业就业期间因自身残疾遇到挫折，导致心理受到严重打击。

二、案例简述

小林，是一名残疾毕业生，家庭经济状况一般。小林一向性格开朗活泼，积极向上，大四期间担任学生干部，大学期间一直为成为一名人民教师的目标而努力奋斗。

大四第二学期，小林参加教师资格证体检前已非常关注体检事项，并开始有焦虑感。体检过程中，医生将小林的残疾状况如实填写到体检表上，并告知她其残疾状况可能超出以往教师资格证体检的标准要求。体检结束后，小林担心大学四年的专业学习努力会因为此次体检不顺利而付之东流，情绪十分低落。幸而最新修订的教师资格证体检标准删除了相关要求，小林通过了体检并完成了相关课程考核，将如期获得教师资格证。

体检事情告一段落，小林继续投入各地区教育局中小学教师招聘考试。受申

请教师资格证的影响，小林情绪尚未完全平复，思想负担较大，不但前期考试发挥欠佳，心里还担心着日后的工作体检。因此，小林在教师应聘之路上可谓屡战屡败、屡败屡战，身心疲惫。

三、案例分析与启示

（一）案例分析

1. 自身因素

（1）焦虑。

焦虑是一种复杂的情绪反应，由焦急、紧张、担心、忧虑和恐惧等感受交织而成。[2] 焦虑心理是大学毕业生最为常见的心理障碍之一，它影响了大学生的身心健康，干扰大学生正常的学习生活秩序，[3] 甚至造成比较严重的后果。残疾高校毕业生的焦虑心理主要在毕业学期产生，他们因其自身残疾而普遍存在与健全毕业生不同的心理和社会问题，面临更大的就业压力。[4] 小林因在教师资格证体检中医生一句疑似否定体检结果的话语，产生焦虑、迷茫、失落、无奈、不安等心理。

（2）自我认同。

自我认同是指不会过于沉浸在悔恨、抱怨或悲叹之中，能够理智地看待并且接受自己以及外界，[5] 热爱生活，有明确的人生目标，在追求和接近目标的过程中会体验到社会的承认与赞许以及自我价值。[6] 小林因为自己的残疾状况，怕被用人单位拒绝和看不起，所以情绪波动大，思想负担重，身心俱疲。这些都是她缺乏自我认同的表现，也导致她不能悦纳自己，没有客观地看待自己。

（3）对当前残疾高校毕业生就业政策缺乏了解。

从大的政策环境来看，《残疾人就业条例》《中华人民共和国残疾人保障法》等法律法规出台，保护和促进残疾高校毕业生就业，为其就业提供了政策支持和法律保障。[7] 但再好的政策，也需要政策所保护人群自身有所了解和认知。小林一直努力提升自我，却较少关注与自身相关、对自身有帮助的政策，在申请教师资格证时，未能仔细阅读体检标准。

（4）职业生涯发展观不够成熟。

美国心理学家舒伯和金斯伯格的发展性理论认为，在个体成长的每一个阶段，职业发展的内容和任务皆有所不同，人的职业意识、选择和适应是一个动态而持续发展的过程。[8][9]

舒伯将职业生涯发展分为 5 个阶段：成长阶段（出生—14 岁）、探索阶段

（15—24 岁）、建立阶段（25—44 岁）、维持阶段（45—64 岁）、衰退阶段（65 岁及以上）。小林处于职业生涯发展的探索阶段（15—24 岁），她通过综合自己的专业兴趣、就业价值观等心理因素，开始进行择业，并在与职业初步接触时明确就业倾向，选定工作领域，尝试初步就业。这一探索阶段，是小林人生职业道路上关键的选择时期。正是由于职业生涯发展观不够成熟，小林才会陷入困境。

2. 社会环境

社会对残疾毕业生的关注稍有欠缺，也未能针对残疾毕业生及时进行心理疏导和就业指导，从而导致很多残疾毕业生没有利用好相关社会资源来为自己谋求满意的工作。像小林这样的学生还有很多，他们在找工作的路上奔波却无着落，因此内心总有无形的压力。

（二）干预措施

1. 细心观察，主动联系

小林是毕业班班长，在毕业工作上与我的联系沟通是最多的，因此她经常因为班级事务或者就业信息等事宜到办公室。由于发现教师资格证体检前后小林的情绪有明显的起伏，没有了以往的笑脸和自信，我跟小林单独谈话，了解了她的近况。

2. 谈话安抚，适度跟踪

虽然小林以往表现都是积极开朗的，但我通过与她谈话发现，无论是教师资格证体检还是就业路途上的阻碍，对她的打击和影响都是十分"致命"的，此时的小林已经变得异常焦虑、敏感，自尊心强。因此，我紧紧把握住谈话之度、关心之度、帮助之度，在谈话中了解她的思想动态，在关心中分析她的就业"短板"，帮助她树立自信。

3. 熟悉、运用相关残疾高校毕业生就业帮扶政策

残疾毕业生同样是宝贵的人力资源，只要给他们平等机会，他们将为社会创造无限价值。我国早已出台多项促进残疾毕业生就业政策，给他们提供公平就业机会。加强关注、熟悉相关政策可为残疾毕业生就业扫除众多障碍。我给小林仔细解释了这些相关政策，并给她提供实际帮助。如学校招生就业处转发困难毕业生求职补贴通知，小林具有残疾人证符合申请要求，我在向毕业生发布该求职补贴通知的同时，也单独跟小林联系，告知她可尝试申请这项补助。

4. 鼓励参加教师招聘经验交流分享会

5 月初，我院教师教育方向的应届毕业生中，已有不少学生成功通过教育局教师招聘考试，学院教研室联同团委学生会师范小组邀请成功应聘教师的应届毕

业生，面向我院教师教育方向的在读学生，召开了一场教师招聘经验交流分享会。我不断鼓励小林去参加此次交流分享会，吸取他人的成功经验，再结合自身实际情况调整参加教师招聘的复习方法和职业生涯规划。

5. 职业生涯规划指导

由于残疾大学生只是大学生中的极少数，目前高校开展的职业辅导往往只是针对健全大学生群体，极少关于残疾大学生的针对性职业辅导。实际上，残疾毕业生就业确实有其特殊性，更加需要学校的指导和帮助。因此，我针对小林的实际情况，对其进行了职业生涯规划指导，引导小林以成为一名教师的大目标为前提，在坚持备考公办教师招聘的同时，尝试拓宽就业范围，参加民办学校、教育机构的宣讲会和面试，累积更多的实战经验。

（三）干预效果

1. 学业回正轨，毕业无障碍

小林大四期间综合测评排名靠前，获得校级"优秀学生干部"的荣誉称号，通过学位论文答辩并顺利毕业。

2. 重新规划，拓宽就业

5 月份，某民办中学、上海某教育机构等单位相继到我院开展教师招聘的宣讲会，小林初次尝试参加非公办学校的教师招聘考试，面试效果良好，自信加倍。她同时继续坚持到珠三角包括老家附近地区参加公办教师招聘考试。

3. 沉淀积累，成功应聘

6 月底，传来了小林顺利通过广州某区教育局小学教师考试和体检的好消息。

（四）案例启示

残疾毕业生在就业中比健全毕业生面临更多困难和障碍，如何在就业工作中引导、帮助其认清自我、保持积极态度、了解社会需求、维护自身权益，是高校学生工作中的重点、难点。高校辅导员可从以下四个方面入手开展残疾毕业生就业指导工作：

1. 对残疾大学生开展心理辅导，建立心理档案，使之放下思想包袱

系统的心理干预，可以让残疾大学生更好更快地适应学习、工作等各方面发生的变化，[7]并在面对各种困难时，能形成一种积极的心理调节机制。[10]在引导残疾大学生自我调节的同时，辅导员应及时建立、完善残疾大学生身体、心理状况档案，关注、跟踪其身体状况和心理波动；每个阶段或季度提前给残疾大学生进行未来预测及就业评估，使残疾大学生尤其是残疾毕业生有充足的时间学习建

立自身生活工作的预警机制，得到积极的心理暗示。

2. 为残疾毕业生提供专题培训，提升辅导员指导残疾毕业生就业的能力

针对有就业意愿的残疾毕业生，辅导员应开展相应的就业技能培训，培训内容要符合当代残疾毕业生的生理特点和心理特点，[7] 使其能够学以致用。此外，目前辅导员在残疾毕业生就业指导上，无论是对残疾毕业生就业政策理论、专业知识，还是对社会就业形势等方面，都是一知半解，而对于残疾毕业生毕业前夕的敏感心理问题也是了解尚浅。因此，提升辅导员指导残疾毕业生就业的能力迫在眉睫。

3. 加强针对残疾毕业生的职业生涯规划指导

确保每一位残疾毕业生高质、精准就业，对残疾大学生这个群体及其个人意义重大。因此，高校从新生入学开始就应该主动关心残疾大学生的学业和职业生涯规划，帮助他们树立正确的就业观，正确认识就业形势，合理定位职业，[11] 制订适合自身情况的职业生涯规划，并在他们求职择业过程中积极向相关用人单位推荐，及时给予他们相应的指导和帮助。

4. 帮助残疾毕业生认清自我，调整定位，主动出击

残疾毕业生要对自身条件有客观的评价，对现实的就业情况有清醒的认识，做好职业定位，明确就业方向和努力目标。[7] 应帮助残疾毕业生树立先就业再择业的观念，立足岗位，立志成才。

四、待探讨的问题

（1）残疾高校毕业生就业心理指导，应实现差别化、精细化。基于残疾大学生的家庭环境不同，在心理、生理、人体结构上全部或部分丧失以正常方式从事某种活动的能力，高校应及时实施差别化、精细化的就业指导。

（2）全方位做好防范、跟踪工作，确保残疾高校毕业生顺利就业。学校教给残疾毕业生专业知识，关注其身心健康成长更是每一个教育工作者的天职。因此，每一位辅导员都应该全方位做好残疾毕业生就业障碍的防范、心理状态的跟踪工作，确保其顺利就业。

参考文献

［1］徐俊燕. 改善农村残疾人就业状况的路径研究：以万州为例. 重庆：重庆大学，2013.

［2］傲登其木格. 内蒙古师范大学盛乐校区学生心理焦虑状况研究. 语文学

刊，2012（9）.

　　［3］赵莉莉.焦虑对外语学习效果的影响.河南职业技术师范学院学报（职业教育版），2009（6）.

　　［4］刘珍，等.高校残疾大学生心理健康因素分析与对策研究.科学时代，2010（2）.

　　［5］王明慧.叙事在成人自我认同中的作用.教育教学论坛，2015（6）.

　　［6］董翠，董开莎.浅谈广告中的心理因素——以联合国儿童基金会创意广告为例.群文天地，2010（6）.

　　［7］苏锋，张俊艳.促进残疾高校毕业生就业问题初探.山东人力资源和社会保障，2011（10）.

　　［8］李大宏.促进心理特征与个体职业双向选择.当代青年研究，2007（12）.

　　［9］桑宁霞.美国的职业指导理论对我们的启示.教学与管理，2006（15）.

　　［10］张志.残疾人的心理康复.中国医师协会第三届康复医学论坛暨康复医师分会第二届会员代表大会论文集，2007.

　　［11］朱诗威，冯飞芸.对新生生涯规划书内容的分析和思索.文教资料，2010（4）.

心理疏导，从沟通开始

——学生转专业需求指引个案分析

石红梅

一、案例背景

大学生职业生涯规划是大学生自我认知、探索职场的过程，也是大学生对自己在大学四年期间的学习、生活、工作、交友等进行系统规划的过程。我自从事辅导员工作这 3 个月以来，不断接到学生的咨询，如对专业的困惑、对未来就业的压力、对自我认知的迷茫。尽管新生才进入大学阶段，但他们已经在思考自己的未来之路，在规划自己的四年，不想因为没有方向、没有目标，在毕业时不知所措。可以说，学生是否做职业生涯规划，职业生涯规划是否符合自身状况、适应社会环境，直接影响到他们四年的学习、生活、工作的质量，进而影响他们毕业时的求职。特别是对大一新生而言，能有一个明晰的职业生涯规划尤为重要。

本案例以学生小 A 为例，简述如何对其转专业需求进行正确引导。

二、案例简述

男生小 A，高中读的文科，对历史、英语比较感兴趣，但数学成绩一直较差，高考数学 76 分、文综 220 分。小 A 对数字不敏感，对数学学习存在一定的恐惧。在填报志愿时，他想要填报法语，但父母认为现专业好就业，工资水平相对较高，加之母亲也是从事金融类工作，想通过儿子在学校的学习，给自己更新理论知识，争取发展空间。于是，在父母的劝说和坚持下，最终小 A 报考了现专业并被录取。但经过近两个星期的上课学习，小 A 发现自己对该专业课程并不感兴趣，学习起来非常吃力并且缺乏动力，特别是高等数学的学习让他很有挫败感，他一看到数字就头疼。这些情况导致小 A 内心非常焦虑和紧张，情绪不稳

定，转专业的愿望十分迫切，但限于学校的规定，不能马上转专业。

三、案例分析与启示

（一）案例分析

小 A 找到班主任表达诉求，班主任将小 A 想要转专业的情况反映到我这里，我采取了以下措施予以辅导：

1. 及时约见学生，了解具体情况

我找到小 A，将他叫到办公室与他谈心，了解情况。第一次谈话，主要是了解他以前的学习成绩、填报志愿时的考虑、入学以来的情况。通过耐心细致的谈话，我了解到，虽然填报现专业并不是他的意愿，但考虑到父母所说的情况、将来的就业以及学院的情况等，他也愿意先留下学习一段时间再看效果，如果实在学不下去就考虑转专业。通过这一次谈话，我认为可能是由于他从高中突然进入大学，同学、老师、环境很陌生，又远离父母，使得他对大学生活还不适应，特别是一下子要学那么多课程，老师授课方式、学习方法都发生了很大变化，从而产生了对专业的质疑。由于课时有限，课本内容又多，任课老师一般在一次课上就会讲很多内容，课后没有老师的指导、没有父母的监督，需要他主动学习、自主探索，这些原因可能导致他觉得高等数学学习困难。于是，我建议他：一是调整心态，不要受高考数学成绩的影响，给自己负面的暗示，觉得自己学不好。如果一早就给自己定了性，学习的效果会大打折扣。同时，要相信自己，到了大学，就是一个新的起点，大家都是在同一条起跑线上，不要给自己太多的压力和负担，应以一种轻松、积极的心态去上高等数学课，只有这样学习，效果才会更好。二是课前预习上课要讲的内容，不懂的地方做个记号，上课时认真听讲，特别是讲到预习时不懂的地方要格外注意，课间休息时也可向老师请教。三是多找班上数学成绩好的同学请教，交流学习方法和心得。经过这一番谈话，小 A 的情绪稍微好转了一些，转专业的愿望也没那么强烈了，并且主动提出先多学一个月，看看是否真的不适合在现专业学习。

2. 持续跟进学生，把握最新动态

两个星期之后，我到小 A 宿舍了解他的情况。刚到宿舍时，小 A 刚好不在，于是我向他的舍友兼同班同学小 B（该宿舍为两个专业学生混合）了解小 A 平时上课的状态。据小 B 反映，小 A 每堂课都会去听，而且很认真，但是对数学就是提不起兴趣，多次向他提过想转专业的事情，也跟其父母还有高中同学聊过此事。此时，我意识到并不是新生适应性问题导致小 A 学不好，而是他真的不想学

这个专业，因此不仅仅是调整学习方法就可以解决他的问题。20 分钟后，小 A 回到宿舍，我向他了解最近的情况。小 A 表示这两个星期都有在图书馆看高等数学方面的书籍，并且了解了本专业以后要学的课程，但是了解得越全面和深入，看的相关书籍越多，就越感觉没信心、越焦急，想要转专业的念头越发强烈。与此同时，他虽然迫切希望转去某学院，但是还有一些顾虑，担心如果自己转了专业，会给自己现在加入的团学以后的工作造成不良影响，自己的工作会没人接替，团学辛辛苦苦把自己培养起来，结果工作刚上手就走了，从而心存内疚。同时他也不知道该如何与班上同学特别是舍友说。目前，他转专业的想法只是和同班同学小 B 提过。谈到这儿，我意识到小 A 目前处在矛盾之中，一方面出于学习考虑，迫切想要转去某学院，另一方面又特别舍不得现在建立起来的朋友圈和工作圈，担心到了某学院，一切都得从头开始，自己既不是班委，也不是团学干部。针对这种情况，我向小 A 建议如下：

首先，根据《学生手册》的规定，在每学期的第 13—14 周，学生可向所在学院提交转专业申请，现在是第 6 周，还有 7 周的时间，大可不用着急。现在他可做的是了解某学院他所感兴趣方向的培养计划，获知所学课程、师资力量、就业方向等信息，比如可以进学校官网查询，还可联系该学院的师兄师姐们，防止转过去之后才发现意向专业也不是自己想要的，那时候想要再转回来就不可能了。我将这种利害关系跟他讲明白。

其次，针对他所说的对团学、班级的内疚感，我向他解释，作为一个学生，第一要务还是学习，要选择一个自己感兴趣并想要学好的专业，这直接影响到自己以后的学习心态、学习效果，甚至就业。所以，如果在现专业学不下去，转向自己喜欢并且有一定优势的专业是最好的选择。至于社团工作，在其位，谋其职，把现在手头的工作做好即可，到要离开的时候做好工作交接，做到有始有终，不负老师、师兄师姐、同学的重托就好。而舍友及其他同学，以后还是可以通过各种途径和方式联系的，同学们也会对他做出的选择表示理解。同时，换种角度思考，到新的环境，又能交到更多新的朋友，岂不也是一件美事，大可不必心存内疚。

最后，关于成功转专业后的问题。他暂时还需在现专业学习近两个月，但是不用担心转专业过去后跟不上的问题。要先把大一上学期的课程特别是英语学好并通过考试，因为第一学期大多是公共课和基础课，如近现代史、体育、职业生涯规划与就业指导等课程，而某学院的课程可根据自己的实际情况，有空余时间时再自学。到第 13 周办理好相关手续之后，某学院的课程可以申请缓考，或参

加补考。所以，当务之急是按部就班地把现在这边的公共课学好，如果高等数学学不好，也不用勉强，到了某学院后是不需要学该课程的。

3. 定期约见学生，巩固工作成效

由于学生申请转专业需在临近学期末的第 13 周才能进行，考虑到小 A 转专业的愿望迫切以及距离递交申请书的时间还有近两个月，于是我在征求小 A 的意见后，与他约定每周四晚上 7 点半在办公室沟通交流，以便了解小 A 的近期情况并对他进行相应的疏导。经过近 4 个星期的交流，小 A 能按照自己的学习计划一步一步进行，并未出现情绪波动或紧急情况。

（二）案例启示

（1）许多大学新生刚入校时，有的对自己的专业缺乏足够了解，仅从字面意义上来认识专业，如认为统计就是收集数据、制作图表的；有的被社会上的一些片面、普遍的观点误导，如认为会计就是做报表、报销、与钱打交道，工作很琐碎。这些情况使得不少学生对自己的专业存在某些误解。同时，大一新生正处在高中向大学过渡的关键时期，不仅面临适应新环境的困难、人际交往的问题，更有对所学专业的困惑，特别是那些未能被自己理想专业录取的学生，心情更是焦虑。因此，各学院在大一新生入学时，特别是在入学教育阶段，应邀请各系主任、专业老师通过专业教育、专业导论等讲座、课程及时解答新生的困惑，让他们正确认识自己的专业，树立信心。特别要利用好专业老师、班主任的力量，因为专业老师对本专业有更深的认识和了解，而班主任大多是刚毕业的年轻博士，能以自己的亲身经历给予学生相应的指导。

（2）作为一名辅导员，要重视学生提出的每一个问题、每一个困惑，尽量在事情发生的萌芽阶段就予以干预、解决。在采取措施时，要动之以情、晓之以理，既摆事实又讲道理。当然也要学会换位思考，以学生的角度和立场来考虑和解决问题，运用同理心走进学生的心里，了解学生真实的想法。只有耐心地听学生诉说、适时地引导学生、细心地呵护学生，才能获得学生的信任，与学生形成亦师亦友的关系，工作起来才会事半功倍。

（3）辅导员要对自己所带专业有尽可能多的了解和认识，以便随时、及时开展工作。面对学生提出的转专业要求，不应一味地劝说学生留在本专业学习，而应从学生实际情况出发，了解学生想要转专业的原因：是对专业的认识存在误区，还是专业学习确有困难。要区别对待，采取不同的措施。本案例中，小 A 的情况明显是后者，对于不适合在本专业学习的，应同意其转专业。当然，要将利弊、可能的后果向学生讲清楚，让学生慎重考虑。

四、待探讨的问题

（1）大学生职业生涯规划是一个系统工程，但是很多高校和老师片面地认为职业生涯规划指导就是给予学生一些就业服务，如给大一新生开设职业生涯规划与就业指导课，给毕业生举办就业、创业的讲座、沙龙等，但是对学生大学四年的职业生涯规划教育不够重视，教育内容缺乏连贯性、系统性。因此，高校应该在大一到大四分阶段、有重点、有针对性地对学生进行指导与教育。

（2）应为大学生提供个性化的职业生涯规划服务。多搜集大学生对职业生涯规划的困惑，做到事前了解、事前干预，力求解决问题于萌芽状态；还可以利用大学生个性测评软件，帮助大学生提升自我规划的能力；定期举办职业生涯规划团体咨询，提高大学生职业生涯规划知识和技能。

（3）当学生对专业产生困惑时，往往是通过辅导员做思想工作，并未将专业老师、班主任、父母的力量充分发挥出来。但是辅导员的专业素质可能还存在一些不足，因此需进一步建立大学生职业生涯规划的教育管理体系，形成教育、指导、管理、咨询、服务五位一体的模式，形成一股合力，将职业指导授课教师和专家队伍引进大学生职业生涯规划教育体系，不仅授课，更接受学生的咨询并给出个性化的建议，帮助学生认识自我、了解社会，合理规划自己大学四年的学习、生活和职业生涯。

迷途知返　用爱护航

——大学生职业生涯规划教育任重道远

肖　华

一、案例背景

近年来，随着大学生就业的市场化以及高校的进一步扩招，高等教育与市场需求之间的供需结构性矛盾日益突出，严峻的就业形势给在校大学生的学习和生活带来了巨大的影响。此外，来自家庭与社会殷切期许的目光，使得昔日天之骄子的光环逐渐被沉重的就业压力取代，有些学生从大一开始就背上了思想包袱，进而产生强烈的失落感和挫败感，有些学生则完全以就业为导向，片面追求实践经验而荒废专业学习，还有一些学生择业时只考虑薪酬待遇。因此，重视就业压力所引发的学生价值观的扭曲以及心灵的挫伤，引导学生正确面对就业压力，并在学好专业知识的基础上增强实践能力，是新形势下摆在我们每一位从事学生工作的辅导员面前的重要课题。

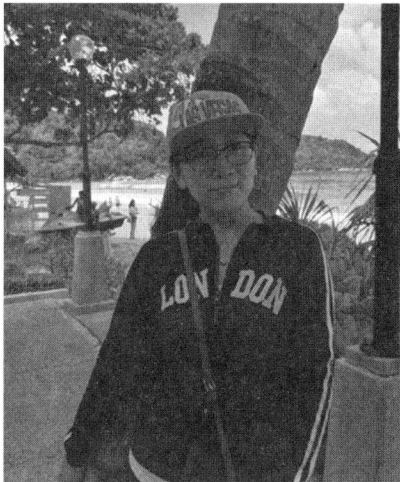

二、案例简述

男生小陈和小李，两人住同一间宿舍。大二第一学期初，他们在学校饭堂和宿舍门口看到安利直销人员派发的招聘传单后，多次去某酒店参加安利公司举办的宣讲会及相关培训，返校后在周围同学中推销安利产品，逐步发展到无心向学，遂提出休学申请。

三、案例分析与启示

（一）案例分析

1. 及时上报，联系家长

事情发生后，我们及时向学校学生处、保卫处和学院的主要领导做了汇报。

学生处随后派人协助我们进一步调查事件的详细经过，同时把该案例通报给其他学院，预防同类事件的发生。保卫处派人加强学校境内的巡逻，特别是对饭堂、学生宿舍等主要场所闲杂人等的排查。与此同时，我们还分别与这两名学生的家长取得联系，进一步了解情况。

2. 多方调查，发现问题

事后，我多次与小陈和小李谈心，并找来他们班的主要学生干部以及他们的舍友等交往甚密的同学进行座谈，全面掌握情况，并着意叮嘱宿舍同学密切留意他们的去向，有任何异常及时报告。随着工作的铺开，我逐渐了解到：

小陈，来自广东某地，父母经商，家庭经济情况良好。他本人性格开朗，好与人交际，热衷于学生活动，入学初就加入了多个学生社团。由于他把大部分的时间和精力都花在了学生活动上，学习成绩一直不佳，还有几门科目需要补考。但他似乎并不把这放在心上，经常高呼"六十分万岁，多一分浪费"，坚信"大学就是用来积累经验和人脉的"。同时他的舍友还反映上个学期某活动竞赛的失利和这个学期开学初班干部竞选的落选似乎对他影响挺大，他为此郁闷了好长一段时间。

小李，来自广东某地的单亲家庭，父亲已过世，母亲体弱多病。他是家里的独子，一直以来都是几个姐姐在外打工供他上学。他性格较为内向，平常不大与同学交往，除同宿舍的同学外基本没有与其他同学说过话。在学习上，他勤奋刻苦，成绩较好，曾获得助学金和三等奖学金。舍友反映他个性要强，从不轻易服输，哪怕是下棋、打球这样的小事，他都较介意输赢，他还是班里唯一一个没有申请助学贷款的学校在库贫困生。

3. 深入交谈，打开心结

在基本掌握了小陈和小李的情况之后，我多次找他们谈心，给予他们充分的尊重，仔细聆听他们的想法，拉近和他们的距离，他们也渐渐吐露了心声：小陈，在经历了一连串的打击之后，入学前的憧憬与现实的不顺之间的反差使他产生了强烈的失落感，对成功的渴求促使他迫切地想找到一条出路，借以释放他积蓄已久的能量，从而获得周遭人的关注和肯定。安利直销人员慷慨激昂的话语无异于救命稻草，重新激发了他内心的斗志。小李，背负着沉重的经济包袱，满怀着对母亲和姐姐深深的歉疚，加之日益严峻的就业形势，种种矛盾交织使得他不堪重负，安利直销人员所鼓吹的"勤奋加积累等于成功"的工作信条给了他莫大的"鼓励"，他们所描绘的数以万计的人通过安利迅速发家致富的蓝图更让他看到了"曙光"。

4. 明确重点，对症下药

随着小陈、小李心结的逐一打开，我也明确了工作的重点和方向。针对小陈，帮助其重树信心是当务之急。为此，我与他所在班级的班委讨论后决定让他担任信息员一职。我通过让他在老师和同学们之间及时有效地传递信息这样一个角色，充分肯定他外向开朗、乐于奉献的一面，同时鼓励他加入了学院学生组织，以进一步施展自身的才能。针对小李，只有切实帮助其缓解经济上的压力才能真正打消其顾虑，使他安心学习。为此，我一方面向他详细讲解了学校各类奖、助学金的设置及评定条件，并帮助其申请助学贷款；另一方面安排他到学院工作，让他在勤工俭学的同时进一步增强与人交往的能力。

5. 持续跟进，爱心护航

我通过班长、学监以及任课老师多渠道了解小陈和小李的近况，掌握他们的动态。我还定期与二人交流、谈心，引导他们在对自身正确定位的基础上做好职业生涯规划，明确奋斗的方向，鼓励他们朝着既定的目标不断努力，同时，对于他们在学习和生活中遇到的困惑和问题，及时做好疏导并帮助他们解决。

在学院领导、老师和同学们的关心帮助下，小陈和小李重新找回了信心和动力，回归到了正常的学习和生活，小陈由于表现出色被评为"优秀学生干部"，小李通过在学院勤工俭学也逐渐变得开朗。

（二）案例启示

（1）搜集信息、掌握情况是做好学生工作的第一步，也是后续工作能够对症下药、具有成效的前提和基础。在本案例的处理中，从最初事件的上报、中途信息的获取到事后的持续跟进，每个环节都离不开班干部的及时汇报以及密切配合。因此，保持信息的畅通、及时和多渠道传递是学生工作得以顺利开展的关键。

（2）多和学生交朋友，解决他们的实际困难，能有效地拉近师生距离。"感人心者，莫先乎情"，爱与尊重是打动学生心灵的基本方式。只有主动关心、亲近学生，对他们存在的困惑给予热情解答，对他们出现的问题及时解决，才能了解他们的所思所想，从而做到以理服人、以情感人，达到"润物细无声"的效果。

（3）引导学生从大一开始做好职业生涯规划至关重要。在工作中，我经常碰到两类学生：一类是目标缺失型，这类学生把接到大学录取通知书当成是实现了人生最高目标，从迈入大学校门起就进入了目标缺失期，不少人浑浑噩噩、得过且过。另一类是目标明确型——上大学就是为了毕业后能找到一份好工作。这

类学生终日忙忙碌碌，各类社团活动、社会兼职应接不暇，将专业学习完全抛诸脑后。这样的学生不在少数，而且时常引发种种问题甚至走向极端。对于第一类学生，由于缺失目标，心灵极度空虚，特别是在学业和就业的双重压力下，他们往往容易产生厌学情绪，一些学生会选择沉迷游戏或者网络来逃避现实，导致深陷其中无法自拔，还有个别学生甚至产生轻生的念头。对于第二类学生，目标的单一性和功利性也时常导致其误入歧途：有些学生因过分注重社交能力和工作经验而荒废学业不能毕业，还有些学生因兼职而上当受骗。我经常反思，这些学生问题之所以层出不穷，其共同症结在于对个人职业生涯发展缺乏合理的规划。作为学生成长路上的引路人，辅导员应把学生职业生涯规划作为思想政治教育工作的一个重要内容，引导学生在对自身进行正确定位的基础上做好人生规划，将短期目标和长远发展目标相结合，明确自身努力的方向，找到前进的动力。特别是在多元文化并存、价值观念冲突彰显、就业形势日益严峻的当今社会，重视由此引发的学生价值观的扭曲以及心灵的挫伤，引导学生正确面对就业压力、树立正确的择业观，对学生的和谐发展尤为必要。

（4）善于发现学生的闪光点，用和谐发展的眼光对待学生。大学校园是具有不同个性、具有各种差异的独立个人所组成的小社会，每个学生都有其可爱之处，这就要求活跃于学生工作第一线的我们不要轻易对学生下结论、贴标签，而是要坚持"以人为本"，深入学生当中，多维度、全方位地了解和掌握学生的情况，善于寻找和发现他们的优点，并及时地给予肯定和鼓励，从而激发其内在向上的勇气和动力。要引导学生结合自身的特长合理做好职业生涯规划，逐步实现个人对自身价值的不断发掘和超越。特别是对待那些成绩落后、性格内向或是家庭比较贫困的学生，更应该多尊重、多鼓励，帮助他们重树信心，避免出现"破罐子破摔"的心理。对待犯了错误的学生，也应用辩证的分析来取代一味的批评、指责和处分，消除学生的抵触情绪。以生为本，多实施鼓励教育，既能让学生找到前进的动力和方向，也能使我们自身在繁杂琐碎的学生工作中得到快乐和成就感。

四、待探讨的问题

开展大学生职业生涯规划教育，不仅对提升大学生的核心竞争力、改善大学生与企业之间的供需矛盾有着非常重要的意义，而且关系到大学生个体的全面发展、高校育人目标的实现以及社会的和谐进步。

目前，我校开展的大学生职业生涯规划教育主要依托职业生涯规划与就业指

导课，存在着课时短、教学内容缺乏系统性和完整性的局限；而且大多是采取多个班级、不同专业集中教学的大班授课模式，无法为学生提供个性化的服务与引导。不仅如此，现有的大学生职业生涯规划教育主要针对大一新生，而这一阶段的学生刚入校，对所学专业及社会需求了解甚少，所做出的职业生涯规划难免存在"纸上谈兵"的情况。因此，如何把大学生职业生涯规划教育融入日常的大学生思想政治教育全过程，探索加强大学生职业生涯规划教育的科学路径，丰富教育载体，结合不同年级、不同专业学生的特点不断完善、更新教育内容，实现大学生职业生涯规划教育的连续性、系统性和专业性，从而提高其针对性和有效性，成为当前我校学生工作的一项重要课题。

第四单元

为爱导航

擦亮双眼　完善自我

谭丰云

一、案例背景

大学生被骗如今已成为屡见不鲜的现象，但深究其背后的原因，往往还得归结于大学生自身的问题：社会阅历太浅，容易轻信于人；父母娇宠过度，缺乏辨别能力；自我认识不足，目光狭隘短浅。

本案例以学生小 Q 为例，讲述了其因被骗 5 000 元钱，内心惶恐不安，向负责毕业生工作的我寻求帮助的事件。

二、案例简述

女生小 Q 是一名大四的学生，长得漂亮，聪明能干。可能由于家庭经济条件不太好，她性格内向，喜欢独来独往。某天，我连续接到了小 Q 的两个电话，第一个电话是在上午打来的，主要想找我借 5 000 元。遇到钱的事情我总会有些警惕。我在电话中了解到，她在自己如此困难的情况下，还义无反顾地帮一个多年未联系的老朋友去借钱，这种乐于助人的精神是值得肯定的，但她根本说不清对方借钱的原因所在。我建议她在不知情的情况下最好先不要借钱，更何况也不是一笔小钱，小 Q 答应了。没想到刚过了中午时间，我便又接到了她的电话，她在电话那头第一句话就说自己被骗了，然后哇哇大哭起来。我很是诧异，不是没有借钱出去吗？却又为何被骗了呢？

当我见到小 Q 的时候，她显得特别懊悔和无助，焦虑的心情让她一直坐立不安。我先安抚了她的情绪，告诉她事情既然已经发生了，后悔是解决不了问题的，趁发现及时，我们可以一起积极面对，尽快找到解决的办法，尽量减少一些损失。她见我如此积极地应对此事，便也放松了许多，我才慢慢了解到事情的前因后果。

小 Q 口中的老朋友其实是她暗恋已久的一个初中同学小 F，这个男同学因为

家境殷实，早就出国读书了，他们之间大多通过 QQ 联系。因为存在时差问题，所以沟通不是很方便，实际上联系也并不是很多。前段时间小 Q 突然接到一个陌生电话，对方让她猜猜是谁，她一开始也是警惕的，但出于好奇，还是跟对方聊了起来。也许是内心有一种期待，幻想着富有的暗恋对象小 F 终有一天会主动联系自己，当得知对方真的是"小 F"的时候，小 Q 虽然欣喜，却又有一丝怀疑，他明明在国外读书，怎么会用国内的号码打来电话呢？"小 F"解释说刚好有事回来一趟，就顺便跟老同学打声招呼。这个回答让小 Q 的内心无法平静，之后便一直期待着能与"小 F"见上一面。

而当小 Q 再次接到"小 F"电话时，却被告知他遇到麻烦进了派出所，羞于情面不敢跟父母沟通，现急需用钱保释。小 Q 一听便着急了，虽然自己经济上不太宽裕，但是此时她若能帮上忙，也正体现了患难见真情。于是，小 Q 找身边的同学东拼西凑借了 5 000 元，汇款时却发现对方账号的户名并不是小 F，便赶紧打电话核实。"小 F"解释说，保释肯定是要汇款到指定账号的，越早汇钱事情就越好解决。这笔钱汇过去没多久，"小 F"又匆忙来电说不够，还需要 5 000元。小 Q 在打电话找我借钱遭到质疑后，本想跟"小 F"解释时却再也联系不上了。

三、案例分析与启示

（一）案例分析

小 Q 在整个被骗事件当中的行为表现与她的认知、情感和心理活动都有着密切关系。在对待小 F 的态度方面，她的认知从一开始就不客观，是存在偏差的。和小 F 一直保持联系是基于她个人目的的考虑，这种交友的出发点具有较强的功利心，在这种功利心的驱使下，人的判断容易受到影响。所以，当她接到陌生来电的时候会充满好奇，也正是因为她内心一直渴望被小 F 重视，才导致她很快就以为打来电话的正是小 F，继而才有了之后借钱的事情。

情感是人对客观事物是否满足自己的需要而产生的态度体验，它能激发心理活动和行为的动机，是心理活动的组织者。情感是人对价值的主观反映，情感的变化总是以价值为基础的，情感的任何变化都可以从价值关系的变动中找到它的客观动因，情感的不同表达模式对应着价值的不同变化方式。小 Q 在第二次接到电话听说"小 F"需要借钱的时候，尽管借钱的理由不是特别恰当，但她也义无反顾地答应了。因为她相信只要能帮助"小 F"解决眼前的困难，就能换取对方更多的信任，也会进一步增进彼此的感情，甚至有可能通过这件事情，两人的关

系发生根本性的转变，这样她就离自己的目标更近了一步。正是这种客观动因驱使着小 Q 克服困难去帮助"小 F"，也使她陷入了当局者迷的境地，完全听不进周边同学的劝导。

当小 Q 找到我借钱的时候，我的善意提醒才使她觉悟起来，这也正体现了她的不成熟。她过于相信个人的判断力，在做出行为之前考虑还不够周全，反映了她对自我认识的不足。进一步来看，小 Q 会被冒充的"小 F"骗到，一方面是由于网络信息的不安全，另一方面是由于对方抓住了小 Q 的性格弱点，了解到她的内心活动，才会顺藤摸瓜，并最终得手。

（二）干预措施及其效果

1. 全面深入了解情况，引导其改正错误思维

我先让小 Q 理清思绪，把整个事情的经过写清楚，陪同她一起去报案。这期间，我还私下了解到，小 Q 自小家境贫寒，一直想着能嫁给这个家庭富裕的初中同学，过衣食无忧的生活。所以她平时特别注重穿着打扮，也不太喜欢跟家庭条件差的学生多交谈。为了打扮自己，她只能在吃的方面特别节省，所以一直很瘦，还容易生病。我于是约她进行了一次深入的交谈，谈这次被骗事件给她的教训，让她表达了内心真实的想法。她也意识到，自己的人生观、价值观和爱情观存在偏差，才导致那么容易就会上当。

2. 通过各种渠道关心帮助

我让宿舍同学多些关心和陪伴小 Q，多带她参加集体活动，这些帮助不仅在她遇到困难的时候需要，在她平时的生活中更是不能忽略。我充分调动班级学生干部的积极性，让他们在关注小 Q 动态的同时也及时反馈给我，在特别需要的情况下，尽力帮助她解决燃眉之急。

3. 跟进教育，解决根本问题

我经常鼓励小 Q 多学习、参加招聘会，通过锻炼不断改进和提升自我；帮助小 Q 重新认识自我，全面分析她的优缺点；根据小 Q 的个人兴趣和特长，指导其制作求职简历、如何应对面试，等等。在我的鼓励和同学的帮助下，她努力去尝试了各种机会，哪怕只有一线希望，也积极地去争取。她说之前自己总想走捷径，希望通过嫁入豪门来改变贫穷的命运，后来才发现，命运其实就掌握在自己手中，只有先认清了自己，才不容易上当受骗，才能积极地面对困难，勇敢生活。

（三）案例启示

1. 重视问题，积极应对

无论是什么原因，当学生遇到困难的时候能想到找老师，老师首先应该感到庆幸，说明他们信任老师，也需要老师。作为老师就应该积极帮助他们解决困难，在处理问题的过程当中，需要深入调查了解各方面的情况，形成客观的判断。

2. 深入研究，发现本质

本案例中，经过深入了解和仔细分析，我发现小 Q 其实是被她自己骗了。由此可见，作为一名大学生，要先学会认识自己，只有知道了自身的长处和短处，才能更好地认识周围的人和事，从而对事情做出正确的判断，不会轻信他人。认识自己还包括了解自己想要什么，想追求怎样的生活和未来。有了明确的目标，才更有努力前进的动力，不容易迷失方向。当然，在追寻目标和实现自我的过程当中，正确的世界观、人生观和价值观就显得尤为重要了，一味地想走捷径是要付出代价的。

3. 找到关键，做好引导

作为一名应届毕业生，只有通过全方位的自我分析，才能扬长避短，在求职中展现真实的自我，在今后的工作中充分发挥个人优势，改进不足之处。有了正确的定位，再结合明确的目标，才能确定工作的范围，不至于在茫茫求职者的海洋中被湮没。作为一名女性，则更加需要擦亮双眼，理性看待周围的人和事，不要因蝇头小利的诱惑而轻易上当，要保持独立的自我，才不会被他人左右。即将踏入社会的年轻学生们，突然要承受学习、生活、工作等各方面的压力，还要经受各种诱惑的考验，这都要求他们必须保持清醒的头脑和独立的自我。

四、待探讨的问题

小 Q 的情况也许只是个例，但在当代大学生中也不乏其人。他们不能清楚地认识自己，将人生目标和个人未来寄托在他人身上，长期如此，只会导致消极懒惰的状态。当遇到困难和挫折的时候，他们很容易迷失自我，上当受骗；当步入社会面临压力的时候，他们又很容易被击垮。尤其是现在的女大学生，更应该懂得付出与回报的正关系，懂得人生的道路没有捷径可走。在我看来，如何让女性毕业生实现独立、平稳步入社会，有待进一步探讨。

圆圆的烦恼

龙亚娌

一、案例背景

关于"情绪"的确切含义，心理学家和哲学家经过了百余年的辩论，产生了几十种定义，大多认为情绪是对"客观事物是否符合人的需要与愿望、观点而产生的主观体验，也是对现实的反映"[1]。可见情绪是一种复杂的心理活动，具有鲜明的社会性。医学研究早已证明情绪状态影响身体器官的功能以及人的感知、记忆和思维，可谓与人的身心健康息息相关。20世纪80年代，心理学界开始普遍认为，"情绪智慧"或"情绪智商"简称情商（EQ），是个人自我情绪管理以及管理他人情绪的能力指数。喜、怒、哀、惊、恐、爱等人的基本情绪，是与生俱来的，同时也是伴随终身的，或浓或淡，都是生命的一抹色彩。我们需要了解、接纳情绪，并学会如何管理自己的情绪。

大学生所处的年龄段被心理学研究形象地称为"疾风骤雨期"，可见这一群体极易受周围环境变化的影响，情绪变化起伏大，易走极端。他们追求独立，但因思想尚不成熟，且生理和心理发展速度不同步，面临现实生活中的矛盾和冲突时，出现偏激、冲动行为的可能性也较大。在此过程中产生的各种心理问题，如同身体疾病一样，有其产生和发展的内在规律，需对其进行准确把握并及时解决，否则会对他们的心理健康产生不良影响。

本案例的主人公圆圆因毕业去向和恋爱对象选择问题与父母发生冲突后情绪失控，离家出走，拒绝与父母联系，导致父母、老师和同学的情绪骤然紧张，周围相关人群的学习、工作和生活的正常秩序也随之被打乱。

二、案例简述

一天早晨上班途中，学生圆圆的父亲打来电话焦急万分地告诉我，他从昨天开始与圆圆失去了联系，想让同学帮忙寻找，并通过学校保卫处报警。我立即找到圆圆的舍友了解情况，得知她昨晚一夜未归，目前同学们也联系不上她。我着急万分，怕她出现意外。老师和同学们印象中的圆圆性格开朗，待人处事热情大方，她还担任过班长，同学们都挺喜欢她，离家出走的事似乎不该出现在她身上。

我一边发动圆圆所有同班同学通过 QQ 不停给她留言并不时拨打她的电话，一边向她父母了解具体情况。经过近一天的多方寻找，临近傍晚时有同学向我反映，前一天深夜时圆圆还在 QQ 上和她聊过，谈起因毕业去向选择的问题与父母意见不合，多次发生争执，很是烦恼，但没说自己在哪。

从大二以来我就一直兼任圆圆的班主任，对她的基本情况比较了解。虽说已上大学，但她父母仍时常与我电话联系，有空还会来学校了解圆圆的学习情况。进入大四以来，父母考虑到圆圆的身体素质不太好，需定期治疗，希望她毕业后就留在身边。圆圆则认为自己的英语基础不错，很想出国读研。近来父母又发现圆圆有恋爱迹象，且据说对象是外籍人士，父母认为不合适，所以坚决反对，双方为这些事情已争执多次。

三、案例分析与启示

（一）案例分析

1. 逆反心理

逆反心理是指，"人们彼此之间为了维护自尊，而对外界事物或对方的要求产生的相反的情感体验，以及由此而引起的负向态度和行为"[2]。父母对圆圆的管教比较严，圆圆从小到大基本上没有做过父母不喜欢的事情。圆圆作为一个有自尊、有主见的大学生，父母的决定很多时候并不是她想要的，然而迫于父母的压力，圆圆只能顺从，但心中难免会觉得不服气。而这次关于毕业去向和恋爱问题，圆圆与父母又出现了不一样的看法，圆圆觉得自己再也忍受不了父母一直操控自己的人生，逆反心理非常强烈，进而做出了离家出走的行为。

2. 价值观不同，引发冲突

每一个人都有着自己独特的一套价值观、人生观，当他人的价值观与自己的不一致，并且自己无法认同、接纳对方的看法时，双方就容易产生冲突。圆圆认

为自己英语好，想要出国深造，而父母觉得圆圆身体不好，应该留在父母身边；圆圆觉得外籍男友很好，自己愿意跟对方发展恋爱关系，父母则觉得外籍男友与圆圆存在太多差异，两人不合适，强烈反对圆圆与对方继续发展。圆圆由于坚持认为自己的想法、价值观是正确的，觉得父母存在太多偏见，不愿意接纳、理解父母的想法，因此对父母产生很多不满，双方引发激烈的冲突。最后，圆圆觉得父母干预太多，进而做出拒绝与父母联系的行为。

3. 父母专制，干预太多

很多父母都打着"我是为你好"的旗号，强迫子女按照自己的安排去生活、学习，他们认为自己是父母，经验比子女足，有权利决定孩子的一切，因此，他们往往会不考虑子女的切身感受，一意孤行。但是他们并没有想到自己这样做，只是他们自己觉得好，子女并不觉得好。圆圆的父母觉得圆圆身体不好，想留她在身边，认为是为她的健康着想，同时觉得外籍男友不靠谱，还是中国男友比较好，而圆圆并不这么认为，于是就跟父母商量，希望对方能理解自己，但圆圆的父母表现得十分专制，不愿意做出任何的让步，圆圆迫不得已只好拒绝与父母联系，以示自己的不满。

（二）干预措施及其效果

为尽快缓和圆圆的激动情绪，使其回归正常学习和生活，我从学生和家长两方面同时着手开展疏导工作。

1. 与圆圆交流管控情绪的方法

我认为以圆圆的性格应该不会把事闷在心里，她关机就是不想和父母交流，但很可能会通过网络等途径宣泄不满。于是立即通过 QQ 给圆圆留言，告诉她要学会换位思考，站在父母的角度来看待问题，以适当的方式表达自己的不满情绪。父母、老师和同学们都很为她担心，关于毕业去向选择先不着急，和父母观点不同的矛盾可暂时放下，冷静考虑一段时间再做决定；并劝她尽快给父母打个电话报平安。同时，我还发动同学也给她留言，告诉她我们都在等她回来上课。几个小时后圆圆上网看到留言，就回复说抱歉让大家担心了，并表示会和父母联系。

2. 与家长交流如何识别孩子的情绪特点

看见圆圆的回复，我长舒了一口气，悬着的心终于放下，并立即转告她父母，让他们不要担心，现在报警动静太大，可能更会让圆圆产生逆反情绪。父母也要学会识别孩子的情绪特点，了解其情绪起伏波动的规律，采取行之有效的应对方式。圆圆认为自己已是成年人，有自己的主见。我建议父母在与孩子相处的

过程中要让她感觉到有自己的空间，对待人生的重大问题的选择要倾听她的想法，不责备，更不能一味逼迫。成长需要以时间为代价，耐心等待圆圆回家。

此后，我经常通过网络途径与圆圆进行交流，告诉她要对挫折有充分的思想准备，面对挫折不逃避，不压抑；看到挫折有利的一面，提高挫折容忍力；要成为情绪的主人，快乐从管理情绪开始。我还建议她在做选择时多考虑一下自身和现实的因素和条件，多与父母交流意见。经过一段时间的干预之后，圆圆与父母的关系融洽了很多。

（三）案例启示

1. 读懂学生是开展思想教育工作的前提

大学生各有特点，思想教育工作须有针对性才有效果。思想教育工作者的首要任务是读懂学生，全面了解学生的心理特点，有针对性地开展工作，才能达到理想的效果，促使学生心理日益成熟，成为一个心理健康的人。平日乖巧懂事的圆圆突然情绪失控，这显示大学生的心理具有以下显著特点：第一，生理与心理的成熟期不同步。生理成熟是心理成熟的物质基础和依据，社会成熟是心理成熟的必要条件。大学生所处的年龄阶段，个体的生理发展已接近成年人，但其心理尚未成熟。而社会化程度的提高，有赖于个体的社会实践活动。大学生参与社会实践活动的时间有限，实践内容与社会还有一定距离，实际对真正的社会生活缺乏深刻的了解。因而，他们要通过整个大学时代直至走向社会的长期努力才能逐步成熟。第二，自我意识增强速度与认知能力发展水平不协调。自我意识是指"主体对其自身的意识，其发展过程就是人社会化的过程"[3]。个体随着年龄增长和知识水平提高，其自我意识也会增强。一方面，大学生希望真正认识自我，了解内心情感和心理变化，塑造自己特定的形象，设计自我独特的模式；另一方面，社会生活阅历有限导致他们认识问题的局限性与日益增强的自我意识不协调。这种不协调在其面临挫折时极易导致情绪失衡，从而埋下心理疾病的隐患。大学生心理的基本特点提醒我们在日常工作中一定要重视教育他们如何控制和调节自己的情绪。

2. 运用学生乐于接受的交流方式是关键

互联网的迅猛发展使得网络已与现代社会生活密不可分，尤其在高校学生中有极高的普及率。我校开展的思想状况调查结果也显示网络是大学生娱乐和获取信息的主要途径。

思想教育工作是做人的工作，人在哪儿重点就应该在哪儿。要了解学生就需要走进他们的生活，用他们乐于接受的方式和他们沟通，让他们愿意说出心里

话，这样教育才能实现真正意义上的思想交流，从而达到预期效果。

四、待探讨的问题

高校学生思想政治教育和管理工作者应尽量主动与家长建立联系，与家长一起探讨教育学生的有效方式，建立畅通的交流渠道，在相同的教育理念指导下开展沟通与合作，从教育目标、形式等方面形成合力。学生一旦有突发情况，学校和家庭就可以形成教育合力，顺利地解决矛盾；同时建议家庭也要尽量为孩子创造宽松、和谐的家庭氛围。家校合作模式的建立需更深入的探讨和研究。

参考文献

［1］章志光．心理学．北京：人民教育出版社，2000.

［2］邵速．大学生如何调适自我．济南：山东科学技术出版社，1999.

［3］张大均．教育心理学．北京：人民教育出版社，2005.

端正恋爱观　成为更好的自己

胡啟岚

一、案例背景

有人说如果你的大学没有经历一场轰轰烈烈的爱情，那么你的大学就不是一个完整的大学。也有人说即使进入了自由开放的大学，也还是需要专注于学习，因为一旦恋爱了，同学们便会无法专注于学习，浪费大量的宝贵时间。如今在高校中，大学生恋爱是一个普遍的问题，也是一个不可忽视的问题。而大学生的恋爱，通常是不成熟的，因此很容易在两人相处当中，习惯性地以自我为中心。自我亦称自我意识或自我概念，在心理学中主要是指个体对自己存在状态的认知，是个体对其社会角色进行自我评价的结果。在我们的经验中，觉察到自己的一切而区别于周围其他的物与其他的人，这就是自我，就是自我意识。这里所说自己的一切指我们的躯体、生理与心理活动。

本案例是有关小谢的恋爱观问题，小谢喜欢小林，一直不停地打电话、发信息骚扰小林，其行为已影响到小林及其身边好友的正常学习与生活。

二、案例简述

某班班长向我反映，班上一名男生小谢一直在骚扰同班同学小林的正常生活。

小谢非常喜欢小林，之前一直都跟小林有交流，小林一开始也没觉得有什么异常，认为就是普通同学之间的交流，后来逐渐觉得小谢比较难沟通，就没有再理小谢了，但小谢认为自己是小林的男朋友，每天都要发很多信息给小林，后来发展到发很多信息给小林的好朋友小列，内容主要是让小列跟小林做思想工作，让其告诉小林小谢是非常喜欢她的。

后经在班上了解，我们发现小谢以前也曾经发很多信息给班上的其他女生，大

家一开始都以为只是正常的同学交流，慢慢地大家都觉得小谢的行为有骚扰的嫌疑，因此班上有很多同学都觉得小谢比较奇怪，有点害怕小谢，不敢再跟小谢交流。

小谢是一名挂科情况比较严重的学生，成绩比较差，总是班上的最后一名，虽然能坚持上课，但基本不主动学习。

三、案例分析与启示

（一）案例分析

这个案例的学生情况，属于大学生中比较典型的心理状态，也体现了 90 后大学生存在的一些问题：

1. 恋爱心理

大学是大学生从未成年人步入成年人的阶段，他们开始想在大学阶段寻找恋爱的感觉。小谢进入大学后渴望谈恋爱，想方设法追求女生，但他运用的方式是错误的，导致了对方感觉小谢的行为存在问题，反而对小谢更加疏远。

2. 学习障碍

学生经过高考来到大学，对学习有所松懈，觉得大学难进易出，因此没有好好地端正自己的学习态度，明确自己的学习目标，导致很多学生都对大学生活感到很迷茫，难以制订大学四年的学习计划，就算制订了，也难以坚持执行。小谢在开学之初没有明确自己的学习目标，也没有明确的学习计划，对于未来无任何打算，以致荒废学业，存在大量的空闲时间。与此同时，面对班上众多异性同学，小谢的心开始萌动，进而花费了大量的时间和精力去追求女同学。

3. 父母的价值定向不当

随着社会生活水平不断提高，不同的家庭教育会使学生产生不一样的价值观，有正确的，也有不正确的，如这个案例里的小谢坚信"读书无用论"，因为他家庭条件较好，没有学习的压力，而一些亲戚朋友在讨论读书话题时，没有人注意对信息进行判断和筛选，无形中给小谢灌输了一些错误的观点；加之现代网络发达，小谢通过网络获取了大量良莠不齐的信息，因此很容易确立错误的价值观。

4. 以自我为中心的观念

大学生，特别是独生子女，以自我为中心的观念较为强烈，行为还不太成熟，不会站在他人的立场思考，而是以自己的喜好为先，即使有时候做出了骚扰别人的行为也不觉得有问题，还理所应当地认为这是自己的玩乐方式，他人无权干涉。小谢就是属于这种情况，他只想到自己如何寻找快乐，并没有想到他的行为可能给别人带来困扰，以致其人际关系较差，不大会处理自己与其他同学的关系。

（二）干预措施及其效果

全面了解了情况后，我做出以下处理：

（1）找被骚扰的两名女生小林和小列了解情况，发现基本与班长的陈述相符，小谢已经骚扰到班上同学正常的生活与学习；对小林和小列进行安抚工作，缓和两人的情绪。

（2）立刻找小谢了解情况，掌握小谢的思想动态。小谢对此事表示自己只是贪玩，他承认自己是比较喜欢小林，但是并没有骚扰她们，只是想要通过自己的方式来表达感情。至于学习，他觉得读书没有用，读不读无所谓，对于是否能够毕业也无所谓。"读书无用论"，是他家里人给他灌输的。

（3）与小谢的同学解释整个事件的原委，希望能够得到同学们对小谢的谅解，放下对小谢的戒备心，并主动接纳、关心和帮助小谢。

（4）与小谢的家长联系，并且把其学习情况以及骚扰女同学的情况告知其父亲，希望家长能够重视孩子的教育问题，避免给孩子灌输一些错误的价值观，平常要主动向孩子表达关心。

（5）向学院党委副书记汇报情况，领导立刻与小谢谈话，对其进行心理辅导工作。领导引导小谢思考：必须要先把自己的硬件提高，以后才有机会去结识更好的女生；要把精力放在学习上，不能荒废学业。

（6）与小谢共同商讨、制订学习计划，给小谢提供诸如社团活动、班级活动等实践机会，提高专业技能和人际交往技能。

经过一段时间的干预后，小谢明白自己骚扰同学是不正确的，也意识到学习非常重要，在领导和老师的帮助下，他明确了自己的学习目标，慢慢把精力放在学习上，经常到图书馆自习，不再骚扰同学。其后，他发现自己之前落下的课程太多，经过深思熟虑后，决定申请留级，以便更好地完成学业，现已成功留到下一年级。

（三）案例启示

虽然本案例并不是大学校园里普遍发生的现象，但其所体现出来的问题，在当今大学生当中是普遍存在的。对此，我有以下四点思考：

（1）心理咨询。大学生由未成年步入成年，思想上开始慢慢变得成熟，对于恋爱会存在一定的需求，大多数的大学生，都希望在大学校园里尝试恋爱；但同时，他们对于恋爱只是向往，并没有太多的经验，因此常常无法树立正确的恋爱观或无法正确处理恋爱关系。帮助大学生树立正确的恋爱观是非常重要的，作为辅导员，我们应在新生开学时，就通过主题班会、心理健康教育课程，帮助学

生树立正确的恋爱观念。此外，与学生进行心灵对话，展开心理咨询，尽量帮助学生解决问题。

（2）帮助学生树立正确的学习观念。学生经过高考的层层筛选，终于考上了大学，很容易就会出现目标散乱、行为松懈等情况，因此学校必须要在学生到校时帮助其树立正确的学习观念，端正其学习态度，摒除其错误观念，以学风建设为主线，抓好学生的学习。开设大学生职业生涯规划课程，让学生从大一开始就确立自己的学习目标，消除学生对自己前途的迷茫。

（3）帮助学生摒除错误观念。对于一些家庭固化的错误观念，辅导员应该加大对学生的思想政治教育力度，更多地了解学生的思想动态。90后学生基本是独生子女，家庭条件较好，学习压力小；同时社会上确实存在一些低学历的人发财致富的特例，导致"读书无用论"盛行。但现代社会是一个科技高速发展的社会，如果一个人缺乏知识，他将会很容易被社会淘汰。辅导员要留意学生的思想动态，特别是对一些荒废学业、学习成绩较差的学生，更加需要关注。另外，网络的思想阵地也是辅导员必须坚守的，要关注好学生的网络动态，教会学生有选择地提取网络的有效信息。

（4）朋辈教育，形成互助互爱的良好氛围。很多90后大学生，从小就是家里的掌上明珠，因此他们思想上会出现以自我为中心的观念，考虑问题往往从自身出发，很少顾及他人。对此，辅导员应该做好集体建设，培养大学生的集体意识，多开展集体活动，让同学们在活动当中学会互相协作，互相帮助，团结友爱，慢慢让他们树立大局意识，学会从他人的角度考虑问题。

四、待探讨的问题

时代在不断地进步，社会在不断地发展，大学生的情况每天都在变化发展着，大学生每天都会出现新的问题和新的状况。辅导员不能一味地按照经验处理大学生的问题，而要与时俱进，学习新的手段和方式更好地处理问题。这是辅导员工作的重点，同时也是难点。辅导员要做好学生思想政治教育工作，在不断提高自身素质的同时，也要不断地进行学习，了解大学生的特点，掌握大学生的思想状况，与学生亲近，成为学生的知心朋友，利用网络等新媒体，更快地掌握学生的思想动态，及时发现学生的问题，准确地处理好学生问题。本案例中有一点，就是大学生已经存在一些家庭教育影响下的比较固化的思想观念，如"读书无用论"。如何在短时间内使学生转变观念是一件非常困难的事情，也是有待我们探讨的问题。

以心交心，逆境中成长

——激励"双困学生"案例分析

吕延明

一、案例背景

家庭，是伴随我们一生的场所，每个人的性格特点、处事方式、人生观、价值观等都会受到原生家庭对我们潜移默化的影响。美国著名行为主义心理学家华生曾说过："给我一打健康的婴儿，一个由我支配的特殊的环境，让我在这个环境里养育他们，我可担保，任意选择一个，不论他父母的才干、倾向、爱好如何，他父母的职业及种族如何，我都可以按照我的意愿把他们训练成为任何一种人物——医生、律师、艺术家、大商人，甚至乞丐或强盗。"这句话所想要强调的是环境对个体的影响。每个人刚出生时就像一张白纸一样，这张白纸经过后天环境——主要是原生家庭的渲染，就会按着原生家庭所设定的轨迹发展，虽然我们每个人都有自己的独立意识，都会成长，但我们都没办法抹杀原生家庭对我们所造成的影响。

本案例以一名"双困学生"——家庭经济困难、心理状况也困难的小黄为例，探讨缓解这类"双困学生"困境的干预措施。

二、案例简述

据了解，小黄家庭环境复杂，父亲经常酗酒，脾气暴躁，打骂家人是常事，后来因酗酒中风而致瘫痪，失去工作能力，长年躺在床上，但没有改变辱骂家人的习惯，母亲不堪其折磨，变得有点精神失常，时常离家出走。小黄是家中唯一的儿子，两个姐姐已经出嫁，她们的经济情况也不乐观，对于家里的事务甚少过问。小黄情绪特别消沉，有轻生倾向。一天中午，小黄与女朋友闹分手，无助的他打算喝农药并且跳江，得知情况后我马上赶到他的身边进行劝说，及时有效地

处理了这一突发事件。

从入学开始，我们就开始关注小黄的状况，发现他情绪低落：几次谈话都很容易落泪；易焦虑，遇到问题容易紧张和失眠；精神压力特别大，觉得自己是家庭的顶梁柱，什么责任都往自己身上揽；个人定位错误，把重心放在挣钱和找工作上，造成第一学期的成绩全班倒数第一；对生活失去信心和希望，据宿舍的同学和任课老师反映，有轻生念头。我们把这类学生定位为"双困学生"，不仅家庭经济困难，而且心理状况也困难。

三、案例分析与启示

（一）案例分析

1. 个体因素

首先，小黄的责任心非常强烈。面对如此之差的家庭状况，他觉得自己应该成为家中的顶梁柱，要承担起照顾家人的责任，这对于生活能力、社会经验、挣钱能力严重不足的小黄来说，是一个非常沉重、压力巨大的承担。面对如此大的压力，小黄没有找到正确的缓解方式，而是自己一直默默承受着，经过日积月累，小黄逐渐被压力压得喘不过气来，变得焦虑、情绪低落。

其次，小黄长期处在一个条件不好的家庭环境中，不管他怎么努力，困难、挫折还是不断地出现，家庭状况还是没有变好，导致小黄进入习得性无助的状态，觉得自己的世界都是灰暗的，而与女朋友分手一事成为压垮小黄意志力的最后一根稻草，使得他没有勇气、毅力继续生存下去，于是便有了轻生的念头。

最后，小黄出现了个人定位错误的情况。他觉得为了使自己的家庭情况变好，自己就必须努力赚钱，于是上学期间，他几乎都在做兼职，而忽视了学业。结果，他发现自己花了那么多时间在赚钱，牺牲了学习的时间，然而自己的家庭经济状况并没有变好，这使得小黄觉得自己一切的努力都是白费的，自己一直都是在浪费时间。

2. 家庭因素

父亲酗酒，脾气暴躁，打骂家人，最后中风瘫痪；母亲不堪其折磨，变得精神失常，时常离家出走；两个姐姐已经出嫁，她们的经济情况也不乐观，对于家里的事务甚少过问。这就是小黄一直以来生活的原生家庭，一个不断带给小黄痛苦、挫折、压力的原生家庭，也正是因为长期生存在环境如此恶劣的家庭中，使得小黄整个人变得越来越消极，觉得自己的未来是黑暗的，完全看不到一丝的希望与光明，进而产生了轻生的念头，想要寻求一种解脱。

（二）干预措施及其效果

1. 建立他的特殊情况档案，不断进行跟进处理

详细记录小黄的个人资料，例如家庭情况、心理健康状态、人际交往状况等，同时也要记录学院、学校对其所采取的干预措施及其效果，方便为小黄制定出最快速而有效的干预措施。

2. 多次给予经济上的资助，并安排勤工俭学岗位、家教工作

给小黄提供经济上的资助和挣钱的渠道，让小黄看到生活的希望，看到自己家庭慢慢变好的趋势，激励小黄继续努力，勇敢地活下去。

3. "扶贫先扶心"，以心交心

从解决小黄的实际困难出发，动员他的同学、朋友、老师、家人，耐心地找他谈心，向他表达关心，从学习上、生活上和工作上帮助他建立生活的信心，鼓励他勇敢面对存在的问题。并传授一些缓解压力的方法和学习经验，帮助他减轻压力，鼓励他克服学习上的难点。

4. 建立联系人网络，时刻关注、反馈相关动态

组织宿舍的同学和与他关系密切的同学以及导生、党员，建成一个多方位的联系群，及时发现和反馈小黄的情况与思想动向。

5. 有意识地安排他参加励志讲座、社会实践活动和科研工作

小黄现在正处于十分悲观、消极的状态，觉得自己失去了生活的动力，为了帮助其走出这种心理困境，一是可以安排他参加励志讲座，例如邀请他参加"十佳学生"的事迹报告会；二是可以安排他做一些简单而又有意义的事情，让他觉得活着是有意义的，如安排他参加一系列的青年志愿者活动；三是发掘他的闪光点，让他感受到自己的价值所在，例如鼓励他发挥写作特长，协助出版班刊及参与文学社的作品创作等。

6. 多方了解、关心其思想动态，提供心理咨询服务

联系与小黄关系密切的老乡及家人，及时了解情况，联合其家人和亲戚做好他的思想工作，并把他的情况反映给心理咨询室的专业老师，为他提供专业的心理咨询服务。

从入学到毕业，我们对小黄的状况一直在跟进之中，从各方面的情况反馈来看，他的整个精神面貌已有所改变，变得积极奋进，主动承担工作任务，同时自己的特长也得到了发挥，对生活和学习充满了信心。毕业后也顺利找到了杂志社编辑的工作，与同事相处融洽。

（三）案例启示

高校的学生工作者除了要做好学校交给的任务外，更多时候还要引导学生朝良性方向发展，促进他们成才，确保他们始终在正确的道路上奋斗。辅导员作为与学生接触甚多的学生工作者之一，要想做好学生工作，首先要有爱岗敬业精神，要热爱学生，从学生思想、学习、生活等方面对学生表示关怀，热衷于为学生工作努力；其次要具备责任感，即对学生负责，对学校负责，对工作负责，不随意敷衍工作，尽心尽力地激励学生成为"四有青年"；最后要有耐心，辅导员所面对的往往是几十个，甚至上百个学生，即使每个学生提一个问题，也会使辅导员觉得应接不暇，但对于学生来说，辅导员就是自己在学校里面能够直接帮助到自己的、最了解自己基本情况的老师，因此学生是很信任、依赖辅导员的，而这份信任感对于需要及时了解、掌握学生情况的辅导员来说，是十分重要的，因此面对学生提出问题时，辅导员要注意——给予耐心的解答，同时慢慢引导学生学会依靠自己的能力解决学习、生活、家庭、社会等各方面的问题。

面对那些经济上困难、心理上同样困难的学生，学生工作者不但要设法帮助他们实现经济上的脱贫，更重要的是帮助他们完成心理上的脱贫，让他们不但能够解决现实的物质问题，获取丰富的知识，成为社会上所需要的技术、文化人才，还可以摆脱和治愈原生家庭所带给他们心灵上的创伤，成为一名人格健全、身心健康的大学生。心理健康教育是促进大学生成长成才、全面发展的重要途径和手段，是高等教育德育工作的重要组成部分。因此，在学校教育中，要重视大学生心理健康教育，重视大学生心理素质的提升。

四、待探讨的问题

作为负责学生工作的工作者，一个辅导员往往需要同时负责几十个，甚至上百个学生，这就导致了辅导员能够分配给每一位学生的关注度是很少的，也是不足够的，因此怎样才能提高辅导员管理学生的效率、质量，保证在严重问题出现之前，辅导员能够做好预防工作，及时发现并妥善处理，这是每一位辅导员都应该思考的问题。

我们在乎你
——像"刘天王"一样帅气的 IT 男

叶凯音　李洪波　郭梅芳

一、案例背景

恋爱观是人生观、价值观和世界观在恋爱问题上的具体体现，影响个体恋爱的态度和行为。随着 20 世纪 90 年代西方"性自由""性解放"思潮的影响，我国传统的爱情观、婚姻观受到了前所未有的怀疑和挑战。高校作为一个小社会势必会受到这种思潮的影响，具体体现在大学生的人生观、价值观和世界观方面。当代大学生在恋爱上的态度越来越开放，并向多元化方向发展。大学生恋爱成为大学校园的常见现象，但是恋爱不是一帆风顺的，你喜欢的人未必喜欢你，在一起的未必就是最适合的，因此难免会出现"失恋"。失恋，是指一个痴情人被其恋爱对象抛弃，从心理学角度来说，是大学生最严重的情感挫折之一。目前大学生的心理健康问题日益成为我国高校辅导员关注的重要问题。

本案例中的小赵对班上优秀的女生小 Z 产生爱慕之意，但小 Z 的关注点不在恋爱上，更不在小赵身上，而是以学业为重，虽与他谈得来，但最终没有接受他的爱意，反而对他避而远之。此事对小赵的正常学习、生活造成了严重的影响。

二、案例简述

小赵，被称为像"刘天王"一样帅气的"赵天王"，身高 1.8 米，体形健硕，鼻梁高挺，五官清秀。他来自一个矿工家庭，父亲曾是一名军人，小赵是长子，家里经常采用传统军人的方式来教育他，对他寄

予很高的期望。小赵以高分考上大学，这令父母在矿区很有成就感，常被工人们当作榜样来学习和传诵，他本人也感到自豪。在校期间他主动担任宿舍舍长和班长，并获得老师、同学的一致好评。

但是一段时间过去了，小赵的心理活动和心理关注点产生了变化，对班长的工作关注少了，反而对自己班上的一位优秀女生小Z产生了爱慕之心。但小Z终究没有接受他的爱意，受到失恋打击的"赵天王"自我感觉很没有面子，生理、心理、学习和工作都受到严重的影响。期间采取过"冰冻治疗——休学一年"，但重新返校后仍然无法从失恋的阴影中走出来，整个人颓废不堪，如同"行尸走肉"，无法正常毕业。师生很是痛心地说，原来的"赵天王"消失了……

三、案例分析与启示

（一）案例分析

1. 自身因素

（1）恋爱观不正确。

恋爱观是人生观、价值观和世界观在恋爱问题上的具体体现。随着大学恋爱的现象普遍化、公开化和开放化，越来越多的大学生在大学期间就开始谈恋爱。小赵觉得自己各方面能力都不错，同时又担任班长，追求小Z应该没问题。但是小赵对失败没有做充分准备，且没有把恋爱、学习和工作三者区分对待；不能明白三者的关系以及大学生的主要任务是学习，把爱情放在了第一位，没有形成正确的恋爱观，所以难以从失恋中走出来也是预料之中的。

（2）自尊心强。

自尊对人的知情意行产生内在的影响，它调节着人与人、人与社会的关系，高水平的自尊有助于青少年调整好自己的行为与认识，减少挫败后的过激反应。小赵家庭一直以军人方式教育他，他也因高考的好成绩，得到了父母和身边亲朋好友的赞赏。在大学期间他主动担任宿舍舍长和班长，并获得老师、同学的一致好评，其自豪感很高，自尊心也很强，对自己的期望不断提高。因此，小赵形成了一种做任何事情都希望成功并得到他人肯定的心理。而失恋这件事让他的这个堡垒被破坏，自我感觉很没有面子，他就失去了实现自我价值的途径，出现逃避心理。

（3）归因方式不当。

阿布拉姆森将人们的归因方向分为向内归因和向外归因两种，向内归因指个体将成功和失败的原因归结为自身因素；向外归因，则将原因指向外部环境。小

赵失恋后无法从中走出来，并且对自己的能力各方面产生了怀疑，对自己过去的成就产生了怀疑，不能正确地分析自己失败的原因，觉得无论自己在工作、学习上取得多大的成就，也得不到自己爱慕的人的肯定。于是开始放纵自己，觉得任何努力都是徒劳的，因此使其失恋的恶果愈演愈烈。

2. 家庭因素

家庭对于每一个人来说都是十分重要的，是孩子接受教育的第一课堂，是孩子获取信息和社会文明的重要来源，在孩子成长与发展过程中具有奠基性作用。亲子关系、父母的教养方式、家庭的情绪气氛和父母的阶层地位都会对孩子的成长产生重要的影响。小赵来自一个矿工家庭，又是长子，家里经常采用传统军人的方式来教育他，对他寄予很高的期望。自然而然，小赵在这种家庭因素的影响下，也会对自己确立很高的要求，不仅表现在学习、生活上，也表现在恋爱上。因此，此次恋爱的失败使他无法接受，或者说让他觉得自己的这个"目标"没有实现。当一个人对自己提出很高的目标，但是目标却未实现，他又不能对失败形成正确的认识时，将会很难克服困境，重新开始。

3. 社会因素

当今社会越来越追求自由、开放，越来越强调个人的快乐至上，再加上独生子女越来越多，他们往往对自己的期望过高，力争完美。来自不同地域、不同民族的学生生活在同一个校园内，青春期的他们对异性产生爱慕之情是很正常的，而恋爱有成功也有失败，所以失恋也是很正常的。恋爱失败的原因有很多，但社会上的舆论往往把原因归为个人，这些不良舆论对失恋者造成了不小的压力。本案例中的小赵，在学习、工作各方面都取得了很好的成绩，但是恋爱却失败了。小Z没有接受小赵的爱意，使小赵觉得自己很没面子，加上同学们的舆论，使得小赵不管是在恋爱失败之初，还是在重返校园后，都不再愿意与人交往，生怕他人会对他失败的恋情进行议论。这充分说明社会的舆论也是使得小赵无法走出失恋阴影的重要原因之一。

（二）干预措施

1. 深入调查了解

辅导员和书记找小赵单独谈话。辅导员指出他不与人联系、旷课是不对的，表示希望他能从阴影中走出来，小赵虽表面答应，但是心里是拒绝的。因小赵不及格学分及未选科目的学分与毕业总学分相差70个学分，辅导员建议他留级，否则会肄业，但小赵不肯。于是，辅导员和书记隔三岔五去他宿舍找他谈话，他却不说话，不表态，不愿意听老师对其前途的分析与指导，老师与其的谈话陷入僵局。

2. 校方商量对策

辅导员和书记分析小赵的情况，商量对策。他们认为小赵这样下去会毁了自己。老师们本着不放弃不抛弃任何一个学生的原则，结合小赵的个性心理来分析，他们发现小赵本质上是个积极向上、乐观开朗的学生，虽现在遇到这样的"创伤性"事件，出现了创伤事件后的消极情绪反应，但只要正确对待，正确处理，老师、家长适时介入，还是可以把小赵"拉"回来的。进而，书记和辅导员从小赵的家庭背景分析，其父亲是退伍军人，在孩子面前比较有威信。而从之前小赵谈及的家庭情况以及对父母的态度中可见，小赵是比较信服父亲、听父亲的话的。于是，书记和辅导员商量，是否应该叫父母过来广州进行沟通。

3. 与家庭形成合力

在多次与小赵谈话都"碰壁"的情况下，书记和辅导员决定采用叫父母来沟通的办法，因父亲没空，母亲一人来学校商量留级的事情，并配合学校对小赵进行思想政治教育。小赵的母亲每周都来学校找老师，并督促小赵。

4. 心理咨询

小赵的情绪情感出现了转折。小赵意识到自己学分相差太大，即使努力也很难在短时间内赶上，因此有点泄气。但是在父母和书记的辅助督促下，他决心努力学习，修满学分，并与心理咨询室的王老师进行了一次谈话。王老师很有水平，发现他这位和"刘天王"一样帅气的"赵天王"，其实并没有什么心理问题，只是自身有点多愁善感、自暴自弃，因此狠狠地批评了他，告诉他这样下去只能是一事无成，走上社会也是废人。"老师们都很在乎你能不能顺利毕业，是真心地关心你的。天涯何处无芳草？只要放下心中的包袱，端正自己的学习态度，不要顾虑，好好补课顺利毕业，拿到毕业证书与学位证书，还用担心以后找不到对象？"王老师的一席话如当头棒喝，惊醒梦中人。

5. 共同营造氛围

在学院的指导下，班级同学对他一视同仁，避免因为有色眼镜而给小赵造成心理压力，导致矛盾激化。同时，通过党员干部、班委团支委干部做好协调工作，不断地对小赵给予帮助。

（三）干预效果

学院学工办和学生处多次对其进行教育和辅导，未能达到预期效果，谈话曾一度陷入僵局。然而，学院并未放弃对小赵的教育感化，而是持续地给予无条件积极关注，与家长沟通，形成合力，不停地进行多方位的思想教育，并在学习和生活等多方面给予关心和帮助。在家长、老师和同学的共同努力下，小赵决定留

级重新开始。小赵改变了封闭自己、不愿意与人沟通、不主动上课的情况，主动提出想要拿到毕业证、学位证，一改之前颓废的作风，逐步积极向上，主动进取了，老师们又重新喜欢上他了。很快，在专任教师的提点下，在学工办安排的"一帮一"小老师的对口辅导下，其多门重修补考的科目均取得良好成绩，顺利地拿到了结业证，他高兴地来告诉我们，老师们也纷纷祝贺他！老师们都把心里话说出来："我们都很在乎你！'赵天王'！你要继续努力把剩下的科目补过，一定能拿到双证的！"小赵信心满满地向前走了……

（四）案例启示

该案例反映了大学生成长过程中的普遍问题，需要全体辅导员提高警惕，并在以后的工作中朝着正确的方向前进。通过该案例，我们得到以下启示：

1. 重视家庭因素

父母是孩子的第一任老师，家庭作为社会组成的基本单位，是个体成长和社会化的主要场所之一，它提供了个体最直接接触的社会环境，家庭因素对孩子的成长具有重要的影响。辅导员应该及时了解每一位学生的家庭情况，对一些问题及时进行预防。同时在遇到问题时要家校合作，与学生家长做好日常沟通工作，及时了解学生在家里的情况，共同解决学生的问题。

2. 开展各种抗挫训练活动

在不影响正常学习、生活的情况下，应该开展丰富多彩的团体辅导活动，提高全体学生抗挫折能力，进而提高应对各种挫折的能力。

3. 教育应该有针对性

人除了之所以为人的普遍性外，还有其特殊性，辅导员应该遵循个体差异性规律，根据每个学生的不同特点，进行有针对性的教育，使学生形成正确的人生观、价值观和世界观，对各种行为进行合理的调试。

4. 培养学生的辩证思维

凡事都有两面性，如果学生不能形成辩证的思维，则往往会把失败的原因单纯地归于内因或者外因。辅导员在教育过程中，应注重培养学生的辩证思维，教学生一分为二地看问题。

四、待探讨的问题

小赵事件来来回回大约经历了 6 年的时间。当代美国精神医学权威卡普兰等人认为，当人遭到强烈的精神创伤时，他的心理危机一般是沿着如下程序发展的：呆滞期—侵袭期—冲突期—消化期—重建期。在小赵事件中，老师和家长抓

住了关键的节点——侵袭期和消化期，做到适度介入，方法得体，积极关注和推动，防止了学生个人、家庭的悲剧发生，达到了预期效果。高校老师，特别是辅导员，可以针对大学生常见的心理困惑开展群体性的心理健康教育专题活动如讲座、心理团辅等，并充分利用"五室一站"的心理咨询室，及时发现问题，适时采取措施，使因心理问题而造成的不良后果降到最低程度。大学生中还存在一些心理咨询顾虑，这提示高校要继续加大心理健康教育的工作力度，减少学生进行心理咨询时的顾虑，增强大学生心理保健意识和受创承受能力。同时，当我们老师发现有学生产生了情绪情感问题时，要充分发挥教师的职业道德素养，本着不放弃不抛弃任何一个学生的原则，有责任心、有耐心、有方法地对有心理困惑的学生进行心理辅导，关心在乎每一个学生。

参考文献

［1］邓验．当代大学生恋爱现状及对策研究．长沙：湖南师范大学，2009.

［2］王瑶，顾红．河南大学心理咨询中心大学生心理咨询案例分析．中国学校卫生，2009（5）.

［3］蔡融．当代大学生恋爱观现状及恋爱观教育．社会心理科学，2005（3）.

［4］李海江，杨娟，袁祥勇，等．低自尊个体对拒绝性信息的注意偏向．心理科学进展，2012（10）.

［5］李梅，陈文成，陈传锋．抑郁障碍的认知理论．孝感学院学报，2008（1）.

［6］刘文婧，许志星，邹泓．父母教养方式对青少年社会适应的影响：人格类型的调节作用．心理发展与教育，2012（6）.

［7］李美英．533例大学生心理咨询案例分析．当代教育理论与实践，2015（8）.

［8］孙焱，朱薇薇．职校生心理健康状况成因及疏导途径：中职生人际交往障碍心理咨询案例分析．连云港职业技术学院学报，2010（4）.

［9］张雪梅．大学生失恋心理咨询的典型案例分析：基于合理情绪疗法．高校辅导员学刊，2011（3）.

爱情诚美好，生命更可贵

邹　婷

一、案例背景

大学阶段是个体人生观、价值观和世界观趋向成熟与成型的关键时期。此阶段的大学生，面临较大的心理挣扎与蜕变，因此容易出现各种问题。中国疾病预防控制中心2012年的数据显示，我国每年有28.7万人自杀，200万人自杀未遂。我国已然成为高自杀率的国家之一，自杀已成为我国人群第五位死因，是15—34岁年轻人群的第一大死因。大学生自杀自残等危机行为时有发生，这是任何一所高校都需要积极应对的事件。高校心理危机指学生在校期间发生的自杀及严重心理障碍、精神疾病等危机行为，做好大学生心理危机干预已是高校不容忽视并亟待解决的重要课题。教育部、卫生部、共青团中央《关于进一步加强和改进大学生心理健康教育的意见》中明确提出："高校要认真开展大学生心理健康状况摸排工作，积极做好心理问题高危人群的预防和干预工作，要特别注意防止因严重心理障碍引发自杀或伤害他人事件发生，做到心理问题及早发现、及时预防、有效干预。"本文将从一例自杀未遂学生小 C 的个案出发，探讨高校心理危机学生的干预和处理。

二、案例简述

男生小 C，大一，独子，父母皆为下岗工人，家庭经济条件一般。脾气倔强，热爱动漫，喜欢看书，梦想开一家属于自己的书店。据母亲反映，小 C 从小体弱多病，较少与同学来往，交际能力一般。小学时曾得肾病，一度无法走路，当时母亲倍感绝望。同外婆关系甚好，高中时独自在家目睹外婆过世的场面，悲痛无法释怀。高中时谈过恋爱，两人约好一起南下读书，却又阴差阳错分隔两地，随后分手，伤心难耐。小 C 初入校就表现出不适应，不愿参加活动，不与人

交往，经常逃课到书店看书或在宿舍睡觉，状态极差。随后休学一年，复学插入下一届班级学习。返校后小C身边同学和老师反馈其各方面情况相对正常，上课积极回答问题，作业认真完成，班级活动积极参与，与班上同学关系融洽，没有异常。

某天，我接到某脑科医院医生用小C手机打来的电话，医生告诉我，小C患有严重的抑郁症，需特别关注。随后了解到，小C自觉身体不适已有两周，主动就医，诊断为重度抑郁，医生建议住院观察治疗，小C拒绝，医生叮嘱其一周后复诊。当天返校后小C如约来见我，并说明自己的状况，但略有隐藏。细看他的病单，再看看眼前这个略显低沉的小伙子，我顿时感觉到紧张又欣慰。紧张于这孩子病情的严重性与不愿意住院的可能性糟糕后果，欣慰于小C能主动求助主动就医，这从临床上而言是一种自救的力量，非常具有现实意义。我肯定小C面对自己的勇气，同时也跟他强调可能的后果。随后通过多种途径了解小C近况，跟进并上报寻求支持。

复诊当天，小C约上一女生陪同前往，路上向女孩表白，遭拒。心情失落，陷入低谷，甚至抗拒就医。起初女生并不了解小C情况，态度强硬。后发现局势难以把控，遂向老师求助。女孩几经周折终于说服小C接受复诊，随后返校。当晚，女孩收到小C发来的自残图片，说只是想试试感觉。大家都被吓到了，四处寻找小C，随后他自己带着伤口跌撞着走回宿舍。不愿上医院，舍友帮其简单处理，并陪护。隔天上午，小C准备出去，舍友陪伴，途中小C似有幻觉。午餐后卧床，不久，服药，吞下医生开的所有精神病性药物，他人并未察觉。过后，女生收到小C告知其吞药的信息，焦急万分，老师和舍友们得知也充满焦虑与担忧，当下又难以强硬就医。想尽所有办法，最后终于顺利送医洗胃。

整个过程，辅导员、书记、学生处老师、舍友和那名女生一直陪伴左右，协助医生做治疗，直到家长从东北赶来，做好交接工作，清醒后由家长陪同转入专科医院治疗。住院期间，针对是否休学问题，小C过度敏感，甚至出现攻击性的语言和思维，经过多次的疏导教育和跟进，最终得以缓和，顺利完成治疗，回家休养后返校学习。

三、案例分析与启示

（一）案例分析

1. 生命中重大事件的迁延与发酵

按照精神分析的理论，人的童年期的基本经历、内心冲突和精神创伤会对成

人造成很大的影响。小 C 从小体弱多病，小学时突发肾病，往来医院频繁，少与人交往，属于独来独往内向型。高中时目睹最亲的人离去的场面，却被以"不要影响学习"为由，不得参与任何吊丧活动，分离的悲伤至今未平复。这两起事件，慢慢地侵蚀着小 C 的身心，逐渐在其身体里发酵，得不到松绑。这是导致小 C 心理疾病的根源性问题，作为跟进处理事情的人必须了解，才能与之同理并得到信任。

2. 家庭因素对病状的影响

家庭治疗学派的观点认为，任何一个孩子在他们特有的家庭环境中所呈现出来的样态都是刚刚好的。小 C 之所以会这样，与长期以来受家庭环境的影响有重要关系。父母对小 C 倍加宠爱与关注，妈妈在小 C 身上倾注过多的精力，甚至把自己的生命都奉上。妈妈说，如果孩子想不开，她也会随孩子而去。所以，小 C 从来不敢向家人倾诉自己内心的痛苦，不敢表达自己的想法，压抑自己，导致内在的情绪得不到释放，长期郁积终得病。

3. 社会支持系统的缺失

研究发现，大多数的大学生不擅长利用社会支持来解决问题，缺乏利用社会支持的意识和习惯，特别是男大学生，他们利用社会支持的程度更小。小 C 从小不善交际，朋友少，为人比较固执。初入大学时，呈现出种种不适应，无法融入班级、宿舍和各种学生群体，生活无聊、孤单，无力感渐增，从而导致逐渐脱离群体，无法适应。曾经主动尝试着改变，但无力应对。经过一年的自我调整返校复学，他立志在人际和环境适应方面主动去融入，也取得了一些进步。但是，长期以来孤独的习惯已经形成一股力量在左右着他的交往模式，目标和现实之间存在着较大的差距。这也影响着他在同辈群体中的存在感和生活舒适度。

4. 应激事件作为引爆点

小 C 两次出现危机行为，都是由感情的问题引发。第一次是高考结束之后与女友分手产生的无力与痛苦，第二次是表白遭拒的绝望。感情问题是危机事件的导火索，也是处理危机事件需要把握的关键因素。身体虚弱和亲人分离事件的焦虑是其病情滋生的根源性因素，而感情问题作为应激源，是小 C 病情发作的引爆点。持续性的心境低落以及休整一年之后想迅速改变自己所呈现出来的狂躁，在感情再一次失败的刺激下，再度引发崩溃。学校在处理小 C 事件时，抓住了关键人物，要求被表白女孩配合干预，从危机发生一直到入院治疗，该女孩重情重义协同陪护，帮助小 C 度过了危险期。

5. 主动求助的力量

在心理咨询的诊断上，主动求助是判断来访者是否有自知力的关键要素，也

是助人自助之所以成为可能的重要因素。小 C 自觉不舒服，主动求医，这对其之后的治疗和成长改变是一份很强大的力量。包括在两次尝试自杀之后联系他人，也是一种主动求助的信号。这些都是在事件跟进过程中需要给予小 C 肯定和赞赏的部分。尽管在事件发生后他也存在抗拒就医的部分，但其潜意识里的主动求助意识对我们的干预起到重要推动作用。如果小 C 一开始坚决抗拒就医，那就得采取其他处理方式。

（二）案例启示

有效的危机干预是帮助人们获得生理、心理上的安全感，缓解乃至稳定由危机引发的恐惧、震惊或悲伤的情绪，恢复心理的平衡状态，对自己近期的生活做出调整，并学习到应对危机的有效策略与健康的行为，增进心理健康。本案例的处理相对比较成功，当下小 C 也返校继续学业，目前状态良好，但仍需持续关注并不时与家长联系了解家庭互动情况。在本案例处理过程中，我们发现了一些问题，这对往后工作有一定的启示作用。

1. 对复学学生的持续关注

学生休学、复学是学校教育教学管理的正常现象。作为辅导员，我们必须深入了解学生休学的原因，同复学的学生进行谈话并把握其问题处理现状，这将有助于后续的跟进，尽可能避免危机事件再次发生。本案例中，学生休学一年期间并未按照老师的建议寻医问药，而是顺其自然自我疗愈。虽然返校时小 C 状态较之前好转，亦未表现出异常，但老师仍然跟进，并安排班干和舍友关注，随时反馈情况。在此案例中也发现，学校对学生复学考核方面存在一些疏漏，针对心理危机学生的复学申请，并没有一个权威的声音判定是否适合复学或者给予一些管理上的建议，这容易导致误判和管理的疏忽。

2. 即时成立危机干预小组，取得上级和相关部门的支持

危机一旦发生，应立即启动干预，组建危机干预小组，包括学生处、保卫处、宿管办、心理中心、学院副书记、辅导员、宿舍同学和关键人物等。第一时间向直属领导反映，并告知学生处，得到多方支援，合力做好危机防范和处理工作。在发现学生问题后，集中宿舍同学、关键人物和家长，综合了解情况并安排跟进和反馈，及时掌握第一手资料。同时，当有自杀行为发生时，为了预防二次伤害，必须安排舍友或其他关键人物 24 小时不离身地陪同和关注。在此事件中，虽有安排陪同，也隔离了所有的危险物件，但忽视了对药物的监管，导致小 C 借口服药在别人不知情的情况下把所有药物吞食，引发二次危机。所以，必须对所有可能造成危机的物件进行严格监管。对于自杀未遂者，因其二次自杀的可能性

极高，干预时必须重点关注。

3. **高校辅导员须具备一定的心理健康教育知识**

有一定的心理学基础，尤其是基本的心理咨询与辅导技能，可以较大程度地提高辅导员的工作效率，有效应对问题。本案例中，辅导员此前与小C建立起了比较好的连接，学生信任辅导员，主动寻求帮助，向辅导员反馈个人的真实感受，这也是该个案后续得到顺利干预的关键。高校辅导员往往局限于思想政治教育，遇到问题动辄质问教训学生，与学生的距离渐行渐远。从心理学的角度上来说，任何事情背后都是有原因的。作为辅导员，必须要有探索问题的能力，不能就事论事，而要与学生建立关系，协助其探索问题的深层原因，才能共情学生的感受。采用同理、共情、理解、支持、尊重等基本的心理沟通技巧，得到学生的认可和信任，这是及时把握事件进展并跟进处理的关键。同时，具备心理健康教育知识，对心理症状有一定的了解，在与学生和家长沟通并说服他们就医方面，能够站在专业的角度分析病情的发展以及各种可能性后果，有较强的说服力。

4. **与家长进行专业对话**

关于学生心理问题，许多家长都不愿意承认，拒绝带孩子看心理科或精神科，尤其是进专科医院治疗。他们囿于传统思想的影响，生怕从此给孩子贴上不良的标签。此时，老师和校方必须用专业的思想和家长交流并分析问题的紧急性和危害性，想办法让他们认识到不接受治疗的后果，必要情况下要签订知情同意书。小C第一次休学时老师提醒家长要带孩子去看心理医生，家长没有执行，学生也不认为是心理问题。复学时得知此情，告诉家长危险性，家长依旧坚持尊重孩子意愿。结果不到一个月，危机再次出现。最后通过多次与家长沟通说明问题严重性，家长才认识到必须送医治疗。所以，必须引导家长敢于直面心理困惑，只有接受治疗，才有康复的希望。减少对外界的戒备，越是担忧，越是逃避，越是拖延，问题就会越大。如果家长不接受意见，作为老师也要坚定立场，把可能性的后果提出来让家长知晓，这是对工作负责的体现。

5. **有效利用互联网优势关注学生动态**

利用互联网优势促进大学生心理健康教育是时代发展的必然要求。对反映全校或是多数大学生情况的，要作为一种共性问题给予重视和研究，采取有效措施加以防控，将各类初期和苗头性问题消灭在萌芽状态。当下大学生喜爱网络，甚至有些沉迷于网络，习惯于网络交往，却无力且不懂现实人际的处理。作为辅导员，要联系各班导生，抓好核心干部，充分利用他们的力量，在网络上随时关注问题学生动态。尤其是对于已经存在问题的学生，必须给予重点关注，发现问

题，结合实际，采取合适的方式进行及时的网络干预处理。

四、待探讨的问题

1. 关于危机后学生的去与留

本案例中小 C 起初被诊断为重度抑郁，后来被判定为双向情感障碍，住院一个多月。从学生安全和校园综合管理的角度看，该生必须休学，直到病情稳定康复才能返校复学。但学生对休学问题特别敏感，情绪激动，一来认为自己已经努力改变和适应，而且也取得一定效果，不想就此放弃。二来已经休过一次，再休，难以承受，甚至出现攻击性的言语。对此，我们想尽办法应对。学校建议休学是出于学生安全和管理方面的考虑，但从学生自身角度考虑，这孩子也在努力适应和改变，如果就此强制休学，对其病情康复确实不利。但如果不休，意味着学校需要花大量时间和精力在小 C 身上，不稳定的因素就像炸弹随时会被引爆，实属两难问题。家庭治疗理论认为，所有的症状都是有功能的，要用资源取向考虑问题。人本主义理论也讲人本向上，相信人有自我成长和改变的需要和可能。有研究指出，面对极端心理问题学生，教育者可以做的就是信任、陪伴、等待以及适时帮助。于是，最后经综合考虑，同意该生继续完成学业，家长知情，学院老师继续跟进，目前情况尚好。

2. 辅导员与心理咨询员的角色定位处理

学生的心理问题，大都是成长历程中各种事情的日积月累，最终在应激事件的触发下爆发。多数大学生心理问题都与家庭教育、家庭环境、个人成长经历有关，长期以来郁积的困惑得不到松绑，逐渐结成心理疙瘩，最终演化成危机。因此，心理问题的修复，需要一定的时间成本。辅导员日常工作繁忙，无法保证能照顾好每一个有危机的学生，更难以安排足够的时间与学生持续性地谈心，这对学生问题的修复不利。辅导员必须具备心理咨询员的能力，但辅导员毕竟不是心理咨询员，无法也不能兼具心理咨询员职能。学校应配备足够的心理咨询员，给学生提供定期的心理疏导和持续跟进，让心理干预有更好的后效。

3. 危机事件发生后，如何避免二次危机

毋庸置疑，在此案例中，"中国好舍友"的力量很关键。小 C 复学，给他安排的宿舍舍友是由不同学院转专业到本院的同学组合而成的群体。因此，小 C 在宿舍里和其他同学之间都是陌生的，他们的关系都是平等的，交流也比较顺畅。如果把小 C 插入新班级宿舍，那么其他成员都已熟悉，唯有他是刚介入，这种关系不对等，相处起来比较难协调，对于他来说也会存在困难，容易引起失落。事

情如我们所预想的一样，小 C 当前宿舍关系十分友好，宿舍同学待他亲如兄弟，他也愿意表达自己。这是他休学一年自我修炼的成果，对于他来说是一种突破。因此，在小 C 有困难时，舍友们鼎力相助，不畏辛苦，这对事情的顺利推进起到关键作用。就算如此，本案例还是出现了二次危机。如果没有"好舍友"，我们又将如何跟进危机事件？是交给班干部还是指定某个同学？家长未到，危机未解，这期间随时都有可能引爆燃点，一旦处理不好，危机随时可能发生，值得进一步探究。

参考文献

［1］邝凝丹．中国大学生自杀率未升高．信息时报，2012 - 11 - 08（A29）．

［2］欧阳丹．社会支持对大学生心理健康的影响．青年研究，2003（3）．

［3］张将星．极端学生心理治疗：从危机干预到共创环境——以心理治疗十年帮扶教育个案分析为例．中国特殊教育，2013（10）．

［4］吴少怡．大学生人格教育．济南：泰山出版社，2008.

［5］高玉祥．健全人格及其塑造．北京：北京师范大学出版社，1997.

［6］盛海波，赛燕燕．大学生自杀原因调查分析及对策研究：以浙江省为例．绍兴文理学院学报，2013（10）.

［7］王敏，王维宏，吴晓红．大学生自杀现象及其问题解决策略研究．教育与职业，2013（15）.

戒除依赖心理　让生命焕发自主光彩

欧阳曦

一、案例背景

在大学生的学习、生活中，突发的应激事件时有发生。面对突如其来的打击，有些学生可以理性、积极面对，而有些学生却陷入死胡同，无法处理突发应激事件给自己带来的伤害，导致极端负性情绪或是自残行为的出现，甚至诱发急性的精神疾病，造成难以挽回的伤害。本案例从一个面对突如其来的失恋无法调整自我的女大学生小依入手，分析、探讨此类事件的处理方法。

二、案例简述

2012 年 12 月，期末考试前夕，任课老师告知辅导员一名叫小依的同学因为上课出勤率低于 50%，不能参加期末考试。为此辅导员对其进行约谈。小依不爱说话，在聊天中，只用"是啊""没有"等简短的话语回答老师的问题。聊天中我们发现，小依不去上课是因为每天早上起不来，这一点也在随后与其母亲的交流中得到证实。小依早起困难的情况从小学时便出现了，需要费很大功夫才能将其叫醒。为此曾去医院检查过，但并未有什么病理性问题。因此，辅导员前往小依宿舍了解情况，安排舍友每天叫小依起床。同时叮嘱考勤员特别留意小依的出勤情况，及时汇报。

期末考试成绩出来后，小依挂了六科，寒假之后的第二学期补考通过两科。为了鼓励小依，辅导员再次约谈小依，夸奖小依说"别人花了一个学期才学好的高数，小依只花了一个寒假就追上来了"，肯定小依的学习能力。第二学期，小依的出勤率明显提高，甚至不需要舍友叫醒便可以早起。经过了解发现，小依是因为有一个男生陪伴左右而进步神速。

而到 2015 年 9 月，小依的妈妈突然向学校提出休学申请，原因是小依和男友分手后，已经一个星期躺在床上不肯下床了。只要晚上舍友一关灯，她就躺在床上流眼泪，一个夜晚都睡不着觉。白天，舍友叫她起床，她也不敢跟舍友说

话，害怕跟人交流，害怕见到陌生人，不起床吃饭，也不上厕所，自己躺在床上上网查询自己的不正常情况，给自己诊断为抑郁症。在老师的建议下，妈妈第二天带小依前往医院接受治疗，经医生诊断，小依被确诊为患有抑郁症和相关精神障碍。这对小依乃至小依的家庭都是一个不小的打击，医生建议小依休学进行系统的治疗。老师认为应该遵从医嘱在家休学一年，养好病后再复学。听从老师的建议后，小依选择了休学一年，这一年中小依接受治疗，并且在家人的陪伴下外出散心。在这一年里，老师持续关注小依的情况，一年休学期过后，老师电话咨询小依母亲，是继续选择休学还是回校复学。在跟小依商量过后，小依选择继续休学，大家都尊重其选择，因为在生命面前，什么都不重要。

三、案例分析与启示

（一）案例分析

学院老师对小依的关注持续了三年，原本只是单纯的出勤学业问题，到后来受到情感打击的她出现了精神类疾病，这样的变化值得我们深思。

1. 自身原因

从小依睡不醒需要依赖母亲的帮助这件事情上不难看出，她是一个依赖心理较重的女生，甚至到了大学这样的现象仍旧出现并严重影响了其学习。而由于家庭对其生活照顾得无微不至，小依本人无法独立生活，性格较为软弱，面对事情承受力明显不足。在和男友交往期间，这个影响了其很久的现象消失不见，可见其对男友的重视程度之深，相对而言依赖也大。正因如此，她才无法面对男友提出的分手要求，并因此出现了诸多不适表现。

2. 家庭原因

家庭教养是个体性格塑造的重要影响因素之一。小依的父母在对小依的教育中过多关注对其学业成绩的培养，而忽视了其生活自理能力、性格的培养。过多帮孩子处理问题，忽视对其解决问题能力的培养，造成其依赖、软弱性格的形成。在面对突如其来的负性事件时，没有办法自己面对，不知道如何处理，最后仍旧求助家庭，并给自己带来了不可挽回的伤害。

3. 学校原因

对于老师来说，这个事情也应该引起足够的反思。在小依大一时被发现睡不醒的时候，如果老师具备专业的心理知识，能够在当时就对其个性有所察觉，及时与家长沟通，并引导小依学习负性情绪的处理方法，给予其更多的关注，可能就不会出现小依大四时被诊断为抑郁症的情况，也许她也能按时完成学业。所

以，作为一名思想政治辅导员，除了要具备思想政治教育学、管理学、心理学知识以外，还要有足够的专业敏感性、对于异常情况的前瞻性和预判性，这些除了要具备相关的理论基础外，足够的经验和细致的观察都是必不可少的。

（二）干预措施

1. 采用合适的谈话方法，了解具体情况

老师采用的是摄入性会谈，在了解到小依的情况后，立即约谈小依。在与其的交谈中，老师采用了尊重、热情、真诚、共情以及积极关注的心理咨询技能。在与其的聊天中，不因其旷课而对其有偏见，依然非常尊重小依，想引导其说出自己的困扰；在聊到不想起床的问题时，老师采用共情的咨询技能，表达自己能够理解其起床困难的问题，而不是批评其赖床的毛病。

2. 事后关注，揪出问题根源

为了挖掘出小依睡不醒这个问题的根源，老师主动与其母亲联系，最后得知小依不能按时起床有可能是心理和生理的双重问题。为了帮助小依按时起床，老师与其舍友交流，安排舍友每天叫其起床，并且嘱咐考勤员特别关注其考勤情况。事后，老师也对其情况一直加以关注，在得知其补考通过两科考试之后，老师适时给予鼓励，肯定其学习能力。最终在老师和同学的帮助下，小依能够重回正轨，正常上课，正常下课，也没有挂科。

3. 意外发生，及时沟通

小依因为分手倍受打击而突然患病，并申请休学的情况发生后，老师及时与家长取得联系，主动进行沟通。并在了解情况后给予家长专业建议，让小依能够得到最及时的救治。

4. 接受专业医生的积极治疗，尊重患者个人意愿

在老师的建议下，小依妈妈带领其前往专业的医院接受治疗。老师继续关注小依，且好几次和家长约谈，在得知家长希望小依继续留在学校完成学业这个要求之后，老师动之以情，晓之以理，与家长进行积极沟通，向家长诠释生命的意义。鉴于小依已经出现社交恐惧等精神障碍，如果强迫她继续留在学校，有可能会出现危及生命的事情，因此老师一直站在小依的角度，设身处地体会小依的想法，充分尊重小依的决定，最终帮助小依捍卫了自己的生命。

（三）案例启示

（1）面对学生的不良行为，辅导员老师首先应该用细心和耐心来建立和学生之间联系的桥梁，并从各方面收集学生资料，为更好引导学生做准备。

（2）作为一名思想政治辅导员，除了要具备思想政治教育学、管理学、心

理学知识以外，还要有足够的专业敏感性、对于异常情况的前瞻性和预判性，这些除了要具备相关的理论基础外，足够的经验和细致的观察都是必不可少的。

（3）在和家长的沟通中要多站在对方的角度考虑问题，多为学生考虑，晓之以理，动之以情。

四、待探讨的问题

通过这一事件，我们了解了各种抑郁症的情况，而且发现抑郁症的出现呈现越来越低龄化的趋势，很多中学生出现抑郁的症状。这给高校的老师敲了一记警钟，也让大家认识到了在大一的时候对学生进行心理普查的必要性。因为很多在大学期间出现心理问题的学生，其实在他入学之前就潜伏了问题，那为什么在学业压力那么大的中学没有爆发出来，反而在学习环境相对自由的大学阶段突然爆发呢？另外，抑郁症越来越低龄化，同样给中学老师乃至中国目前的教育体制敲了一记警钟。比起前些年千军万马过独木桥的高考制度，为什么在高校扩招，教育资源相对充裕的今天，因为学业压力而导致的抑郁症反而越来越多？这些问题都值得我们深思。

第五单元

穷且益坚

爱的关怀助力家庭困难学生顺利转校

赵梅岳

一、案例背景

随着社会不断进步和高等教育概念及内涵的增加与丰富，高等学校已不再是社会边缘的"象牙塔"。越来越多的农村学生接受高水平教育，"寒门难出贵子"的局面正在被打破。高校关于家庭经济困难学生的教育不仅要体现在经济的资助上，更应该从学生的思想上入手，重视家庭经济困难学生的励志教育，授之以鱼并授之以渔，让他们通过自己的努力，改变自己的命运。

本案例中的笑笑就是一个来自外省的家庭经济困难学生，在对她进行半年的辅导帮助过程中，我发现需要在家庭经济困难学生遇到家庭重大变故时给予他们力量，才能让他们以顽强拼搏的精神战胜命运的挑战；需要给他们一份爱的关怀，才能让他们明白自己不是孤军奋战。

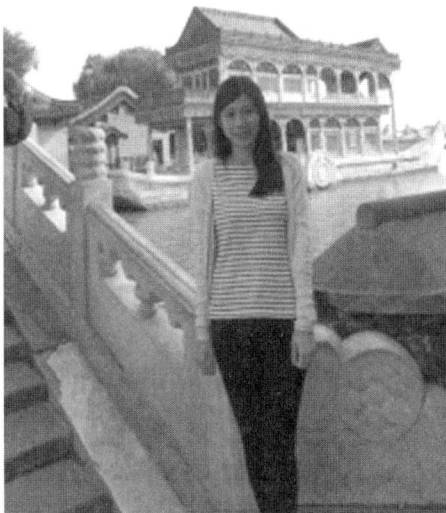

二、案例简述

笑笑来自北方的某个村落，寒窗苦读、孜孜不倦，最终以高出重本线的成绩考到我校。她怀着激动的心情，带着简单的行李坐了十多个小时的火车来到这个陌生的地方。我们都叫她笑笑，因为她的笑容融化了大家的心。

2016 年某日，我在微博里收到一封匿名的私信："亲爱的老师，我是来自外省的一名学生，我想转学，请问转学的手续怎么办理呢？"随后我在学生电子信息库里面筛选其提供的信息，锁定范围，她就是笑笑。

三、案例分析与启示

（一）案例分析

1. 自身因素

（1）强烈的自卑意识和失落感。

经济上的困难使贫困学生容易在学习上、生活上自我否定，认为自己是弱势群体，从而感到自卑。在校期间家庭经济困难学生与其他同学有着明显的区别，他们生活节俭、学习认真；但是由于成长环境、教育环境的不同，他们往往知识面较窄，学习上有困难，而且大多性格内向，这让他们产生了强烈的失落感，遇到打击时容易产生自卑心理。笑笑生长于贫穷的农村，家庭条件艰苦，所以在刚入大学时，面对大城市的新环境，看着身边多数是家庭条件优越的同学，难免有自卑和失落感。

（2）敏感的人际关系和孤独感。

家庭经济困难学生在心理健康状况上表现为对人际关系很敏感，家庭经济困难使他们不愿意参加集体活动和加入学生组织，他们往往自我封闭、交际圈狭窄，因此常常独来独往，性格孤僻，久而久之就会被孤立，这更加重了他们的孤独感。笑笑因自己家庭贫困，父亲又有重病，同时不会处理人际关系，又觉得没人能理解自己，所以产生了转学的念头。

2. 家庭因素

家庭是对孩子影响最大的成长环境，一个良好的环境能使孩子健康快乐地成长，反之则不然。笑笑的父亲在下岗之后就染上酗酒的恶习，笑笑的母亲忍受不了和其父亲离婚了，笑笑虽然法律上是判给母亲，但是仍然和父亲生活，所以笑笑和父亲一直以来都是相依为命的。父亲由于酗酒过度，得了脑萎缩病。家里只有年迈的奶奶，根本照顾不了患病的父亲。因此笑笑很担心自己的父亲，导致没有心思学习，又急于回去照顾父亲，从而坚定了转学的想法。

（二）干预措施

1. 当面谈话，了解事件

第一次和笑笑接触是因为家庭经济困难学生入库认定，当时我被她的爽朗真诚感染。当她再次走进办公室时，我明显看出她精神不佳。家庭经济困难学生的心理比一般学生要脆弱，为了保护自己的隐私，对自身的问题异常敏感，不肯轻易接受别人的帮助，甚至视帮助为施舍，非理性地加以拒绝。笑笑可能也有这种特质，所以我首先从适应大学生活这个话题展开我们的对话。在回想高中生活的

时候，她的神情就改变了，她开始和我讲述她和她父亲相依为命的事情。笑笑的父亲由于下岗后酗酒导致了和其母亲的离婚，而且最近得了脑萎缩病，家里只有年迈的奶奶，父亲和奶奶都无人照顾。父亲由于患病经常忘记回家的路，好几天没吃饭的情况也是时而有之。笑笑讲起这些，情绪异常激动，我按了一下她的肩膀安慰她，让她先不要太担心，等国庆长假回家再做打算。

2. 上报学院，多方求助

我送她离开办公室后，把她的事情上报学院副书记。同时联系了笑笑所在班级的班长，让她密切留意笑笑的动态。国庆假期回来，我主动联系了笑笑，她刚从老家回来，精神状态好了不少。她并没有多说父亲的事情。我把笑笑的家庭经济状况完完整整地上报给了学院并请求给予特殊援助。笑笑还在学校附近找了一个家教的兼职，挣点钱帮补一下生活费用。笑笑表示现在根本没有时间考虑学习的事情，只想转学去离父亲近一点的学校好照顾他。聊天过后，我上报学院党委，党委建议我联系笑笑的法律监护人——她的母亲。我联系了笑笑的母亲，她表示也了解笑笑父亲现在的状况。我给她说了一下笑笑在校的学习、生活情况，她为笑笑感到心酸，认为笑笑难得考上大学，不希望她放弃学业，但是她本人也尊重笑笑转学的想法。她表示会跟笑笑谈论此事，好好沟通，并对笑笑进行鼓励和支持。

3. 尊重学生，心理疏导

笑笑转学的决定已经做好，我们所要做的就是尊重她，帮助她。转学的程序很多，结果不一定是我们想的那么美好。我和笑笑再次说明转学的利弊，让她知道接下来要打的是一场硬仗，无论成功与否，都要坦然接受结果。

我们在处理转学事宜的同时也不忘对笑笑进行心理辅导，包括一些环境适应的知识、处理人际关系的技巧、学习方法的演练以及心理困惑的调适等。即使要转学，也不能荒废转学前的学习。笑笑也明白我们的良苦用心，学习上也没有松懈。

（三）干预效果

经过我们的心理疏导和调解，加上她的坚持不懈、顽强不屈，笑笑在大一第一学期获得国家助学金，期末考试成绩在班里中上水平，得到其户籍省份某大学的转入邀请。她父亲的病虽然没有好转，但家里的亲戚有空也轮流看护。在新的学期，学校也同意笑笑转入该大学。两个月之后，在办理转学申请的时限内，笑笑收到了接受转学申请的书面证明。

（四）案例启示

帮扶贫困生是辅导员工作的重要课题，如何以正确的思路、正确的态度对待贫困生至关重要。如果单纯地同情他们，只会伤害他们本来就脆弱的自尊心。只有从侧面引导，结合学业指导、精神支持以及班级关爱等方式，才能从整体上对他们进行有效的帮扶。

1. 注重倾听

在与笑笑的交谈过程中，我运用了斯坦纳定理——在哪里说得越少，在哪里听到的就越多。看到笑笑在微博上的留言，我心里产生了许多疑问。在办公室与笑笑第一次交流时，我并没有把我心中的疑问一一道出，而是选择倾听，积极引导和鼓励她把自己的故事说出来，分享自己遇到的困难和挫折。一方面让笑笑感到被尊重，从而获取她的信任；另一方面更有效地达到了解她的目的，提高沟通的效率。

2. 态度决定一切

引导笑笑正确面对家庭突发变故时，我运用了态度效应，让她明白，你有怎样的态度就有怎样的人生，无论命运怎样捉弄，展现出自己积极向上的一面，阳光才会射进内心，心情才能豁然开朗，命运也不再那么可怕。并且自己也以严肃认真的态度去对待笑笑的事情，如为她申请特殊援助等，让她感受到我的态度，从而唤起她对自己的积极态度。

3. 坚持不懈

在笑笑提出转学的时候，虽知转学手续繁复，成功概率较低，但我没有立刻劝她打消转学念头，而是让她自己努力尝试。如果我劝她知难而退，对她来说是一个很大打击。只有让她越挫越勇，才有前进的动力。即使不成功她也付出过努力和汗水，无怨无悔。

四、待探讨的问题

在家庭经济困难学生遇到家庭重大变故时，我们应该采取什么样的处理方法呢？

首先，我们需要考虑的是如何客观分析学生家里发生的特殊变故，给学生以正确的指导。人有时是非理性和主观的，突发的变故会让当事人措手不及，丧失理性思考的能力。所以此时辅导员要理性地思考，注意谈话技巧，注重关怀，诱导学生自己把心里话说出来，同时给予学生正确的引导，使问题能够得到好的解决。既要客观分析，也要设身处地地为学生着想。

其次，通过建立的学生数据库，第一时间了解学生家庭状况，在经济源头上给予关怀与帮助，且应该对特殊事件建立档案，组建应对小组，客观分析事情，讨论解决方案。也要向相关部门了解贫困帮扶政策，细心、耐心给学生解读政策，让学生安心。只有这些问题得到解决，我们才能更有效地促进贫困大学生心理健康水平的提高。

遇见更好的自己

张　立

一、案例背景

在库生是指因为家庭人均收入较低，被认定为家庭经济困难的学生。这类学生基于家庭经济的原因，相比起同龄人会成熟得比较早，有时也会比其他同学更加内向、沉默、自卑。大三的学生处于一个相对比较焦虑的阶段，这个阶段的学生已经能较好地适应学校里的学习和生活，专业课程越来越多，对自己所学的知识有了更深层次的了解，但没有真正进入社会实习，却即将要面临实习、找工作、毕业的阶段，内心充满对未来的期待和好奇，同时也充满了对未知世界的焦虑和恐惧。

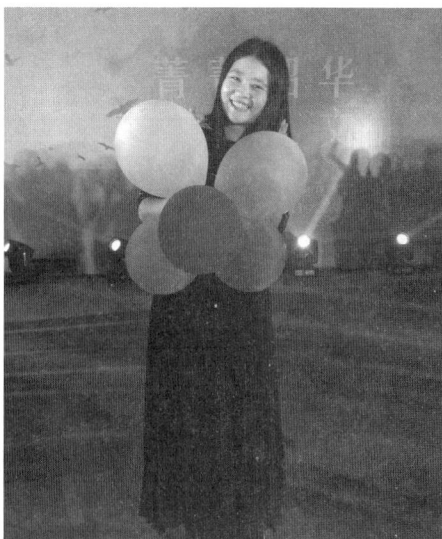

本案例以大三在库生小 z 为例，小 z 因为成绩没有达到要求而未能获得当年的国家励志奖学金，为此，她特别难过，有了退学的想法。

二、案例简述

小 z 是一名大三的在库生，由于成绩没达到要求因此无法获得当年的国家励志奖学金，缺少了一大笔的经济来源。小 z 的心情非常低落，有了退学的想法，于是到办公室提出退学申请。小 z 走进我办公室的时候情绪特别低落。在与她简单地交流后，我了解到原来她爸爸正好前段时间遭遇了车祸，这让原本就不富裕的家庭雪上加霜，加上家中除了她，还有一个弟弟一个妹妹正在读书，养活一家人的重担全部压在了她妈妈和姐姐的身上，因此她打算退学去打工，帮忙照顾家庭。她说："我本来想如果能拿到国家励志奖学金，就可以帮家里减轻一点负担，但是现在拿不到，还要家里人给我这么多钱，我觉得很对不起他们，我在想要不就不读书了。"她一边说一边掉眼泪。见到她说出了自己退学的想法，我并没有

马上制止她，而是慢慢地引导她谈一下自己的生活以及她比较熟悉的事情。等到她稍微放松了一点之后，我才慢慢问她爸爸的情况和她退学的想法。通过与她的交流，我了解到其实她打算退学不单是因为家里经济条件的问题，还有一个原因就是她对自己的学习也并不太自信。作为师范生的她，心里一直有一个深深的教师梦。但是随着对专业课的学习，她觉得当老师太难，对她来说可能是一个遥不可及的梦想，因此她有了放弃学业去打工的想法。于是我开始给她树立信心，告诉她很多师兄师姐成功的例子，并且跟她分析了高中文凭和大学文凭的区别。在与她沟通了一段时间之后，她开始慢慢放弃了退学的想法，并且决定要好好学习。接下来，我们聊了很多，关于她的家庭，她的学习，她未来的目标和方向……

当我们的沟通快要结束时，她跟我说了一句："老师，我觉得跟你聊天收获很大，好像明白了很多。"我对她说："其实你平时也可以多跟你的同学、舍友聊聊天，把你的想法告诉他们。"她回答："我觉得我的同学都说不出什么，跟他们说都没用，毕竟你比我们大，经历的比较多，我觉得跟你聊天才有用。"听完她这句话，我愣住了。我突然发现，其实一直以来，可能是心中的自卑感作祟，她很少跟其他同学交流沟通，也可能是因为家庭条件的影响，她会比同龄人成熟得更早，所以她一直都是把自己封闭在自己的世界里，心里缺少了正能量和阳光的一面。

三、案例分析与启示

（一）案例分析

小 z 对于拿国家励志奖学金这件事情非常重视，当她没有达成目标的时候就变得非常焦虑，而在心理学中，我们知道由于高焦虑者对负性结果的感受比一般人更强烈，他们表现出风险回避倾向，可能并不是为了回避失败本身，而是为了避免失败给自己的情绪造成强烈刺激。因此面对小 z 提出的拿不到国家励志奖学金而打算退学的问题，我认为当时她的意识中已经明确地将退学作为她的唯一出路了，所以如果我马上阻止她，跟她说不要退学的话，很有可能会起到反作用。

（二）干预措施及其效果

第一，转移学生注意力，建立信任感。人在遇到心理困境时，大脑往往会形成一个较强的兴奋灶，当兴奋中心转移的时候，自然就会慢慢摆脱心理困境。因此我并没有马上跟小 z 聊退学的事情，而是将话题转到她在学校里学习、生活中比较轻松开心的事情，使她放松心情。等她冷静下来之后，再具体跟她谈退学的

事情，了解她的真实想法，去确认她退学的真正原因。因为通过对她家庭情况的了解，我发现虽然她家里只有妈妈和姐姐在赚钱，但是也还没困难到非要让她辍学去供养家庭的地步。于是我决定与她进行更深入的交流，寻找她退学的真正原因。

第二，顺势引导，指导学生找到解决问题的办法。在跟她继续深入交流之后，我发现她打算退学一个是因为想给家里多赚点钱，另外一个是觉得自己能力不足，离成为一个老师的标准还差很远，用她自己的话来说："我觉得我自己已经很努力了，花了很多时间在学习上，可是这次还是没有拿到国家励志奖学金，我觉得我自己快要放弃自己了。"一般遇到这种情况，再怎么鼓励她说你一定可以的，相信自己这类的，在他们听来都是客套话。所以我决定用以前毕业生的例子。我慢慢跟她分享了她的师兄师姐的成功经验，让她看到实现教师梦其实并没有那么难，只要好好珍惜学习的机会，只要自己努力必定会找到合适的工作。同时，我也跟她分析现在放弃学业去打工将会面临的问题，毕竟高中文凭的限制让她找到的工作也不会令人满意。在之前的交谈中，我了解到她姐姐也是因为家庭原因没有读太多书，所以现在只能在车间打工，工资并不是很高。因此我也以她姐姐为例子，从长远的角度给她分析，肯定是完成大学学习更加利于她以及她的家庭的发展。

第三，发现症结，对症下药。经过近两个小时的沟通，慢慢地，她放弃了退学的想法，觉得自己应该更加自信、更加努力地去面对接下来的学习、课业、考试和生活。当我提出她可以多和其他同学沟通、交流感情的时候，却发现她是一个比较难以和其他人聊天、交心的人。虽然说这个问题本来也不是特别严重，但是作为辅导员，除了关注学生的突发情况外，培养学生的健全人格和完善的心理也很有必要。也许是因为家庭问题导致小z成熟得比较早，想法比较多，和同龄人比起来，她会思考得比较多，加之投射效应的影响，她自己有些想不通的问题，也自然地觉得同龄人一样无法解决，因此她也从来不愿意主动把自己的事跟姐妹们或者其他人分享。她的性格慢慢变得内向，加上家里的情况特殊，遇到问题只能一个人默默承受，她的心理压力也非常大。于是我跟她说："其实每个人肯定都有自己的经历和想法，没有哪个人说的是绝对正确的，但是多一个人跟你分享、沟通，帮你分析问题，为你分担忧愁，肯定比自己一个人承受要强得多……你有什么事情可以随时找我，跟我聊天，但是我也希望你平时能尝试多跟同学或者舍友聊聊天，大家互相交流，互相帮助。"在我看来，当她对我逐渐产生信任的时候，如果我强硬地要求她一定要去和同学交流，那她很可能会觉得我

是在暗示她不要再来找我，从而彻底地不愿意向任何人袒露心声。因此，我只是作为建议向她提出，供她参考。她听完我的建议，思考了一下说："嗯，我回去试试。"

第四，后期跟踪，及时掌握动态。后来，我通过 QQ 跟她保持一定的沟通，也通过各种方式引导她多与同学交流。慢慢地，通过她的同学我了解到她的性格比以前开朗了很多，学习态度也积极了不少，我也经常见到她活跃在各个活动的现场，她对自己的未来有了好的规划并且一直在努力。没过多久，她就作为组长组织了几个舍友一起申请了一个"挑战杯"项目，在实践项目的过程中，很好地担任起了组长的职责，最后也带领组员们一起得到了学校的三等奖。毕业之后，她努力朝自己的目标奋斗，最终成功地成为一名语文老师。

（三）案例启示

1. 加强沟通

一次沟通，让我对学生有了更深的了解，也让学生有了更明确的目标和发展方向。首先，对于每一个找到我们的学生，我们不能觉得他们能主动找我们就说明他们没问题，就可以随便应付，我们应该更重视这些学生，他们有可能把我们当作最后的救命稻草，假如这个时候我们不帮他们一下，也许他们就彻底失去了希望。而且根据第一印象效应，假如他第一次有问题找到你而你不能帮他解决的话，之后他遇到问题也不会再找你，那就会使我们的工作更加被动。其次，我们要坚信自己对于学生的重要性，在此之前，我从来没想到自己的一些话或者一些行为，能给学生留下多少印象，后来我才慢慢发现，学生对老师的一言一行都是十分在意的。因此，我们必须时刻注意自己的言行举止，特别是在学生面前，更应该认真对待他们的每一个问题，摆正自己的位置，不能以高高在上的身份与他们沟通，而是要当他们的朋友甚至是"知心姐姐"，学会站在他们的立场去思考问题，也要学会倾听，在把握原则的前提下，尽量与他们共情，与他们进行真正的心与心的沟通交流。同时，在良好的沟通交流的前提下，我们也要做好他们的人生导师，教会他们自己思考和领会，在人生道路上，我们可以给他们指导，但是必须要让他们自己去尝试、去接触，他们才能有更切实的体会和感受，因为他们自身的实践胜过我们的千言万语。

2. 指导学生理性归因

很多学生采用想当然的态度去面对周遭的人和事，会认为他人和自己一样活着甚至没有自己做得好，因此不愿意去主动了解他人，与他人进行沟通。同时，他们很容易把很多事情的原因归结于自己不顺心的事情上，凭借自己的主观想象

来进行猜测和假想，忽略事物的客观原因，而不去探究事情的真相。作为老师，我们应该引导他们理性归因，客观分析，找到事物的真相。

3. 加强对学生职业生涯规划的引导

在学生准备进入社会之前，要帮助他们释放压力，引导他们进行正确的职业生涯规划。每个人心里都会拿自己和同龄人进行比较，因此可以多举一些他们的师兄师姐的成功案例，让学生进行心理暗示，规范他们的行为，让他们觉得只要按照职业生涯规划去努力，每个人毕业之后都能够找到理想的工作，坚定他们的信念，帮助他们树立信心。因为正面积极的心理会让人保持愉快的心情，心情的愉悦和放松才会更有利于事情的发展。

四、待探讨的问题

其实有很多像小 z 一样的在库生，有的非常自卑内向，不太爱与人接触，有的又特别怕别人知道自己家里条件不好，所以总是希望能在大家面前展示一下自己，装出和其他同学没什么不同的样子，凡事都不想输给别人。对于在库生的心理调适，即怎样让在库生们以一个良好的、适合的心态面对学习和生活，是一个很值得探讨的问题。

从绝境到创业成功

——"双困学生"心理危机干预案例分析

孟伟婷

一、案例背景

我国大部分高中教育为了高升学率，依旧实行应试教育，在应试体制下成长的学生，高考前主要是以考上大学为目的，容易忽视自己的兴趣和爱好。在高考填报志愿时，他们对高校专业的了解比较肤浅，在选择专业时比较盲目。有些学生来到大学后，发现自己学习专业课比较吃力，学习积极性不高，从而产生厌学的现象。他们中还有一小部分同学不仅对自己的专业不感兴趣，家庭经济情况又比较贫困，从而出现了"双困学生"。

本案例以"双困学生"小李为例，探讨针对家庭经济困难又对自己的专业不感兴趣的"双困学生"，应该如何进行恰当的干预。

二、案例简述

一天晚上，睡梦中的我接到某班班长的来电，电话那头传来紧张的声音："老师，我们班的小李可能有自杀倾向，他现在在某学校图书馆前的湖边，我们宿舍几个同学都接到了他发的短信，短信内容大概是'感谢生命中能遇见你们，谢谢你们对我的帮助，如有来世还希望我们是朋友'。怎么办啊老师？"听到这个消息，我非常震惊，让班长赶紧找人前往现场，稳定小李的情绪，防止他做出过激行为。

当我赶到时，几个同学正扶着他坐在湖边的长椅上和他聊天，然后我开始询问小李到底发生了什么事，通过和小李交谈得知：小李已经失眠一个多月了，因为他父亲的身体状况导致家里经济非常拮据，他认为作为一个已经成年的男子，

还不能给家里减轻经济负担，反而要问家里要钱上学，增加家里的经济负担，感到非常内疚，再加上现在所学的专业也不是他想学的，特别是家里人不支持他学习这个专业，所以他对自己的前途感到迷茫。另外，在与小李就专业问题的交流中，他提及自己只喜欢游泳课。

我了解到小李是被认定为家庭经济情况特殊困难的学生，父亲残疾，家里为了给父亲治疗欠了很多债，他曾经因为家庭经济状况有过退学的想法。我们为了让他顺利完成学业，向学校提出申请，使他获得了国家助学金、临时困难补贴等资助，并给他介绍了勤工助学岗位。

三、案例分析与启示

（一）案例分析

听完他的诉说，我了解到小李产生这种压力的原因有：

1. 个体因素

一方面，小李非常好强，有责任心，看到家庭条件如此困难，自己不但没有挣钱养活家人，反而要伸手向父母要钱，因此自尊心严重受损，觉得自己没有任何价值，面对家人时产生自责心理。

另一方面，小李抗压能力不足，遇到压力或挫折，不知道如何正确地排解和宣泄心中的不良情绪，导致焦虑、沮丧，日积月累，使小李找不到前进的动力，看不到生活的希望。

此外，小李并不喜欢体育这个专业，对专业课的学习不感兴趣。繁重的专业技能训练，使他感到身心疲惫，出现了一系列的厌学情绪。

2. 家庭因素

父亲残疾，家中债务累累，只剩虚弱的母亲一人挑起了整个家庭的重担。这些残酷的现实条件，一次又一次地打击着小李克服困难的信心，把小李心中乐观的情绪慢慢地消磨掉，让他觉得整个家已经到了无可救药的地步。

另外，面对自己就读了不喜欢的专业，家人并没有及时安慰、鼓励小李继续坚持学习，努力发掘专业的优势，而是反对他选择体育专业，这让他更加懊恼、厌学。

3. 社会因素

随着国家愈加重视教育，各高校不断扩招，很多大学生都陷入了就业难的困境，甚至有人认为"毕业就是失业"。竞争如此激烈的社会，让本想着赶紧毕业出来找份好工作赚钱养家的小李，一时失去了方向，觉得就算自己能够顺利毕

业，也难以找到好的工作。

但其实小李并没有清楚地认识到体育专业良好的发展趋势，作为体育专业的学生一定要一专多能，只要找准自己感兴趣的专项，每天坚持练习，就一定会有很大的收获。

（二）干预措施及其效果

1. 引导其认识到专业的良好发展趋势，提升技能

听到小李提及他喜欢游泳，我立马想到学院有个体育职业培训鉴定中心，可以参加培训考取游泳救生员和教练员证。我鼓励他去考取游泳方面的资格证，以后可以利用暑假或周末时间从事游泳方面的兼职工作，甚至毕业后可以从事游泳方面的事业，我还给他举了一些我的同学从事游泳工作的成功案例，小李听完之后，开始意识到体育专业良好的发展趋势。

2. 发动班委、舍友、家人的援助力量

我嘱咐班长和与小李同宿舍的舍友时刻关注小李的举动，并及时向我反馈有关他的情况，让他们多关心和帮助小李，让他感受到集体的力量，一起帮他走出困境。

我还跟小李父母进行沟通，希望他们能够体谅小李，不要给小李施加太多的压力，多鼓励小李，认真倾听小李的诉说。

3. 正确减压、学会放松

因为失眠一个多月了，每天晚上的睡眠成了小李十分头疼的一个难题。我让他尝试瑜伽冥想心理放松法，看能不能解决失眠问题，他欣然答应了，并坚持执行。后来小李的失眠症状改善了很多，也学会了放松法。

4. 通过各种渠道提高职业技能

我联系了学院游泳方面的专业老师，给游泳老师说明了小李想从事游泳工作的意向，希望游泳老师多给他一些专业指导，多给他一些参加社会实践的机会。

我还通过各方联系，鼓励小李多参加一些班级活动，提高人际交往能力，广交好友，也鼓励他多参加就业指导活动、模拟面试、专业实习等，从而提高职业技能。

后来，小李顺利毕业了，并成立了一家游泳培训公司，经营得有声有色，实现了他最初的目标，家庭经济状况也慢慢变好了。

（三）案例启示

针对小李的这个事件，我总结出了以下经验：

第一，对于遇到的突发事件，辅导员一定要及时赶往现场，及时掌握关于学

生的一切准确信息，根据情节的严重程度，制定恰当、有效的措施。如果事态严重，应及时上报上级领导；如果能够自行处理，除了要在思想上有所准备外，还要在具体措施上安排得细致、周到，防止事态严重化。

第二，辅导员在平时与学生接触中，要与学生平等交流，建立良好的朋友般的信任关系，这是以后顺利开展工作，快速、有效处理问题的重要基础。

第三，辅导员要充分发挥学生干部群体的作用，及时了解和掌握学生的动态，尤其关注那些比较特殊的学生（家庭经济困难的学生、性格怪异的学生、单亲家庭的学生、对所学专业不感兴趣的学生、挂科的学生、考试作弊的学生等），以便一旦有意外情况发生，辅导员能够做到心中有数，有针对性地处理问题。

第四，要充分调动社会支持系统的力量。小李由于家庭贫困和对所学专业不感兴趣，而产生了焦虑的情绪，缓解焦虑情绪离不开他的社会支持系统。个人的"社会支持系统"指的是个人在自己社会关系网络中获得的来自他人的物质和精神上的支持。对于在校大学生来说，一个完备的社会支持系统包括亲人、朋友、同学和老师等人，每一种系统都承担着不同的功能。对于陷入困境的学生而言，积极的社会支持能够使他们重振生活的勇气。

第五，作为辅导员一定要有爱心、耐心和责任心，把每个学生都看作可塑之才，用正确的思想方法去引导他们，用真诚的心去感化他们，成为学生的良师益友。每个人的内心都有实现目标的方法，只是需要借助外力使其目标更加明确化，辅导员如果能够找准方法，就是帮助学生实现目标的外力。作为辅导员的我们要帮助学生构建全方位、多层次的心理健康社会支持系统，缓解学生由于各种原因造成的心理困扰，让学生敞开心扉，从而开发学生内在的智慧，调动他们的潜力，帮助他们走出困境，使他们的自觉意识不断觉醒，从而全面提高他们的综合素质。

四、待探讨的问题

作为一线工作者的辅导员，应该如何及时发现家庭经济困难又对自己的专业不感兴趣的"双困学生"？发现后应该采取什么样合理有效的心理危机干预方式？心理危机干预后应该怎样进一步因材施教，最终让学生健康地成长成才？我认为这些是每一位辅导员都应该思考的课题。

规范自媒体　合法献爱心

逄淑军

一、案例背景

募集捐款或物品，通常以慈善为目的进行募集。在我国，法律并没有规定自然人具有组织和发起募捐的主体资格。因此，民间私募在法律上处于一个尴尬的位置。目前的法规中并没有具体条款对个人募捐有禁止性的规定。但是1999年颁布的《中华人民共和国公益事业捐赠法》中，明确规定了只有依法成立的公益性社会团体和公益性非营利的事业单位才可以接收捐献。依法成立的公益性的社会团体和事业单位，都是有审计监督的。其实个人募捐与规范募捐并不矛盾，募集的初衷都是好的，但是更应该规范募捐的组织和发起形式，把好事办好。如果不能解决资金管理的公信力，建议不要轻易发起募捐。我们可以与有公信力的组织联合发起，账号必须是这些组织的。我们负责策划和运作，但是，自己不要擅自管理善款。

本案例中，作为家庭经济困难学生的小L，在面临家庭突发重大困境时，未及时向学校及学院说明情况，而是未经审批，通过校园自媒体及班级学生干部帮忙，在校园内和网络上发起个人募捐，一时间在学校范围内产生了巨大影响。

二、案例简述

小L系家庭经济困难学生，父亲是家庭的顶梁柱，因突发脑溢血住院，急需钱做手术，这使得原本困难的家庭雪上加霜。小L作为家中长女，瞬间承担起家庭重担的压力，一时陷入严重焦虑状态，情绪极不稳定。

为解决家庭困难，小L开始寻求各种解决办法，包括联系当地民政部门及红十字会，但因为审批手续问题，政府救济无法确保及时到位。在这种情况下，小L想到了募捐。她在学校某自媒体做编辑工作，该媒体在得知此事后，决定帮她

募集捐款，并在未经审批的情况下，在网络上用大幅文章详细报道此事，号召广大学生伸出援助之手。她所在班级在了解情况后，也大范围地转载了这篇文章，并决定集体出动，在学校人流密集地带设立捐款箱，帮其募集捐款。

网络报道和班级同学的行为引起了校园师生的广泛关注，网络关注和现场围观者众多，一时间在学校范围内产生了巨大影响。献爱心者有之，质疑者也有之。尤其是现场的募捐活动，吸引了众多师生前往围观，给校园安全稳定带来了一定的不利影响。

三、案例分析与启示

（一）案例分析

1. 自身因素

（1）焦虑。

焦虑是人类在与环境做斗争及生存适应的过程中发展起来的基本人类情绪，焦虑并不意味着都是有临床意义的病理情绪，在应激面前适度的焦虑具有积极的意义，它可以充分地调动身体各脏器的技能，适度提高大脑的反应速度和警觉性。该案例中，小L原本贫困的家庭因父亲生病雪上加霜，引发了她的焦虑情绪，使她做出了未经相关部门允许自发募捐的行为。

（2）自尊。

根据马斯洛需要层次理论，自尊是每个社会人的正常需求。与一般学生相比，经济困难学生获得他人的尊重的需求更为强烈，更为迫切，同时，也更为敏感，更为脆弱。自尊对人的知觉和行为存在内隐影响，它调节着人与社会的关系。该案例中，小L自小生活在一个困难家庭，过早地承受了家庭经济困难带来的压力，由此也造就了她要强的性格。遇到困难时，她会首先想到用自己的方式解决，而很少会从别人那里寻找解决办法。

2. 社会和校园环境因素

社会环境因素主要表现在社会的政治、经济和文化因素对个体的人格和行为产生的影响。在本案例中，小L也曾试图寻求社会帮助，包括寻求当地民政部门以及红十字会的帮助，但是受到各方面因素的影响，一是资助审批手续的办理需要时间，二是资助金额也有限，无法满足小L的应急需求；同时，事后小L也曾坦言，自己也计划过寻求学校帮助，但是当她了解到学校资助的金额同样十分有限之后，最终没有提出申请，而是选择了自己发起募捐。

（二）干预措施

1. 辅导员约谈，了解核实情况

学院领导在得知此事后，积极进行介入。由辅导员出面，找小 L 及其同班同学详细了解具体情况，并检查了由当地医院出具的诊断证明和病危通知书，最终确认了该事件的真实性，之后对小 L 表示了慰问，并进行了心理疏导。

针对班级同学自发性的募捐行为，辅导员和学院领导也与该班级的学生干部进行了约谈，在表扬他们热心帮助班级同学渡过难关的同时，也指出了其不合理的地方，即学校范围内组织活动必须要得到学院和学校批准，并报保卫处备案。同时，发起募捐也必须遵守国家法律法规，要有完善的手续和流程。

2. 职能部门出面，规范校园自媒体

针对案例中校园自媒体自发性的网络募捐行为，学校相关职能部门约谈了该媒体的负责同学，在表扬他们热心公益活动的同时，也指出其工作运行中的不合理之处。自由是相对的，任何形式的自由都必须以法律法规和校园各项管理制度为基础。校园网络媒体的报道必须经过指导老师审核，并提交相关职能部门审批，这是基本规定。该媒体的发稿未经审核和审批，违反了校园规章制度。

3. 与学校协调，采取人性化处理

考虑到小 L 的家庭实际情况，为切实帮助其解决家庭困难，使其顺利完成学业，我们在学院和学校的介入下，完善审批手续，规范募捐行为，使此次校园募捐得以顺利进行。

4. 学院和学校持续关怀

在募捐之后，学院针对小 L 的实际情况，整理相关材料，为小 L 向学校申请了临时困难补助。同时，也将小 L 的情况告知了学院的领导和老师，在学院领导的支持下，老师们也纷纷解囊，为小 L 献出了自己的一份爱心。

辅导员也再次约谈了小 L，进行心理疏导，缓解她的紧张焦虑情绪，使其能够以坚强的心态面对学业和家庭。

（三）干预效果

在学院和学校的干预下，此次校园募捐顺利进行，广大师生纷纷献出爱心，两天内募集捐款近三万元，极大地缓解了小 L 的家庭困难状况。并且，在多次心理疏导下，小 L 的紧张焦虑情绪得到缓解，在父亲转危为安之后，得以迅速以健康的心态投入学习中。该班同学也从此次事件中总结经验，吸取教训，为做好班级工作打下了良好的基础。该校园自媒体也由此事件开始反思，其工作运营也一改之前自发的模式，逐渐规范化。

（四）案例启示

该案例暴露出了三个突出问题：校园学生独立媒体的监管、学生干部的培训管理，以及活动媒介宣传的管理。

1. 校园学生独立媒体的监管

随着中国媒体事业的蓬勃发展和高校媒体的大范围设置，校园媒体正成为当今各高校不可缺少的交流方式。与社会媒体相似，要确保校园媒体高效有序地运转，健全的管理模式和体制发挥着重要的作用。该案例中的自媒体属于相对独立的校园媒体，由学生独立运营，并未安排指导老师，造成了监管的空白，缺乏有效的管理。在网络信息化时代，一个没有监管的媒体造成的影响是难以估量的，尤其是校园学生独立媒体，因为很多学生凭好恶出文章，难以从全局角度思考问题，观点普遍趋于片面，很大程度上会给学校在事件处理上带来不小的麻烦。因此，规范校园学生独立媒体是今后必须要做的事情。

2. 学生干部的培训管理

高校学生干部作为学生中的骨干，他们特点鲜明，具体表现为政治素质过硬、责任心强、谦虚好学、品质优良等，他们在学校管理、教学工作中上牵下联，是保证全校教、学工作稳定，推进各项工作健康发展的重要一环。此案例中，该班班干部的精神值得表扬，但行为不可取，在责任心和工作意识方面还有待进一步加强。在学校范围内组织活动必须得到学院和学校批准，并报保卫处备案。该班班干部显然没有意识到这一点，直到学院和辅导员约谈，才意识到自己行为的错误。这也提醒我们，日常对于学生干部的培训管理有待进一步加强，一方面要加强校规校纪和法律法规教育，明确大学生必须遵守的相关规定；另一方面要强化安全意识，明确学生干部职责，强调日常行为约束和管理。

3. 活动媒介宣传的管理

人类社会进入了一个崭新的时代——网络信息时代。它以互联网、流媒体、手机网络等特殊的传播媒介，在人类社会、经济、政治、文化等领域发挥着越来越大的作用。网络媒体传播信息异常迅速，传播的范围也异常广泛，并以网络独有的自由、开放的特性在学生和普通民众中造成较大的影响，高校必须高度重视网络媒体的重要性，加强对媒体的管理和监督，知识成为高校思想政治工作和校园文化建设的有效手段和载体。该事件一定程度上反映了我们对媒体，尤其是网络媒体监管的缺失。按照相关管理规定，无论是网络报道，还是现场宣传活动，均需通过正常的审批流程，报请相关老师及职能部门的同意，合理合法地进行。这也告诉我们，学生社团的活动审批意识还有待进一步加强，相关职能部门对于

活动媒介宣传的管理力度，仍需进一步加大。

四、待探讨的问题

（1）对于学生独立媒体的监管该如何进行？学生不希望自己说的话写的文章被置于监管之下，他们会觉得失去了言论自由；而我们又不希望一个媒体，尤其是网络媒体在缺少监管的情况下随意传播信息。如何平衡学生言论自由和学校管理，是个需要进一步探讨的问题。

（2）制度的人性化。该事件中，无论是该媒体的报道，还是该班同学的募捐，均是未通过审批的自发行为，这在一定程度上违反了学校的管理规定。但是鉴于小L的实际情况，学院和学校没有消极处理，而是及时介入，采取了人性化的处理方式，保证了募捐的顺利进行和善款的专款专用。学生问题从来都不是小问题，如何人性化地处理学校制度和学生困难的关系，也是一个需要探讨的问题。

（3）对于困难生的管理和帮助。每一个困难生，背后肯定是一个困难的家庭。我们现在的帮扶政策，对于每一个困难生来说，依然远远不够。如何有效地帮助困难生，是否需要进一步通过各种措施加大对困难生的帮扶，也是一个值得我们思考的问题。

细致关爱　为家庭经济困难学生扩展蓝天

吕志强

一、案例背景

在高校中，和其他的大学生相比，家庭经济困难学生有许多优秀的品质，但同时，家庭贫困也造成了部分大学生心理失衡，使他们成了一个不容忽视的弱势群体。所以我们应该积极关注家庭经济困难学生动态，创造条件，打造良好环境，促进家庭经济困难学生的心理健康成长。

本案例以一名新入学的家庭经济困难学生小黄为例，小黄因为家庭贫困，心理压力很大，在人际关系等方面遭受挫折，甚至萌生了辍学的想法，严重影响了其学习与生活。

二、案例简述

小黄是一名家庭经济困难学生，在陌生的城市读书，感觉很多事情都力不从心。最近父亲失业，家庭的经济压力也越来越大。由于家庭困难，平时小黄不敢与人沟通，怕别人问起自己的家庭情况，害怕同学瞧不起自己，尤其是宿舍同学聊天的时候，总是不敢插话。由于家庭经济条件差，买不起电脑，也很少接触电脑，甚至打字都不会。久而久之，渐渐与同学疏远。后来，每次看到别人聊天都感觉是在议论他自己，尤其是在跟同学聊天时与其对视的一刹那，自己感觉很难堪。

从开学到现在经常失眠、烦躁，后来逐渐滋生了想要辍学打工的念头，但又怕家里反对，不知如何是好。几次想寻求老师的帮助又难以启齿。

三、案例分析与启示

（一）案例分析

1. 自身因素

（1）逃避心理。

逃避心理，即在现实生活中，自己与社会及他人发生矛盾、冲突时，不能自

觉地解决矛盾、冲突，而轻易躲避矛盾、冲突的心理现象。这一年龄段的学生正处在转型期，从青少年向青年转型。同学们投来的不理解的目光，使小黄做事缺乏自信心，想通过辍学等逃避方式解决问题。

（2）自尊心。

自尊心是尊重自己，维护自己的人格尊严，不容许别人侮辱和歧视的心理状态，它是于后天环境中逐渐形成的心理，每个人都有自尊心，也会尽力维护自己的自尊心。本案例中的小黄出于想维护自尊心的目的，害怕别人知道自己的家庭情况，做什么都躲躲闪闪，人际关系逐渐变差。

（3）多疑心理。

内心多疑的人，往往很敏感，非常喜欢在主观上设定他人对自己不满。这种心理片面、狭隘。本案例中小黄性格趋于内向，胆小怕事，不善与人交际，自卑感强，疑心很重，总是感觉别人讨论的话题都是自己。

2. 家庭因素

小黄家庭人口多，经济收入低，父母在家务农，基本无其他经济来源，在当地属于低保户。此外，其父亲望子成龙心切，对小黄要求过严，一旦犯错或成绩不如意，就言语贬低，动辄打骂。其母亲没多少文化，又忙于生计，忽略了小黄心理上的变化。小黄未能感受到来自家庭的爱，没有从父母那里得到正确的评价，而且家长平时言语随便，不在意影响，加上错误的家教策略和沟通方式上的障碍，使小黄受到了较为重大的心理影响。

3. 学校环境

由于当时新生入学的心理调适工作有所不足，小黄的心理问题没有得到及时疏导。后来，周围熟悉的环境又发生了一定的变化。新的教学方式也和高中大不一样。同学更多的是来自广州市内的学生，经济条件都比较富裕。在这样一群同龄人中，他的孤独感更强烈了，心里越发觉得这世界存在着巨大的压力。同学们投来的不理解的目光，使其失去了向别人倾诉的勇气，并完全拒绝与任何人沟通。

（二）干预措施

1. 携手正确引导，加强交流沟通

（1）联系家长，说明情况。在现代社会里，学生的成长一定是要家庭、学校、社会共同培养的，只有形成合力才能创造更好的成长环境。尤其是品德教育、性格培养等重要教育任务，更需要家长与教师合作才能完成。当天同小黄结束聊天后，我和其家长取得了联系。向家长讲述了小黄最近在学校的生活和学习

状态，家长也表示将配合学校工作，愿意为孩子创造良好的心理成长环境，保证平时注意自己的言语，尽量不用责备的语气和小黄对话，并定期打电话聊天。

（2）在班级内部加强指引。我先以班会的形式对学生进行引导和教育。指出每一位同学都是班级的一员，人人都有责任帮助需要关心爱护的同学，从而减小小黄融入班级的阻力。并对班级及同学们如何帮助进行了一些指导，例如如何主动与他人开始对话；如何插入话题；如何调动气氛等。

（3）对小黄进行了个别引导。通过谈话的形式，我对小黄进行了个别引导，让其了解自身价值，培养其自身的兴趣，鼓励其面对困难不要害怕，尝试将困难转化为动力，设计对话内容，训练与人沟通，积极参加班级活动。

（4）以朋辈教育为重心加强引导。同时与其舍友交流协商，让舍友在卧谈会或者其他适合的时机，寻找话题主动与小黄聊天，减少其猜疑心理。通过朋辈教育，让小黄感到大家都是真心实意地想帮助他。

2. 培养兴趣爱好，重新塑造自信

（1）积极与小黄沟通交流，帮助其重新认识父母的爱。从正面突出父母爱他的一面，打消他对父母的恐惧感，重新树立他对父母的信任感。在与其交流时，有意提及父母对他的关怀，并表示赞赏，以加深他与父母的亲子之情，实现自我教育。

（2）让他学会正确归因，进一步提高个人能力。有些学生幼年时形成胆小、内向的性格，随着年龄、阅历、能力的增长，很想获得别人的尊重和重视，但没有找到符合自己实际的办法，一旦遭到失败，就归因为自己的能力问题，或者是运气不好等个人无法控制的因素。我们作为老师，应该积极为学生创造条件，给学生创造表现能力的机会，让其尝到成功的喜悦。努力发现学生的优点，关注其进步，肯定其成果，让其意识到自己在集体中的地位，从而使其更加渴望进步带来的自信心。可以适当布置一些任务，让学生能够多做，并且做得到。让每一次的成功带来喜悦，带来信心，不断增强自信。

（三）干预效果

在了解小黄的半个月后，正好赶上学生助理换届，我帮他争取到了学工办助理的职位。一方面，让其了解学院学生工作的流程，拓展自己的视野，消除其自卑感；另一方面，让他接触更多的学生干部和形形色色的学生，通过榜样学习，间接克服其疑心重、害怕与人交流、胆怯的心理；再者就是让他接触电脑，了解电脑的一些基础知识，培养其兴趣爱好，进一步增强其自信心。

三个月以后，我帮他在电脑城找了一份兼职工作，一方面增加了一些收入；

另一方面，让他更加有成就感，培养自信，让他进一步加强与"社会人"的沟通。后来几年，他一直都在某知名电脑城工作，毕业后自己也在 IT 行业自主创业。

（四）案例启示

该案例反映了许多家庭经济困难学生都会遇到的心理困惑，全体辅导员都应对此加强警惕，并在以后的工作中朝着正确的方向前进。通过该案例，我们得到以下启示：

1. 重视家庭因素

父母的价值观对孩子的成长至关重要。大多数贫困家庭的父母对孩子的期望都会过高，这样就给孩子带来了很多无形的心理压力。作为辅导员，我们应该及时了解此类特殊学生的思想动态，多和家长沟通，获取一些关于学生的思想近况的信息，从而未雨绸缪，防患于未然。

2. 引导学生进行心理暗示和自我调节

贫困生的心理比一般学生更敏感，也更容易受到暗示的作用。因此，可以开展一些专题活动，让同学们学一些心理暗示小技巧进行自我调节。

3. 完善制度设施

只有真正为学生办实事，他们才能感受到关爱。所以，要完善学校的贫困生机制，收集整理好贫困生数据库。平时应多关心贫困生，随时留意校内外的工作机会，以便于第一时间帮助到他们。

四、待探讨的问题

教育无小事，事事皆育人。每个学生都有各自的特点，我们老师要尽自己的职责，对学生的身心发展要极其重视。如何做到更快、更好、更准地发现问题学生存在的心理问题？特别是当家庭经济困难学生出现心理问题时，他们更多的是用掩饰的方式来进行逃避，从而使问题更为隐蔽。要发现这些问题，就必须具备全面系统的知识、敏锐的观察能力和精准的辨别能力。要想做得更好，就必须不断系统地学习。每一位老师都应该利用班集体的优势和特点，对学生进行心理教育，肯定他们的有所作为，满足其心理需求，使他们有理想、有抱负，追求美好的生活，增强承受各种心理压力和处理各种心理危机的能力，提高心理素质，以迎接未来社会的严峻挑战。为了培养学生良好的心理素质和健康的人格，我们要积极创造良好的心理成长环境。

多管齐下　迷途羔羊走出传销陷阱

何荧居

一、案例背景

随着社会主义市场经济的快速发展，商品经济活动的形式呈现多样性的特点。在这种大环境下，传销活动逐渐在大学校园里蔓延，这一现象已经受到社会和高校的高度关注。贫困生由于家庭经济条件欠佳，从而对于自力更生、实现自我价值有较强烈的愿望，在不能较好辨别商品经济活动性质的情况下，极易被传销组织利用，最后造成钱财的损失和心灵的创伤。

本案例为一贫困生小刘误入传销陷阱后的故事。小刘因家庭经济困难，渴望通过经商的形式快速积累财富、实现自我价值，却误入传销组织，影响了其自身的学习和身边的同学。

二、案例简述

小刘目前是大二学生，系家中独女。父母皆农民，由于家业经营不善欠下巨款，家庭环境欠佳，且父母忙于生计无法经常过问女儿的生活和学习。小刘个性独立内敛，缺乏自信，为人较倔强，自我保护意识极强，不轻易采纳别人意见。

大一的时候，她对自身认识不足，认为自己不能很好地适应大学生活，同时害怕同学知道其家庭状况，拒绝提交入库申请。但是，在同班同学眼中，她学习认真刻苦，能够认真完成老师布置的作业和任务，并且得到同学认可而被推举成为本班学习委员。在老师的介下入，她逐步融入班集体，积极参与集体活动，并在辅导员的劝说和对相关政策的解释下，顺利入库。为了帮补自己的生活，大一时偶尔会做家教或其他正规兼职。

后来小刘升上大二，不再担任班干部，据其舍友反映从上学期开始她早出晚归，与舍友逐步疏远并且开始使用价格不菲的护肤产品。班干部反映其基本不再参加班集体外出活动，时而还会向班上同学介绍某品牌护肤品和保健产品，辅导

员怀疑其误入传销组织。2016 年某月，小刘来到了学工办，我们与其进行了深入谈话，并根据实际情况采取了相应措施。

三、案例分析与启示

（一）案例分析

每一个大学生成长过程中遇到的问题及问题的处理都可以看做是一个复杂系统。如何实现系统的稳定，是学生、家长及老师都高度关注的问题。根源在于心理，发展在于思想，质变在于突发事件的发生，关键在于指导。本案例属于一起大学生思想政治教育类案例，同时又是一起涉及大学生心理辅导、个人成长问题及突发事件预防的学生工作案例。本案例的关键点在于：

1. 主观因素

（1）生存需要和安全需要的驱动。

根据心理学家马斯诺的需求层次理论，结合小刘家庭背景和个人性格分析，我们认为小刘基本的生存需要和安全需要未得到满足。首先，由于小刘是贫困生，基本的生存需要也许只是勉强得到满足，因此她期望通过兼职等手段快速获取利润，提高物质生活水平。其次，由于家庭经济困难，小刘难免产生自卑心理，同时自尊心也较强，渴望实现自我价值，因此不断积累财富以期提高自身的安全感。可主要通过谈心谈话形式采取个别心理辅导。

（2）实现自我价值需要的驱动。

小刘自小缺乏至亲的关怀、关爱，这对其成长及心理产生较大影响，使其认为个人价值得不到认同，具体表现为内心自我保护意识较强，对自己的能力做出偏低的评价，悲观失望，认为自己不如他人并且不能很好地融入集体。由于害怕同学得知其家庭状况，尽管家庭经济困难也拒绝申请困难补助及提交入库申请。

2. 客观因素

（1）家庭因素。

家长是孩子成长成才的第一位老师，家庭教育方式和家庭背景往往对孩子的成长及心理产生重要影响，而这种影响是具有根源性和持续性的。小刘家庭经济困难，长期缺乏父母的关爱和教育，导致其缺乏安全感和认同感。根据小刘从大一到大二的变化，可充分利用组织、人员系统，建立起舆情队伍跟进其心理和行为的变化，全方位关注并采取相应措施。具体表现为小刘在大一时不能适应大学生活，后来经过辅导员谈话及同学关怀克服了自卑心理并很好地融入班集体。

（2）社会因素。

90后青少年个性较独立、张扬，有独立的见解，但是由于社会环境的影响和自身社会经验不足、判断能力有待提高，在社会的大环境下极易被不法分子利用。面对小刘大二下学期的变化，须马上引起警觉，建立危机预警机制，通知学生家长共同采取措施预防事态恶化。小刘在大二下学期学习、生活、消费习惯等突然发生改变实际上是一个强烈的预警信号，事物的变化是一个量变到质变的过程，量变达到一定的度则会发生质变。小刘的改变意味着在她身上已经发生了对其产生较大影响的事件，如果不及时干预可能会引起突发事件的发生。

（二）干预措施

1. 谈心谈话与心理咨询相结合

首先，从侧面包括班主任、班干部、党员、舍友处了解小刘的学习、生活情况及情绪变化。主动关心小刘各方面情况，引导她正确认识自己。其次，针对小刘缺乏自信的情况，告知小刘其父母、老师、同班同学、舍友都真心关爱她，大家都能够看到她的努力并且对她表示赞赏。最后，针对小刘疑似误入传销组织的情况，及时劝阻并告知她国家关于打击传销的相关法律法规，明确告知此类行为的不合理性，引导她充分正视和认识自己的处境及可能产生的严重后果，包括触犯法律的可能性，对同学产生的影响，对自身财产及身心产生的影响，并及时告知家长。

2. 政策宣传与解读

针对小刘拒绝申请困难补助和提交入库申请的情况，主动联合学院助学社的成员及负责资助工作的老师，让小刘充分了解国家助学贷款的相关政策，指引小刘入库。

3. 建立学校与家长联动机制

针对学生疑似误入传销组织的情况，及时联系家长并劝阻学生，让其充分认识国家关于打击传销的相关法律法规，定期跟进并让小刘反馈内心的想法和现实的做法，并请家长加强与孩子的交流沟通，多予以关怀。

4. 持续跟进加强教育

对小刘乃至全体同学加强教育。通过召开年级大会和主题班会的形式，向同学们分析上当受骗的案例及防范办法。介绍国家出台的相关法律法规，重新阅读和分析学生手册的相关规定。

5. 利用网络思想教育平台

关注小刘QQ、微信、微博等新媒体动态，第一时间发现问题，解决问题。

多与小刘进行线上线下互动。

（三）干预效果

通过谈心谈话、心理辅导、与家长共同指导教育、主题班会和网络舆情队伍建设等形式对小刘进行思想政治教育，使其充分认识自己并克服了自卑心理，接受老师和同学的建议顺利入库，更好地融入集体生活中；相比之前极度抗拒老师和同学对其传销行为的劝阻，目前向老师反映愿意重新判断和深入思考，愿意花更多时间到学习上来。据同宿舍同学反馈，小刘目前与同班同学和舍友交流增多，并且愿意跟同学述说自己的烦恼和情况。辅导员、班干部、舍友等将继续跟进和关注小刘的生活和学习，避免突发事件的发生。

（四）案例启示

大学生成长成才过程中，难免会遇到各类烦恼。每个案例涉及的问题都有所侧重，通过实践和总结，每一类案例都不可能独立研判，每个类别呈现的现象会相互影响甚至同时出现在同一个案例中。根源在于心理，发展在于思想，质变在于突发事件的发生，关键在于指导。根据案例侧重点的不同，大致可将其归结为以下几个大类：思想政治教育类案例、指导教育类案例、突发事件处理类案例、心理辅导类案例、制度教育类案例等。通过对本案例的分析，得到关于大学生心理辅导、个人成长问题及突发事件预防的学生工作案例启示如下：

（1）分阶段对学生开展谈心谈话活动，由表及里，由个别现象谈到普遍现象，从现象谈到本质。第一阶段，意在"谈心"。针对新生入学不适应及自卑心理，主动关心学生生活与学习情况，拉近与学生距离，记录并持续跟进学生各方面转变，安抚学生情绪，帮助其化解心中困惑和矛盾。第二阶段，谈话前构建全方位舆情跟进系统，通过与问题学生舍友和班干部、党员干部等交流，从侧面了解学生的日常行为和学习成绩及家庭情况的变化。第三阶段，意在"谈话"。针对学生家庭情况，将国家和学校关于助学贷款的相关政策进行解读，帮助学生正确认识自己和家庭现状，勇敢接纳国家和学校的帮助。针对疑似误入传销组织现象，应及时劝阻并告知其家长。

（2）充分利用组织、人员系统，建立起舆情队伍，及时反馈学生的思想和心理状况的变化。一方面，跟进学生的情况并及时上报相关变化及发生的突发事件；另一方面，针对其他同学及时做好防备工作，正确认识问题学生的情况和行为，防止事件影响范围扩大，避免其他同学上当受骗。人员系统包括学院领导、辅导员、班主任、学生干部、学生党员、同宿舍舍友等。

（3）善于开展网络思想政治教育工作，密切关注问题学生的 QQ、微信、微

博等新媒体动态，采用 QQ、微信、微博等新媒体与问题学生保持联系，了解他们的生活和学习困惑。

（4）建立危机预警机制。"凡事预则立，不预则废"，建立危机预警机制，在处理学生突发事件时可达到早发现、早报告、早判断、早预防、早控制的效果。同时，建立学风建设帮扶机制、民族学生关爱机制、学生干部培养机制等。

四、待探讨的问题

贫困生在大部分高校中也许数目不多，但心理问题、危机事件等发生在贫困生身上的概率更大。针对贫困生群体家庭背景的特殊性、个人心理的特点，结合社会上层出不穷的诈骗陷阱，应该进一步总结规律，以期建设更好的事前预防、事中处理、事后教育等学生工作处理系统。至于在学校层面应实行何种措施，乃至社会、法律层面应出台的相关政策，还需各方人员进一步探讨。

真诚打破隔膜　关爱改变人生

江颖桥

一、案例背景

随着我国高等教育逐渐进入大众化教育阶段，高校经济困难学生群体及其问题也日益突出，高校教育和管理面临新的挑战。

大部分贫困生自小成长在贫寒的家庭环境中，对生活的艰辛有着更深刻的体验，他们可能经历过更多社会不公、人情冷暖等，所以他们更容易在成长环境中产生价值观的偏差。在大学里他们常常为学费和生活费发愁，社会资源相对较少的他们承受着更多的压力，也更容易对生活和前景产生悲观消极的态度，出现厌学情绪、依赖心理等问题。还有的贫困生不能客观认识和审视贫困现状，把个人失败过分归咎于外部条件，形成了自卑与自尊并存、内向离群、敏感多疑、偏激冷漠等不良心理，甚至产生不满社会、仇富等消极情绪。因此我们在高校教育中要重视和关注贫困生心理健康教育，给予他们更多的关爱和正面的引导，培养其正确的价值观、世界观和人生观，在校园中营造团结、和谐、进取的氛围，促进他们健康成长，成为社会有用之才。

本案例中的小 X 敏感自卑，孤僻寡言，不爱社交，不讲卫生，从而使得宿舍关系比较紧张。我通过细心观察、关爱、引导等一系列有效方法，使他逐渐变得开朗、快乐和自信，顺利毕业成为对社会有用的人。

二、案例简述

在这几年的工作中，我接触过不少家庭经济比较困难的同学，其中小 X 家庭经济困难的状况尤为明显。小 X 来自外省，家里经济条件差，平时在生活开销方面较为拮据。小 X 日常衣物被褥比较紧缺，常年穿着较旧的几件衣服，冬天也只有一件薄薄的外套，睡觉依然盖着薄薄的秋被，平时在饭堂吃饭为了省钱，很少

点菜，一般都是点一大盘较便宜的米饭。家境的贫寒，使小 X 形成过分自尊敏感的性格。他平时孤僻寡言，不爱社交。一方面，小 X 对自己的贫穷比较敏感，并不愿意向别人求助甚至有点抗拒别人的帮助；另一方面，小 X 性格孤僻寡言，平时独来独往，无论上课或日常生活，都爱独自行动，较少与班上同学交流，也不太积极参加班上的集体活动，成绩也不好。另外，由于来自缺水地区，生活习惯也有差异，小 X 在宿舍生活中过于节约用水，如上厕所不冲水、不勤换衣服、不爱清洁等习惯，令舍友觉得他不讲卫生，人际关系比较紧张。

三、案例分析与启示

（一）案例分析

1. 自身因素

（1）自卑与自尊。

心理学上认为，自卑是指人们由于把自身与合理规定标准或其他刺激物比较，感到有差距而产生了评价差异，进而导致的负面心理状态，如主观低落、悲伤等。而自尊则是个体对自我社会角色自我评价的结果，健康的自尊是一种自我认可，有助于大学生调整好自己的行为与心态，不健康的自尊则具有强迫人认可的意思。小 X 由于自小成长在比较贫困的农村，与外界接触有限，靠读书才走出家乡。来到城市的大学后，发现周围环境、人和事与原有的环境差距太大，同学与自己是不同世界的人，觉得别人会瞧不起自己，从而产生过分的自尊和自卑。

（2）向外归因。

心理学家根据人们的归因方向，把归因分为向内归因和向外归因两种。向外归因，指个体把成功和失败的原因归向外部环境，向内归因则指向为自身因素。[1]小 X 则属于向外归因，认为是自身家庭状况和生长环境等各方面的外部因素造成与现在周边环境和其他同学的差距，自己与其他同学是不同世界的人，是不可能合拍的。既不想改变，又觉得自己出身低微、被人瞧不起，因此不愿与他人接触。

2. 家庭因素

小 X 生长在贫困的家庭，父母都是世代生活在农村的农民。他们家徒四壁，生活拮据，整天在温饱线上挣扎，没什么文化和见识。小 X 自小生活在这样的家庭环境，不能接受到良好的家长教育，感受到的都是贫寒、低微的处境，从而导致他孤僻寡言、自卑的性格和不良的生活习惯。

3. 社会环境

当今社会确实存在趋炎附势、先敬衣后敬人的风气。有的有钱人道德沦丧，目中无人，瞧不起贫穷的人，欺负弱势群体，不可一世，让人觉得高不可攀，难以接近。还有人认为贫困人员在社会上就是弱势群体，低人一等，从而使他们产生自卑、较低的自尊和自我价值感。

（二）干预措施

1. 完善贫困生资助工作体系

小X之所以出现这样的情况，主要原因是其经济条件较为拮据。因此我认为应该先解决他经济上的困难，缓解其经济困难状况。首先，我帮助他争取了学校的经济困难学生认定，使他能够获得国家助学金，并协助他申请了学费缓交。其次，我向学院领导反映了小X的困难，学院几位老师一起筹钱给包括小X在内的几位同学买了几床棉被。最后，针对小X自尊心比较强、不太愿意接受帮助的心理，我建议他申请学校的勤工助学岗位，这样使他能在课余时间通过勤工获得工资，以缓解他生活费紧张的状况，而且这种通过努力获得报酬、自食其力的方式也让他比较好接受，不会产生抗拒的心理。

2. 辅导员的情感关怀与心理援助

我定期和小X谈心，予以情感关怀，并适时地告诉他暂时的家庭经济困难并不是耻辱或者可悲的事情，最重要的是在困难中磨炼自己坚强的意志，人穷志不短。通过努力学习掌握扎实的专业知识，将来才能凭知识改变命运，获得更好的发展而改善家庭的经济条件。进而鼓励他多参与同学间的学习交流，也强调保证基本的生活质量是顺利学习的基本条件，有困难可以向辅导员提出，学院、学校都会尽力帮他解决，不用有太多顾虑。

3. 引导班上同学给予小X关怀和帮助

我私下找到小X所在班的班长，让班长带头平时多关心小X，尤其希望男班长多以朋友的方式和小X交流，带动小X参与到班级活动中去。同时也嘱咐班长私底下多关注小X的状况，如发现什么特殊状况或者小X出现经济困难时，要及时向我反映。

4. 积极引导创建良好宿舍氛围

我还私下找来小X所在宿舍的舍友们谈话，告诉他们小X的行为是由于经济条件困难和地区生活习惯差异造成的，并希望他们理解。同学之间应该有理解和包容的心，在日常生活中应该互相帮助，互相带动产生良性影响，形成良好的生活习惯和卫生习惯。为此，我建议他们安排轮值搞卫生，做成排班表，每天或

每周由一位同学负责宿舍的卫生，然后大家都自觉遵守这个纪律，慢慢地带动小X养成良好的生活和卫生习惯。

（三）干预效果

经过这一系列的措施和教育，一段时间后，我们惊喜地看到了小X的改变。

第一，通过助学金和勤工助学工资的帮助，小X的经济状况明显得到好转。尤其勤工助学每个月的报酬极大地缓解了小X生活费的压力，而且这种自食其力的方式，也让小X感受到自我的价值，同时充实了小X的课余生活，使小X更加自信，比以前更开朗快乐了。

第二，经过一段时间的定期谈心和情感关怀，小X明显更信任我，也比以前更愿意交流了，会主动跟我分享学习生活的情况、勤工岗位的工作，也更坦然接受大家对他的善意帮助。例如刚接触时，当我们把被子送到小X手里，他总是婉拒，后来他主动到办公室找我，提出想申请拿回之前的棉被。之后小X也总是积极地参与学院的义务劳动，主动帮各办公室打扫卫生、帮老师送资料等。他说要努力学习，为学院做贡献，回报学院老师对他的关心和帮助。

第三，在班长带动下，其他同学也更主动地和小X交流。小X更积极地参与班上的集体活动，在这过程中也密切了与班上同学的交流和联系，和大家熟络后，一起上课、一起去吃饭便变得自然而然。看着小X和其他同学开心结伴而行的背影，我内心深感欣慰。

第四，经过和小X的舍友谈话和做思想工作后，小X的舍友们开始以包容和理解的态度去对待他。小X受到舍友的影响，也逐步适应了广东的天气情况和生活习惯，逐渐改变原来的生活习惯，勤换衣服。由于宿舍设立了卫生轮值制度而且舍友们都严格地遵守，在大家的带动下，小X也自觉搞起了宿舍的卫生，舍友关系变得更融洽和友爱。

目前，小X已顺利从我院毕业，并应聘到一所不错的设计公司从事着专业对口的工作。

（四）案例启示

我最大的感悟是，在学生教育管理工作中，最重要的是用真心真诚地去对待学生；付出真心真诚再结合一些适宜的方法，干预自然也会有良好的效果。

（1）充分带动老师和同学对有困难的学生进行关怀和鼓励。众人拾柴火焰高，只有团结一致，才能办好事情。

（2）只有完善学校的贫困生机制才能更好地为学生办实事。贫困生在高校的比重越来越大，因此必须完善制度，让他们安心读书，放下心理负担。

四、待探讨的问题

本案例中的小 X 从最初性情孤僻离群、沉默寡言到最后变得开朗、快乐和自信，令我深感欣慰；看到他顺利毕业找到自己心仪的工作，我也由衷地替他高兴。希望小 X 在未来的日子里能越走越远，在社会中实现自己的价值！同时这也让我们更加关注高校经济困难学生的心理健康教育问题。如何在高校教育中重视和关注贫困生心理健康教育，给予他们更多的关爱和正面的引导，培养其正确的价值观、世界观和人生观，在校园中营造良好的团结、和谐、进取的氛围，促进他们健康成长，成为社会有用之才，将是我们未来仍需要持续关注和探讨的问题。

参考文献

［1］石瑜婷. 大学生归因方式、人格特征与内疚关系研究. 福州：福建师范大学，2010.

私人定制心理营养　引导学生健康成长
——"特殊学生"辅导个案分析

陈　媛

一、案例背景

青年学生在大学阶段普遍遇到不同的发展性问题，这些问题的特点和解决路径因人而异。在面对大学生特殊群体的发展性问题时，需要以长久的耐心、科学的教育方法和多维的服务体系为其提供心理营养，引导其成长成才。

本案例以"特殊学生"小Y为例，她是一名经济困难生，同时又是心理健康重点关注对象，在大学阶段出现了较为典型的发展性困惑问题：在遭遇家庭重大变故的多重打击下，其身心健康和个人发展受到了严重影响。

二、案例简述

女生小Y，是来自广东某地的经济困难生，家里兄弟姐妹5人，靠父亲一人打工支撑家庭。小Y在新生入学心理普查中被列为重点关注对象，其性格内向、敏感、好强、自卑、自我价值认同低、人际交往中较为被动、不合群。大学四年小Y均主动向辅导员求助关于自我认知、学习生活、情绪控制等发展性问题，大二阶段小Y父亲的意外身亡成为其成长面临的重大挫折，因此出现了较大的心理波动和成长发展问题。

三、案例分析与启示

（一）案例分析

1. 特殊性与普遍性

（1）小Y个案的"特殊"之处。

成长背景：因家庭穷困、兄弟姐妹较多、乡族孤立等原生家庭经历形成的自

卑与好强的强烈性格冲突，入校后表现更加显著。

人格类型：气质类型以抑郁型较为显著，情绪起伏大，容易偏执、自我否定，自我认知和社会认知较为狭窄和主观，心境容易消极和悲观，优点是愿意接受所信任师长的劝导。

挫折事件：小 Y 最依赖的父亲在外打工意外身亡，追责难度大，丧亲之痛让小 Y 悲痛万分；家里失去唯一的支柱，母亲及弟妹处于崩溃边缘，家庭困境加重；为了保证弟弟完成学业，妹妹辍学打工，小 Y 作为长女内心愧疚；正处于青春期的弟弟因失去父亲和潦倒的家境变得消沉阴郁和叛逆，以上种种都让小 Y 感到更加无助。

（2）小 Y 个案的"普遍"之处。

小 Y 个案既代表了部分农村经济困难家庭学生的心理矛盾和发展困境，也体现了大学生普遍存在的新生适应、学习生活、人际关系、恋爱情感、家庭关系、压力调适、职业发展、个人成长、情绪困扰等发展性问题。在对小 Y 的跟踪辅导中我们发现这些问题都有所涉及，这些发展困境是大学生群体的普遍共性，影响程度因人而异。在小 Y 的大学生涯中，其对学习生活、认知（如何认识自己和他人）、应对危机挫折和情绪困扰等方面的求助诉求最为突出。

2. 难点

（1）个案的定性问题复杂。

小 Y 个案既是普遍的大学生发展性问题，也有其特殊性，如出现了突发的重大人生挫折，对其心理承受能力和"三观"认知产生较大冲击，小 Y 一度陷入了前世因果论和错误的归因解释，认为自己上一世做了坏事，导致今生的诸多不幸，责怪自己如果能让家里减轻压力，父亲就不会外出打工而遭遇不幸。作为小 Y 的辅导员，应意识到教育方案不仅要有阶段性目标，也要谨慎处理突发危机及其带来的连锁效应，保障其心理健康和平稳成长。[1]

（2）需谨慎处理个案牵涉的家校人际关系。

小 Y 个案的时间跨度长，需要辅导员深入了解学生的内心世界，建立良好的家校互动模式。在此过程中，辅导员不仅要帮助学生，还要面对学生家庭成员的情绪诉求，给予适当安抚。在本案例中，一方面，其母害怕小 Y 无法承受丧父的打击而要求辅导员配合隐瞒，另一方面，其母因自身的情绪问题也向辅导员求助，这对辅导员如何处理好教师与家长的关系，如何以专业的素养实现教育目标，同时又在工作中体现人文关怀，提出了多层面的职业要求。

（3）要处理好授人以鱼还是授人以渔的原则性问题。

本案例能够有完满结局，得益于良好互信的师生关系。小 Y 从入学开始就与

辅导员保持长期的交流，一直维持到毕业后，但辅导员意识到这种关系不等同于依赖，不等于事无巨细地指导和代替小 Y 做选择，最重要的是要帮助小 Y 在心理上进行自我修复，使其能够独立地以健康的心理，自强、自立、自信的态度顽强地面对生活的机遇和挑战。

（二）干预措施

经过上述分析，辅导员将小 Y 个案定性为"特殊学生"的发展性问题，其中又以自我认识、成长引导和应对人生重大挫折为主要内容。

（1）明确"学生的困惑在成长"——私人定制大学规划。

小 Y 个案呈现了问题的关联性、多样性和阶段性，在对小 Y 进行充分了解的基础上，辅导员为其在大学的每个重要阶段预设了引导方案。[2]大一阶段重点探讨小 Y 的自我成长体验与大学生涯规划；大二阶段侧重于学业引导和小 Y 的自我提升；大三阶段侧重在突发事件背景下引导小 Y 面对挫折、调整情绪、处理家庭关系；大四阶段关注就业，引导小 Y 合理择业；毕业后辅导员仍然关心小 Y，关注其职场关系和抗压、情绪调控等问题。

（2）紧扣"解决的根本在于引导解惑"——私人定制心理营养。

大学生的心理健康是其成长成才的基石，拥有健康的心理素质，是小 Y 这类学业优等生、家庭困难生成长的突破口。辅导员与小 Y 在交往中建立了亦师亦友的师生关系，为小 Y 及时供给四大心理营养：一是无条件地接纳她的背景、个性和性格的优缺点，给予她安全感和信赖感。二是适时地对小 Y 表示肯定、赞美和认同，引导其欣赏自我，学会关爱自己、关爱他人。三是鼓励小 Y 勇敢面对挑战、承担责任，引导她如何调节压力带来的焦虑和悲观情绪。小 Y 在辅导员的引导下改善效果显著。四是适度支持和有效陪伴。我校学生处为小 Y 发放了特殊困难补助，切实解决小 Y 的实际困难；辅导员在她遭到重大挫折的时候做到用心陪伴，帮助她度过了丧父的情绪波动期，逐渐走出阴影。

（3）把握"重点在于理论方法的应用"——运用科学的思想政治教育引导方法。

辅导员为了提高对小 Y 的教育成效，充分运用所积累的教育经验，帮助小 Y 厘清思路，分析各种选择的利弊，有针对性地对其开展指导、引领工作。辅导员运用了认知理论、积极心理学理论，引导小 Y 反思自身的叙事风格和归因偏好，合理客观地看待自己，为挫折事件寻找合理原因，减少悲观情绪和自我否定，提高自身的乐观水平。[3]

（4）明确"成功的主体是学生本人"——陪伴的目的在于使学生独立。

在本案例中，小 Y 自身的求助意愿和改变意愿很强，辅导员的角色定位是陪伴、参谋、鼓励、指导、服务，从而最终使小 Y 养成独立面对困难的态度，懂得自我规划、自我调整和自我成长。

（三）干预效果

经过辅导员长期的教育、辅导，在得到学校和家长的配合支持下，小 Y 对自我和他人有了较为客观的认识，提升了对自我认识的水平，承受住了家庭变故的磨难，掌握了调整情绪的方法，对大学生涯有了较为符合自身实际的规划和执行成效，在生活遭到重创的阴霾中成功蜕变，学业保持名列前茅，并顺利毕业走上工作岗位。小 Y 深刻地感受到学校和家庭对自己的关心，乐观积极地面对生活和工作，并与辅导员保持长期的联系。

（四）案例启示

（1）重视"特殊学生"群体发展性问题出现的叠加效应。

高校学生中存在类型各异、问题多样的"特殊学生"群体，在引导大学生自我成长和发展的工作当中，"特殊学生"群体的"特殊问题"与大学生发展的普遍困惑结合起来，呈现出问题的强度、形式和复杂性的叠加效应，需要辅导员在普适工作中做好对"特殊学生"群体的个性化引导和服务工作。

（2）"特殊学生"的成长引导，需要包括社会、家长、学校、老师、学生干部、朋辈等主体的支持。

在本案例中，辅导员在对小 Y 的帮扶中，搭建了多个层面的支撑：辅导员保持与家长长期密切的沟通，学校给予小 Y 特殊困难补助，学院领导和辅导员对小 Y 给予支持和引导，学生干部长期汇报小 Y 的情况，朋辈给予小 Y 最贴近的关怀。通过这些层面主体的共同努力，才实现了小 Y 的成功转变和成长。

（3）辅导员要运用心理咨询的技巧，有效引导，形成符合学生成长的师生相处模式。

辅导员要采用区别于"说教式"的教育方法，让师生之间建立信任关系，为学生提供心理营养，如此更有利于学生为自身的探索提供一定的思考空间。

（4）提高对"特殊学生"心理突发状态的预见性。

通过加强对"特殊学生"的摸查和了解，辅导员应对不同类型的"特殊学生"可能突发的心理状态有一定的预见性，能提前做好预警，制订教育引导方案。

四、待探讨的问题

"特殊学生"群体的发展性叠加问题既是社会现象，也是学生工作不可忽视的课题，辅导员不仅要帮助学生解决实际问题，更要提升其"助人自助"的能力。如何系统、多层面地提高"特殊学生"的自助水平，引导和帮助其认识自我，树立起正确的理想信念，学会学习和规划，并能付诸实践，是辅导员所应思考的方向。

此外，学校、社会和家庭只有形成更为有效、有力的支持系统，才能保证"特殊学生"群体教育的全员化，以促进其人格完善和成长成才。

参考文献

［1］邓汉平. 试论当前大学生思想政治教育理论与原则的选择. 亚太教育，2016（26）.

［2］沈威，范伟杰. 高校学生工作案例分析的方法与技巧. 高校辅导员，2014（3）.

［3］徐妍. 归因理论在高校辅导员工作中的运用. 教育理论与实践，2014（15）.

第六单元

健康成长

支持的力量　蜕变的自我

孙碧菡

一、案例背景

面对日益加重的学业压力及就业压力，大学生的情绪情感问题日益凸显，越来越成为影响大学生心理健康的因素。其中"双向情感障碍"是最为常见的类型之一。

"双向情感障碍"，是以躁狂或抑郁的反复发作和交替发作为特征的精神病，主要特征为情感障碍，发作可呈双向性，亦可呈单向性。

"双向情感障碍"主要分为躁狂症与抑郁症。躁狂发作时，患者心境高扬，与所处的境遇不相称，可以兴高采烈，易激惹、激越，甚至发生意识障碍。严重者可出现与心境协调或不协调的妄想、幻觉等精神病性症状。其以情绪高涨或易激惹为主要特征，且症状持续至少一周。抑郁发作时，患者心境低落，与所处的境遇不相称，可以从闷闷不乐到悲痛欲绝，甚至发生木僵状态。严重者可出现妄想、幻觉等精神病性症状，某些病例中焦虑与运动性激越比抑郁更为显著。其症状标准以心境低落为主要特征且持续至少两周。

二、案例简述

1. 学生自身基本情况

小花就读于广州市某高校，现为大三学生，为学院重点关注的存在心理问题的学生，从发现、诊断、治疗、休学、复学至今，为时一年零三个月。该生因在大二暑期主动追求暗恋已久的高中男同学未果，导致回校后性情发生较大转变。在学校及学院老师、同学与小花父母共同帮助下，送其入某脑科医院，确诊为"双向情感障碍"。主要表现有以下几点：

（1）学习方面。

上课时，独自坐在课室最后一排角落，戴上耳机，听着狂野型的音乐，独自

沉浸于自己的世界里，不听老师讲课，并经常发出很怪的声音。有时怀疑老师和学生都在议论她，甚至后来以自学为由，不参加课堂学习。

（2）生活方面。

平时打扮得花枝招展，发型奇特，眼神斜视，走路时喜欢低头，经常觉得天色灰暗。在宿舍很少与舍友交流，喜欢早出晚归，或选择在舍友有课的情况下，独自待在宿舍，一直播放着很狂躁的音乐。晚上就寝时，会表现得很兴奋，在舍友入睡时，半夜会发出嚎叫，甚至感觉有鬼魂的存在，特别易显躁动。不愿与他人交流和沟通，一听见有人说笑，就以为有人在仇视她、议论她，特别是男生的说笑更让她敏感而惊悚。生活迷茫，没有目标与理想。

2. 学生家庭基本情况

小花母亲为某小学语文老师，性格温和善良，从发现女儿患有"双向情感障碍"心理疾病至今，都在关心与陪伴女儿，甚至请假半年，来校陪读。父亲为某市重要领导官员，性格较为直率、易怒，经常以命令的语气教育女儿，因为公务繁忙，很少关心和陪伴女儿。并在小花小时候对其教育时，经常把女儿关进小黑屋，不愿听女儿解释，导致小花从小对幽闭环境有恐惧心理，不愿与其父亲有过多交流。另外，小花还有一个妹妹，她很讨厌妹妹的存在，认为妹妹容貌丑陋、能力不足，并剥夺了自己的爱，姐妹关系十分紧张。

三、案例分析与启示

（一）案例分析

1. 案例现象的原因分析

（1）家庭教育环境的影响。

家庭环境因素是学生心理健康发展中不可或缺的重要条件。很多家长对青少年生理心理发育、发展的基本规律方面的知识了解较少，不能用正确的态度和方法帮助、关心、引导、教育孩子，甚至出现过度溺爱或是过度严厉的现象。这样的教育方式对青少年的成长会产生较大的负面影响，甚至造成不可挽回的心理障碍。

小花从小衣食无忧，母亲溺爱，而父亲因公务繁忙，忽视与孩子的沟通和交流。父亲由于工作习惯，经常以命令的方式对待女儿，小花幼时每当因为一些小事激怒父亲，父亲便将其关进小黑屋，让小花留下至今无法抹去的心理阴影，甚至回想起来都会全身战栗。

（2）学校教育环境的影响。

在学校教育中，虽然素质教育已经提倡许久，但部分中学仍把高合格率、升学率作为追求的目标，片面地抓学生智力的培养，忽视学生心理素质的教育和引导，培养出来的大都是"考生"而非"学生"。这种以分数为主的教育严重损害了学生的全面、和谐发展，是学生心理障碍形成的原因之一。面对不同个性特征的学生，采用单一的教育引导方式，对孩子的心理健康、教育成长都会产生不利的影响。

小花由于患有"双向情感障碍"，在课堂上表现异常，但老师并未加以留意和关心，只是提醒其行为举止的不当，被忽视的小花在课堂上也变得更加肆无忌惮。

（3）自我教育意识的缺失。

良好、健康的人格心理不是与生俱来的，而是后天发展形成的。苏霍姆林斯基说："唤起人实行自我教育，乃是一种真正的教育。"自我教育是指学生在教育的影响和教育者的指导下，在自我意识发展的基础上，为了形成良好的心理品质而进行的思想转化和行为控制的活动。学生若缺失了自我教育，则其人格是不完全的，外在的教育也是很难奏效的。

小花在得病之前并没有这种自我教育和危机处理的意识，导致如今呈现出自暴自弃的状态。

2. 案例解决方案的教育理论依据

（1）增能理论。

增能是个人与环境在互动过程中，社会工作教育者帮助服务对象获取社会教育资源、提升服务对象，最终获取自我能力的过程，通过帮助服务对象增加自身权利以消除其无力感。[1]

增能理论认为，个人的无力感是受到教育相关环境的排挤、压迫、忽视等而产生的。在家庭、学校或社会环境中会存在各类直接或间接的障碍，使得个人的能力与价值无法发挥。但每个人都是不缺能力的，可以通过家庭、学校与社会互动的不断增加，并通过一系列社会活动来消除自身的无力感和迷茫感，使自身融入社会，与其他人建立一种和谐友好的人际共同体关系，从而实现自我能力与社会价值。

小花被心仪已久的男生拒绝，对其造成了沉重的打击，负面能量强烈。并且父亲之前简单而粗暴的教育方法致使其产生消极的自我评价，认为自己无力改变当前现状，最终形成了主观上的无力感，长此以往，对小花身心健康成长造成了

极大危害。针对这一点，可以通过挖掘小花的专长和兴趣，为其提供展示或锻炼能力的平台来提高其学习和生活的自信，降低她的无力感，慢慢实现自我增能。

（2）社会支持理论。

社会支持网络指的是一组由个人接触形成的关系网，通过这些关系网，个人得以维持社会认同并且获得情绪支持、物质支援和服务、信息以及新的社会接触。[2]

小花与妹妹的关系不好，与父亲很少联系，缺乏家庭支持，班级中没有信任和要好的朋友，这种单一、弱势的社会支持网络限制了小花寻求外部支持的空间。针对这一点，可以通过鼓励小花与舍友和同学多交往，多参加班级、学院或学校活动以及寻求外力帮助缓和家庭紧张关系等方式实现对小花的社会支持。

（二）干预措施

小花所患的是"双向情感障碍"，需要心理医生进行专业治疗，学校教师只能从辅助治疗的角度来加以协助。我们从小花自身层面介入，主要从优势视角出发，运用个体能力建设、心理调适、关注引导的教育方式逐步进行心理防备的突破。

1. 建立平等与信任关系

主动联系学生，建立良好关系，并长期保持稳定的沟通与交流。对于小花在第一次当面谈话中保持沉默、不愿意沟通的情况，我给予的信号是我愿意配合她，在她说谎时我也没有当场揭穿，而是选择信任她，并对她的生活境况予以关心。这拉近了我和小花的心理距离，可以感觉到我给予的信任让她有所触动。

2. 进行心理调适与引导

在与小花接触的初始阶段，我比较注重倾听，通过全面的了解、接纳和支持，获得小花的信任。让小花描述并分析自身面临的问题，通过耐心聆听、适时表达同感和细微的肢体暗示提高小花的自我接纳感。同时，也让小花通过自我分析更为准确地认识自己。在整个交流过程中，我对其进行积极关注，肯定她的优点，并对其表示理解、共情。在交流过程中从优势视角出发并运用理性情绪治疗法进行引导。两次较为深入的谈话打开了小花的心扉，让其体会到温暖与被尊重，小花逐渐愿意与我诉说内心真实情感并愿意分享内心真实感受。

3. 形成稳定关系与密切关注

首先，经常与小花进行一对一的交流，给她打电话或发短信，一方面强调学习的重要性，另一方面通过聊天了解她的现状，对她的学习、生活予以关心，用纪律和情感同时对她进行约束。课外与其科任老师联系，了解小花的学习和课堂

表现情况，在宿舍与小花及其舍友聊天期间会表示对她学习和兼职能力的肯定，培养她的学习自信感。在了解到小花数学薄弱的情况下，找到相应的专业任课教师在课间为其辅导。这让她切实感受到我们老师对她的关注与帮助，并更有信心将挂科的数学补考通过。

其次，从小花的家庭层面介入，缓解家庭内部紧张矛盾，通过与家长建立长期沟通与交流的关系，协助其父母共同进行心灵触碰。与家长保持密切的联系，从小花母亲口中了解更多有关小花及其家庭关系的信息，有助于我更顺利地开展工作。由于他们父女关系很紧张，我便定期和其父亲联系，希望他加强和女儿的沟通，做好对女儿的监督与管理，学校与家长一起对学生进行教育管理，让学生在学校能约束自己的行为，并能学有所成。一方面是告知父亲小花在学校的良好表现，让其了解小花的境况并慢慢改变对孩子的负面印象；另一方面是希望通过多次交流能改变父亲的教育方法及观念，促进父女关系的修复。同时让小花与其妹妹交流，让小花认识到作为姐姐的职责，主动与妹妹真诚地沟通。

最后，从小花的同辈群体介入，借助班级党员、班干部以及小花的舍友之力，关注小花的学习与生活状态。事发的萌芽期，第一时间召集舍友、班级党员、班干部来办公室，面对面地了解情况，就如何帮助小花改变旷课习惯进行讨论并制订、实施帮助计划。让舍友在旁帮忙监督并多关心她，多与她沟通。要求小花的一个舍友每天向我汇报小花的学习生活情况，以便随时了解小花动态。同时，我还与小花之前认为的一个与其关系不错的同学保持联系，让其帮忙监督和鼓励小花好好学习，有新情况第一时间进行反馈。

（三）干预效果

通过采取以上措施，在与小花接触将近一年的时间里，小花有了很明显的变化：精神面貌上，小花现今比较积极乐观、阳光，走路时面带微笑、昂首挺胸，有时还会哼着小曲，无故发出怪声的情况日益减少；人际交往上，小花会主动找老师、同学寻求意见和帮助，与舍友、同学关系融洽，也会主动帮助舍友和其他同学；学习上，小花按时上课，遇到不懂的问题能主动询问专业任课老师，并在研究生师兄对她的数学辅导下，正在努力地准备期末的补考；生活上，小花能参加班级、学校的实践活动，按时睡觉、早起，并制订了一个学期的生活计划。另外，小花对同学和老师深怀感恩之心，小花与其父亲以及妹妹的关系有所好转，其父母也经常打电话给老师表示感激之情。

（四）案例启示

作为从事以生命影响生命的事业的学生辅导员，应该有对学生心理健康和健

全人格塑造的更加深刻的认识和在实践层面上的科学把握。从"管理育人"的模式转变为"服务育人"，提升心理学育人的艺术。在此次案例中，我坚持以生为本的原则，主要针对"双向情感障碍"大学生当前的特点和需求，结合社会工作教育理论与方法以及心理辅导知识进行引导，让老师与学生、家长建立更为稳固与和谐的关系，最终促进学生心理健康的发展。

首先，树立辅导员责任与服务意识。大学时期是人生发展过程中非常重要的时期，大学生会遇到各种各样的事件或困境，学生一旦不能很好地应对和处理这些事件或困境时，往往会出现心理失衡，心理学上称之为"危机"，尤其是情感危机。因此，高校辅导员需要树立起强大的责任意识，在学生遇到心理危机时，能够进行及时、科学的干预，帮助学生成功地渡过危机，可以借鉴社会工作教育相关理论中的方法论，提升学生的自助能力，增强学校、家庭与社会的帮扶力度。

其次，将学生心理问题作为工作之重，并从社会支持和优势视角增强学生自我教育能力。重视问题学生自身力量及其家庭和社会支持网络的作用，深入挖掘问题学生自身的知识、能力和资源等潜力，通过鼓励、帮助、激发和引导等方式最大限度地释放其潜力，使之确立自己的目标和愿望。同时，在谈话中运用自我袒露、同理心和理性情绪治疗法等专业社会工作教育方法。从情感出发，促使"双向情感障碍"大学生发现自身存在的意义。

最后，把握学生心理特点，建立特殊学生档案，形成家庭、学校、社会教育三位一体，全面呵护学生的心灵健康。辅导员应该恰到好处地把握学生的性格和心理状态，善于启发他们将内心的想法表达出来，在谈话过程中以真心对待，恰到好处地指出他们的误区。这种因材施教的教育方法能在很大程度上帮助辅导员达到缓解矛盾、解决问题的目的。另外，辅导员需要建立系统的信息档案，以便跟踪管理。同时建立家庭、学校与社会的三层保护网，让学生感受到家庭的温暖，学校的呵护，社会的保障。

四、待探讨的问题

第一，这类"双向情感障碍"问题属于社会心理学研究的范畴，关乎此类学生的社交能力。因此，如何培养"双向情感障碍"学生良好的人际关系，是今后需要深思的问题。

"双向情感障碍"学生经常会出于各种原因，做出异乎常人的举措，如与其他学生站得太近、讲话声音太大或者远离人群，沉浸于个人世界中，使得自身更

加处于孤立的境况，甚至被其他学生视为异端、古怪或孤僻。另外，一些"双向情感障碍"学生对别人如何对待他们非常敏感，他们对自己对待别人的行为却缺乏人际敏感性。由于"双向情感障碍"学生的情绪一直在变化着，他们经常会感到厌烦或者对朋友发怒。因此，很多研究者把他们的社会关系描绘为"一个月的朋友"：一个月之后，"双向情感障碍"学生会感觉无聊或与朋友生气。最后，当他抑郁时，他可能会由于缺乏兴趣而很难开始并保持友谊，甚至与其他社会环境脱节。

第二，"双向情感障碍"学生的诊疗是一个需要时间和精力的过程，如何在确保此类学生在校学习和生活能够自觉而自为的情况下，与其建立起正常而有效的沟通与交流机制，形成老师与学生、家长之间的密切关注和监督体系，这是案例发生后及后期跟踪的重点方向与问题。

"双向情感障碍"学生的特点在于孤僻、沉默、不愿与外界一切事物产生相关联系，甚至有些事情不喜欢跟自己父母沟通。这便使得学校老师、班级同学与家长处于被动的状态。长此以往，关心者会产生疲惫心理，对其逐步放松警惕，甚至淡薄此事，这对于"双向情感障碍"学生来说，是一巨大危机。因此，在对此类学生进行药物治疗之外，学校老师、同学及其家长必须对其后期的心灵治疗持有一定的耐心和有效的治愈方案与应急措施。这也是辅助"双向情感障碍"学生不可或缺的内容。

参考文献

[1]［2］张璐滢．社会工作介入"问题学生"教育的思考：高校辅导员工作案例．法制与社会，2015（17）．

对症下药　亲情暖暖

罗　兵

一、案例背景

躁狂症状是一种以情感高涨或易激惹为主要临床相，伴随着言语、活动增多，精力旺盛等表现的心境障碍。引起躁狂的原因有很多，如生物学上神经递质代谢异常以及相应受体功能改变等，心理社会方面主要为不良的生活环境和应激事件诱发产生等。现今大学生学业、就业等各方面压力增加，使其遭受更多的应激事件以及面对不良的生活环境。本案例将从躁狂症学生小张的个案出发，探讨高校躁狂症学生危机事件的干预和处理。

二、案例简述

小张是我院一名在校学生，原本家境比较富裕，父亲经营家族企业，母亲全职照顾小张及其哥哥。然而中学时期，小张父亲突然去世，家族企业的管理及其他家庭矛盾不断出现，小张原本幸福美满的家庭陷入了纷争，小张开始与母亲和哥哥产生矛盾。家庭的变故令小张难以接受，父亲去世后，母亲又把主要精力放在家族企业管理上，对小张的关心和交流明显比以前减少。同时，母亲亦有想法让哥哥来打理家族企业，让小张安心读书，继续完成学业。因此，小张倍感母亲不器重自己，什么都相信哥哥，渐渐开始出现低落、抑郁的情绪，什么事都不能令其高兴，失去了往日的活力。长期生活在这种环境中，原本充满热情、富有朝气的小张性格慢慢变得暴躁，并引发了抑郁症，其症状在上大学前已有表现，但家长只是将其判断为简单的情绪问题。

经过努力，小张成功考入我校，这对于小张的家人来说，是一件非常开心的事情，特别是小张的母亲，压在心头的一块"大石头"终于落地，倍感欣慰。

然而就在这时，意想不到的事情发生了。某晚，小张被大学城巡逻的民警发现躺在大学城其他学校附近的草坪上，发现时脖子上有被利器割伤的痕迹，并流了很多血，执勤民警及时拨打120并将小张送到大学城医院进行救治，所幸的是送院及时，经过医生抢救，小张没有生命危险。后经过深入的调查了解，小张是因为家庭内部的一些矛盾，在与母亲和哥哥发生争吵后，觉得母亲和哥哥都排挤他，对家里一些事情的处理没有尊重他的意见，让他觉得活着没意义，最终做出了极端行为。

三、案例分析与启示

（一）案例分析

小张的心理问题属于典型的抑郁心理引发的躁狂症，关于小张出现抑郁并狂躁的原因，总结起来有以下几个方面：

1. 家庭原因

小张从小生活环境优越，生活在一个美满、幸福的家庭中，但父亲的突然离世以及母亲接手家族企业而忽视了对其的照顾，让小张觉得家庭的关爱减少了许多，对此难以接受。且母亲有意识地想把企业的管理权交给小张的哥哥，让小张内心产生了被抛弃、不被重视的感觉，这些因素导致小张心理紧张，产生了烦闷、抑郁等不良情绪。负性应激事件的产生对于不同类型的个体有着不同的影响。小张从小生长环境舒适安逸，突如其来的打击让其无法承受，且家庭内部成员未及时帮助其疏导，彼此之间矛盾增多，这些因素都容易引发其心理障碍。

2. 环境适应不良

考上大学以后，小张远离长期生活的环境到异地求学，时常牵挂着家里，再加上在上大学之前没有集体生活的经验，独立生活能力较差，容易产生手足无措、情绪低落、精力不足等抑郁心理症状。且进入大学以后，感觉身边的同学都很用功学习，而自己却受家里事情的影响，难以集中精力学习，进一步造成心理上的失落和焦虑。

3. 自身性格

小张是家中的幼子，自幼受到各方面的呵护，而家庭的变故致使母亲对其的关注度降低，使小张倍感失落，被遗弃的孤独感激增。且其本身自我调节能力不足，面对突如其来的打击无法较好地进行自我调节，抑郁、烦闷的情绪愈演愈烈，最终导致其躁狂症的爆发。

（二）干预措施

（1）在得知小张出事的消息后，辅导员第一时间向学院和学校相关部门的领导汇报，并马上通知学生家长。通过多方了解情况，收集相关信息，整理具有重要价值的线索，等领导到现场后详细汇报情况，并与家长共同商定事件处理的方法。

（2）对小张的心理健康问题做恰当的分析，建议家长在小张生命体征相对平稳、情绪平静时，带其到相关专科医院进行心理测试，有必要时接受药物治疗。

（3）根据医院将小张诊断为躁狂症的现实情况，结合医生给出的休学治疗的建议，在征得小张本人及其家长的同意后，为小张办理了休学一年的手续，便于其回家治疗。在小张休学期间，辅导员与其家长保持密切沟通，同时也安排学生干部不定时地与小张联系，了解其情况，给小张传递一个信息：学校老师和同学对他的健康及学习是非常关心的，让他感到老师的关爱和集体的温暖，从而更有利于小张的身体康复，达到心理治疗的目的。

（4）经过一年的治疗，小张基本恢复健康，通过医院复诊，结合医生的建议，小张可以复学，于是返校继续完成他的学业。为了有利于小张更有效地恢复健康，学院建议其母亲或哥哥在学校附近租房陪读，让小张能够随时见到亲人，感受家的温暖。在小张复学的第一个学期，哥哥和母亲轮流在大学城陪读，达到了比较好的效果。

（5）在小张复学以后，学院采取有效措施帮助小张尽快建立起维护个人心理健康的自觉意识，在理论上指导小张学会保持健康的情绪、建立良好的人际关系、学会自娱自乐，使之更好地适应环境，保持心理健康。辅导员利用合适的时机和不同的方式鼓励小张要坚强，要面对现实，帮助小张正确认识自身抑郁心理的性质，调动其积极性和主动性，努力使他的心理状态达到平衡，及时适应周围环境的变化。同时，要求班干部督促小张积极参加一些课外活动和社会实践活动，扩展生活经验，磨炼挫折耐受力，建立良好人际关系。

（三）案例启示

当学生突发事件发生时，作为长期在一线开展学生工作的辅导员，要勇于面对，积极配合，以沉着的心态去处理好相关的事情。

1. 及时了解情况，做好汇报工作

辅导员在接到类似这种学生突发事件的消息后，要第一时间赶到学生身边，做好安抚工作，控制好局面；同时要马上向相关领导初步汇报情况，听取领导的

意见，让领导全方位了解事态的前因后果及发展状况，以便做出正确的决策。

2. 认真寻找线索，分清事件责任

辅导员要注意收集解决突发事件的线索。信息的有效收集，有利于学校与家属双方寻找解决问题的恰当方法，更好地达成处理事件的共识，促进事件处理顺利进展。

3. 制订解决方案，消除各种障碍

对危机事件的处理，应该结合多方面的专业意见。如小张的危机情况应征求学校心理中心专家的建议，综合各方意见之后，结合个体本人意愿制订解决方案。

4. 加强挫折教育，转化不良情绪

人们在日常的生活和学习工作中，并非总是一帆风顺的，常常要遇到各种各样的障碍，碰到许许多多的困难。当我们碰到挫折和困难时，要以积极的态度对待，要有承受挫折的思想准备，要有克服困难的勇气，不要怨天尤人。学校在给予面对困难和挫折的理论指导的同时，更应该训练学生使用应对消极情绪的方法，如理性情绪疗法、认知情绪疗法等，也可以找一些可以发泄、升华和转移情绪的方法，及时消减和转化不良情绪。

四、待探讨的问题

（1）在小张的危机事件处理中，我们不难发现，家庭环境的影响是造成其危机事件产生的重要原因。每个学生都有其特定的家庭环境背景，面对不同背景的学生，我们应该如何将危机事件防患于未然？不同学生的引导工作应该如何进行？应该把握什么原则？如何做到高校教育和家庭教育更有效地结合？

（2）当代大学生大多生长于环境较为优越的家庭，面对困难时意志力相对薄弱，面对消极事件的发生也表现得不知所措。理论方面的引导在很多时候都显得有些"纸上谈兵"，如何真正落实学生的挫折教育，在实践上教会学生处理问题的方法，帮助其顺利解决问题，是一个值得探讨的问题。

家校联合　温情陪伴

罗志光　钟晓玲　李　娜　张　芳

一、案例背景

被害妄想是妄想症中最常见的一种，多见于精神分裂症和偏执性精神障碍，[1]是精神疾病的一个重要症状。被害妄想主要是指患者经常处于恐惧状态而胡乱推理和判断，思维发生障碍，坚信自己受到迫害或伤害。患病者往往变得极为谨慎、敏感多疑以及防备意识强，还时不时地将周边相关的人纳入自己妄想的世界中。他们感觉被人议论、诬陷，遭人暗算等，有伤害他人或企图自杀的倾向。发生被害妄想常与患者童年时期受过某些刺激，缺乏良好的人际关系等有关。[2]

本案例以被害妄想症患者小王为例，探讨高校中处理此类问题的方法及需要注意的问题。

二、案例简述

某日下午五点左右，学院辅导员接到某大二男生宿舍学生小C打过来的电话，反映称，学生小王先前自己一个人站在宿舍走廊的铁栏杆上欲轻生，幸亏学生小A和小B发现及时，拦住了小王并做了紧急劝阻工作。此外，辅导员在与小A通话的过程中还了解到，学生小王在大一时期表现良好，读书非常用功，成绩稳定，积极向上，只是很少与他人在生活中进行交流。但从大二的第一学期中段开始，小王整天疑神疑鬼，白天总怀疑别人跟踪和监视自己。小王一直在跟他的舍友说，自己在学校的任何场合背后总会有一双眼睛在窥视他，并且这个监视者一直在等待着某个机会来谋害自己。到了晚上，小王总是做噩梦半夜惊醒，并大声呼叫，说一些"不要害我"之类的话语。平日坐在教室里看书时，总担心

会有人坐在身后并干扰自己，有强烈的不安全感，以致只能坐在角落或者靠墙而坐，否则无法安心看书。小王所在班级的班主任 C 老师在上课期间也发现了小王的学习状态低迷等异常表现，并曾经私底下向他了解他这段时间的苦恼，亦多次开导小王，让其放下思想包袱，但未见效果。在小王欲跳楼的当天下午两三点钟，其舍友小 A 和小 B 还通过骑车散心的方式陪同他并且多次尝试与他沟通，但也未见效果。

三、案例分析与启示

（一）案例分析

1. 自身因素

据小王父母和同一宿舍的舍友介绍，小王自大一以来，依然是按照高考的复习节奏主动适应大学学习生活。不论是在课堂、宿舍还是在自修室，都勤奋刻苦学习，这是留给舍友和身边认识他的同学们最深刻的印象。但是，除却学习这一环节外，小王留给同学们的印象就是内向、话不多，朋友圈子较狭隘。平日里除了跟同宿舍的舍友还能说上几句话外，很少看到他和其他朋友外出或一起参与其他社交活动。到了大学二年级，由于换了新的校区环境，舍友成员发生了变化，舍友的生活社交圈子变得比以往更大更丰富了。与此同时，舍友也较少待在宿舍，而小王却依然是每日重复着课室—图书馆—饭堂—宿舍的简单生活，跟舍友之间的主动交流变得更少了，待在图书馆的时间更长了，几乎不怎么参加集体活动。

2. 家庭因素

据了解，小王家在省内欠发达的偏远农村地区，家庭经济状况一般，家庭所在地有重男轻女思想，家庭教育类型属于家长专断型，其中父亲在家庭成员结构中处于强势地位，很多事务由小王父亲说了算。小王共有两个姐姐，他排行老三。考虑到家庭经济情况，大姐早年没读大学，结婚较早。二姐靠自己打工挣钱在外面读书。在三姐弟当中，父亲比较疼爱小王。在家庭当中，父亲一般是说一不二，而且有"大男人主义"，父母在连续生了两个女儿后，第三个小孩终于是男孩，这让重男轻女的父亲感到很是高兴。从小王出生到其成长，小王父母尤其是小王父亲认为小王承载了家族未来的希望，所以对其要求严格，对其唯一的要求就是得学习上进，其他的事情不用小王操心。

（二）干预措施

1. 学院快速进入反应处置程序

学院辅导员接到情况报告后，第一时间对这起突发事件进行处置，采取了一系列应对措施：一是交代同宿舍同学密切留意小王的言行举止，不得让其独处，有情况随时联系辅导员；二是上报学院领导说明小王现在的情况；三是联系学校心理健康中心的专家对小王的表现进行初步诊断，认为小王有可能是被害妄想精神障碍，明确诊断还需要进一步到正规医院进行；四是及时联系小王家长告知其在校情况，让家长尽快来校陪护，并及时送医确诊。

2. 学院主动反复耐心与家长沟通

由于小王家离学校路途较远，辅导员一方面先让家住在广州的小王叔叔赶到学校，看管并安抚好小王；另一方面通知小王父母连夜从家赶到广州。

小王父母第二天一早赶到广州，在小王叔叔的陪同下来到学校。小王父母向学院领导、辅导员做了详细的情况了解。起初小王父母尤其是小王的父亲一直不愿意相信自己的小孩会有自杀倾向、有精神障碍这一事实，只是觉得自己小孩太用功读书，用脑过度而已。但小王的叔叔却有着非常清楚的认识。

基于以上情况，学院领导决定分别与其父母和叔叔做深入交谈，先做通小王叔叔的工作，再让其去做小王父母的思想工作，让其父母认识到一点：大家是出于对小王的爱护和关心，都不希望小王有精神障碍。但是从其行为表现来看，小王的心理疾病疑似症状应该尽早检查尽早解决，这对小王是有帮助的。而越往后拖延就越耽误治疗，小王的后遗症可能性包括产生其他伤害情况的概率也就越大。

在发现小王欲跳楼后的第三天，在学院领导的陪同下，小王父母带着小王在市区内的脑科医院进行检查治疗后，准备等待医院的结果。当晚，学院领导突然接到小王父母电话，说小王的精神情况出现异常，情绪非常不稳定，他们把小王连夜送往治疗精神疾病的专科医院。经过这一突发事件后，小王父母从内心上接受了小王精神的确出现了异常这一事实。

3. 家长配合医生后期治疗并进行反思

经过专科医生诊断，小王的病情属于被害妄想的偏执性精神障碍，是思维障碍中思维内容障碍的一种心理异常情况。经过这一突发事件后，在诊断事实面前，小王父母接受了小王生病的事实，认识到自己确实由于平时忙于工作，只关注了小王的学习成绩情况，却很少主动了解小王的思想情况，也很少和小王进行精神方面的交流。

在学院领导和辅导员的耐心沟通下，经过大约一周的时间，小王父母终于做出决定给小王办理休学手续。小王的父母希望尝试通过抽出更多的时间陪伴小王，鼓励小王从精神压力中走出来，逐渐减轻学习压力、放下思想包袱。

（三）干预效果

休学之后，小王父母主动与学院领导、辅导员、班主任老师保持经常性联系。在后来的治疗过程当中，由于病情恢复较为缓慢，小王父母又主动提出给小王办理第二次休学（按照学校学籍管理规定，在特殊情况下，学生可以申请连续两年休学）。经过两年的休学调整，小王回来上学的精神状态很好，较之前身体也结实了不少。在与其言语交谈间，也明显感觉到其主动交流变得更多，不再只是一个人沉浸在书中的世界。小王复学后，小王父母曾三次主动来到学校跟学院领导和辅导员交流并告知小王身体的恢复状况，并且小王父亲还特意提到，在休学这两年，他凭借外出做生意的关系，经常带着小王到处走动增长社会见识和阅历，认识了不少的人。小王的确比以前更加开朗，也健谈多了。小王父亲认为正是陪伴以及与小王交流的时间比之前多了，小王才会有这么明显的改善，他非常感谢学院老师和同学对小王的及时救助和关心。

（四）案例启示

1. 家庭要树立正确的家庭教养方式理念

本案例中，小王的家庭教养方式属于家长专断型。专断型父母一般要求孩子绝对地服从自己，希望子女按照他们为其设计的发展路线去成长，对孩子的所有行为都加以保护监督。这类父母常以自己的理念对待子女，而他们对子女自身的需求则表现为意愿冷漠、忽视。同时对子女违反规则的行为表示愤怒，甚至采取严厉的惩罚措施。[3]

在青少年时期，在专断型教养方式下成长的学生与其他学生相比，自我调节能力和适应性都比较差。但有时他们会将内心的不满或恐惧压抑，在校有相对较好的学习表现，反社会行为也较少，[3]只是长此以往容易造成心理上的障碍。所以家庭要及时关注子女的思想动态和各方面需求的变化，并及时主动关心他们的成长，切忌搞家长"一言堂"。

2. 学院要加强关于新生入学关键期的环境适应性引导

学院应开展形式多样、主题内容丰富的大学生适应新环境的互动活动，搭建教育平台。大学生的校园生活是涉及不同层面的，包括新老生交流会、师生交流会、班委交流会、宿舍交流会等大学生团体辅导活动。大学的一年级是大学新生在独立、沟通、协调、合作方面的能力培养的关键期、重要的磨合期，可塑性非常强。

四、待探讨的问题

缺乏家庭关爱和陪伴，是造成学生心理异常的根源。家庭是人出生后最初的生活场所，人的社会性发展首先从家庭开始，而父母则是子女的启蒙老师。通过家庭成员特别是父母的抚养与教育，子女逐渐获得适应社会的各种知识和技能，掌握各种行为规则和社会规范。但在许多影响人社会化发展的家庭因素中，父母的教养方式是非常重要的。正是通过父母对子女实施的教养行为，才把社会的价值观念、行为方式及社会道德准则传递给下一代。

在该案例中，从表面上看小王的心理困境主要是由人际关系交往不善等各种压力造成的，但最主要的根源则是小王在学习和生活成长过程中缺乏与父母在精神方面的沟通和交流，其父母也很少主动了解小王这方面的内心世界，只是一味地看他学习表现是否良好，对其他方面没有给予太多的关注，大部分时间都在忙于工作和打理自己的生意。而且，父母没有树立正确的家庭教养方式理念，忽视了小王自身包括内心上的其他需求问题。由于长期处于父亲专断型教育方式的压力之下，同时家庭已把较好的资源往其身上倾注，小王从内心上不愿意也不好再向家庭提出其他更多要求，在面对学习生活等现实中遇到的困难与问题时，只能从书中寻找解决的办法，而一旦无法找到解决办法，就只能将问题埋藏于自己心里，久而久之，就形成了一种心理压力负担。

学院在处理这一突发心理危机个案时，主动解决，并且在解决问题的过程中抓住各种有利时机，耐心做好学生和学生家长方面的思想工作，化解家长极有可能会存在的对学校管理的偏见和误解等矛盾。同时及时、合理运用学校的医疗条件与资源，让学生家长真诚地感受到学校对其家庭和学生本人是出于关心和爱护的角度考虑，而不是推卸责任。这一点值得我们去思考和总结。

参考文献

［1］郭念锋．心理咨询师：基础知识．北京：民族出版社，2005.

［2］被害妄想症．百度百科，http：//baike. baidu. com/link？url＝－Yo6iHAiihHslJqAUQVfIQSgHVgYZ4U0Rui8MLZeVE0PtQ9sQLEBYGtIaX65Sgc02pYHnBxZikogJwhrRGvmyMI0eCUw7GUiMu5X_FdQ_15R_23VdOw20_1Yr2TOEJkaBj6AZsC2J Mza-UVDtA1vzIq.

［3］MansonLee树．论家庭教养方式的四种类型．新浪博客，http：//blog. sina. com. cn/s/blog_5059059c01012dim. html.

4R 危机理论化解危机事件

陈　媛　孟　强　曾梅华　周　云　邹　婷　孙碧菡

一、案例背景

随着信息时代的发展，大学生的物质生活水平不断提高，所接收的信息不断增多，学习和生活压力也持续增加，心理健康越来越成为人们关注的焦点。现今的大学生个性鲜明，追求独立自主，容易与同伴产生冲突，缺乏应对人际冲突的能力，难以妥善处理好人际关系问题。人际关系冲突，尤其是宿舍人际关系冲突造成的不良后果令人触目惊心，危机事件屡有发生。高校的学生危机管理是高校学生事务管理工作的重要内容，我院本科生共有 2 700 多人，学生基数大，情况复杂多样，经过多年的实践积累和经验总结，在学校学生处的引领和指导下，我院形成了符合院情、生情的危机管理体系，并在学生危机个案中得到运用，成效显著，下面以我院一名特殊心理问题学生小 P 的突发危机为例进行论述。

二、案例简述

1. 学生基本情况

小 P，从某大专院校考入我校某专业，家庭经济困难。小 P 性格内向，沉默寡言，日常偶有微弱抽泣，长期睡眠障碍，宿舍关系紧张，认为舍友睡眠发出的磨牙声、打呼声是蓄意针对她的报复行为。第二学期重新分方向编班，因就读时间短、分班次数多，同学对其印象不深。

2. 案例发展过程

小 P 曾在医院确诊抑郁症，但她认为是医生想骗钱，自己本身并没有心理问题。2016 年 4 月 9 日，小 P 咬伤积怨已久的小陈的手掌，抓伤她的手臂，扬言要杀了小陈。随后，学院学工团队介入并向学校心理中心报备。通知小 P 的家人将其接回家接受治疗，4 月 15 日晚，小 P 以跳楼威胁拒绝回家治疗，当晚暂调开舍友，由其弟妹轮流陪伴小 P 生活。4 月 25 日晚，小 P 再次情绪爆发，将小陈床位、衣柜、书桌用水浇透，班级同学对此惊恐万分。第二日下午小 P 突然冲上天台意欲轻生，幸而发现及时，楼长及时到现场劝其下楼。当时小 P 情绪激动，手臂多处剐伤，态度强硬，不听劝阻，学工团队进行安抚，将其留在宿舍休息并通宵看护。4 月 27 日，学校、学院协助家长送小 P 入院，小 P 情绪反应激烈，

撕咬家人，后被诊断为重度抑郁症，现已休学治疗。

三、案例分析与启示

（一）案例分析

1. 抑郁症

抑郁症是一种以持久性情绪低落为症状的心境障碍。患者本身情绪消极，自卑抑郁，对很多事情失去兴趣，严重者甚至会产生幻觉并有轻生的行为出现。[1]小P曾被确诊为抑郁症，但未受到其本人和家人的重视，未按照医生的嘱托定期服药和复查，使其抑郁症状发展迅速，演变成了程度更深的重度抑郁症。

2. 环境变化

面对环境的改变，每个人的适应能力是不同的。适应能力强的个体能够于短时间内在集体中寻找到志同道合的朋友，生活学习积极正面；而适应能力较差的个体可能一直徘徊在集体边缘，孤独感倍增，引发不良情绪体验。小P为专插本学生，新的班级、新的同学对其而言都需要时间、精力去适应，加上小P本身具有情绪问题，且多次分班让其所处的环境不断地变化，一定程度上引发了其不良情绪。

3. 宿舍关系

人际关系是社会关系中较为重要的关系之一，它对个体的心情会产生一定的影响。小P因为舍友睡觉磨牙、打呼噜而与其产生冲突，并产生不合理的臆测，认为舍友的这种行为是针对她，从而使双方关系恶化，并诱发重度抑郁。

（二）干预措施

采用4R危机管理模式对小P的危机事件进行处理。

危机管理的4R模式由美国危机管理专家罗伯特·希斯在《危机管理》一书中率先提出，即危机管理由缩减力、预备力、反应力、恢复力四个阶段组成，四个层面统一在整个体系当中。[2]

（1）危机影响的缩减管理是危机管理的核心内容，制定缩减危机的策略，主要从环境、结构、系统和人员几个方面入手。[3]面对小P的案例，我院学工团队形成以党委副书记为领导、辅导员为骨干、学院心理辅导站为平台、学生骨干团队为支撑的危机管理工作组。由副书记做主导，统筹全局；辅导员负责联系小P家人，并对其进行安抚，安排同班同学进行陪同；学院心理辅导站与辅导员一同为其提供专业的辅导；学生骨干陪同小P，并向学院汇报情况。

（2）危机管理的预备力要求对危机有准确、迅速的信息反馈体系和预警系

统，在得到来源可靠的信息时做出快速反应。在小 P 个案中，我院学工团队建立了学院与家长、学院与班级干部、学院与该生专科校友、学院与楼长、学院与校级管理部门、学院与学生个人的六大模块的信息体系，在三天内对小 P 的家庭环境、成长挫折、在校表现、家庭关系、人际冲突等方面进行了全面、细致的掌握，并做好录音、笔录、证据收集和备份工作。因为布局合理和有预见性，在小 P 情绪爆发意欲跳楼轻生的关键时刻，第一时间得到学生干部和楼长的信息反馈，楼长作为现场的校方人员及时赶到现场进行危机处理，同时学工团队赶到小 P 宿舍进行安抚，防止了小 P 自我伤害的发生。

（3）危机管理要求在危机来临的时候，在危机的沟通、媒体管理、决策的制定、与危机相关者进行沟通等方面有较高的管控水平。[4] 我院学工团队对小 P 的短期心理辅导和环境调控在短期内缓解了小 P 的症状，团队每天指派专兼职辅导员、楼长多次观察小 P 情况，实时向学院和家长汇报进展。团队在小 P 与舍友再次发生冲突并欲进行报复性行动、意图轻生后，启动应急方案，一方面向上级汇报，商榷首选和后备方案、探讨法律规范；另一方面老师驻守、家人来校配合，最终在学校和家长之间达成共识，顺利协助家长送学生住院治疗。

（4）危机管理理论恢复力包括危机舆论的控制和总结，为今后的危机管理提供经验，避免重蹈覆辙。[5] 我院学工团队在案例发生之初就做好了小 P 周围同学的思想教育，得到了同学的认可和支持，做到不扩散、不传播，一定程度上为对小 P 的干预提供了较好的舆论环境。辅导员对相关学生进行了团体心理辅导，对专插本的学生重新进行了排查，对加强专插本学生的心理健康教育、朋辈关系的引导教育进行了反思和总结。

（三）案例启示

（1）危机处理需要理论与实践相结合。高校学生危机的类型较多，涉及的群体较复杂。因此需要一套在理念、原则、规范、流程、法律上都具有实际指导意义的理论进行指导，从而有利于各主体明确权责，合理分工，系统做好危机处理工作。

（2）危机处理不仅仅是辅导员的一线工作，案例成功在于校方各体系的全面配合，正是我校学生处、保卫处、心理健康中心、医务所、宿管办和学院配合的有条不紊和通力合作，大大提升了危机处理的指导力度、统筹协作力度，做到及时、高效地完成了对学生的危机干预，保证了学生的安全。

（3）危机处理涉及的学生主体复杂，辅导员要科学判断学生问题症结、学生问题属性，特别在心理问题学生危机处理上，既要做到关心关爱，也要刚柔并

济，果断处理，对一般性心理障碍和心理疾病区别处理，保证学生安全和校园稳定。

四、待探讨的问题

（1）随着社会压力的不断增大，大学生中出现精神疾病的比率逐年增高，而对大学生精神疾病的关注主要是在其爆发危机事件之后。如何对有征兆的"疑似"精神疾病群体进行鉴别，或是在心理障碍产生之初将其"扼杀在摇篮中"，甚至防患于未然，这都是高校学生工作需要关注的重点。

（2）对于确诊为精神疾病但仍在校就读，或是正在康复期的大学生，建立有效的辅导机制是很重要的。从学校或是学院层面做出明确的规定或处理意见，以及利用好学校或学院专业心理工作人员的力量是必要且重要的。

参考文献

［1］廖琳．大学生抑郁症调查及相关因素研究．遵义师范学院学报，2013，15（1）．

［2］殷润林，徐梅，唐雪松．高校危机管理探析，教育与职业，2015（18）．

［3］邹春胜．金融危机下中小企业融资的4R危机管理研究．经济研究导刊，2009（35）．

［4］王洋洋，李淑峰．学校危机管理：基于网络传播媒介的分析．当代教育科学，2013（4）．

［5］王真，闫淑敏．公共危机管理评估概念模型的构建与探讨．经济论坛，2009（18）．

尊重与理解　破除偏执成见

孙　凌

一、案例背景

偏执型人格，又称妄想型人格，其行为特点主要有：对他人不信任，容易猜疑，经常把他人的动机解释为恶意。常常假设他人会陷害、伤害或欺骗他们，怀疑朋友对他们的忠诚，详细揣度他人的行为以找到恶意的证据，担心与他人分享的信息会被利用来对付自己，善意的谈论或突发事件会被当成隐含贬义或威胁性的意义，当他们感到愤怒时，会迅速做出反应或反击。具有这种人格的人在家不能与家人和睦相处，在外不能与朋友、同学相处融洽，别人总是会疏远他。

本案例以一名存在偏执型人格的学生为例，探讨应该如何对偏执型人格障碍学生进行引导和教育。

二、案例简述

小天是一位大四的学生，一直以来给老师们的印象就是文思敏捷，逻辑严密，极有文采，当然人也十分自负。最近，他在考查课上为了帮同学们出头，公然挑战老师的权威，把老师气得浑身发抖；辅导员和他谈完话让他去和老师道歉，他居然为了赶时间去实习又在老师的办公室和老师大吵了起来；看到自己的考查课成绩不理想，他一封告状信又把科任老师告到了学院，说老师是故意打击报复。科任老师认为他不尊重老师，胡搅蛮缠，要求学院一定严肃处理，而他则振振有词，认为老师专断独行，不让学生发表个人见解。经过辅导员的几次约谈，小天终于正视了自身存在的问题，在待人接物方面有了一定的改变。

三、案例分析与启示

（一）案例分析

1. 自身性格

在与小天的接触中，辅导员发现，小天本身颇有才华，为人较为自负。这样的性格特征容易让其对自身有较高的评价，且有较高的认同感，成为一个性格较为偏执的人。其认为老师对其态度不佳，便在各个方面与老师作对，且对老师产生恶意的猜测，这些行为都是偏执型人格的表现。

2. 家庭教育

经过多方面的了解发现，小天的父亲和母亲工作较忙，从小对其管教甚少。且父亲性格较为专制，只重视小天的成绩，其他方面并不理睬，表达方式较为粗暴。家庭教育的缺失及父亲粗暴专制的性格在一定程度上会影响小天，让其无法学习正确处理问题的方式，思考问题的模式比较单一。处理问题上表现得有些"对人不对事"，且固执己见难以改变。

3. 学校教育

面对不同性格的学生，作为教师应该使用不同的方法进行引导。小天属于性格较为偏执的学生，采用强硬的态度要求其认错是难以行得通的。约谈过程中应多站在学生的立场思考问题，让其感受到老师对其的尊重与信任，方能进行有效的教育。

（二）干预措施及其效果

在处理小天的问题上，需要解决的问题有：第一，让小天认识到自己在此次事件中的行为不当，以及在学院造成的不良影响，能够接受学院对他的批评处理；第二，向他解释为什么专业课考试只有60分；第三，希望他不要有思想包袱，顺利走出校门走向社会。具体的干预过程可以采取以下几点做法：

（1）和学生建立良好的关系，把握好与学生沟通时说话的尺寸。

偏执型人格的个体具有极度的感觉过敏的特点，常常会曲解他人的话语。在与小天的交谈中，对他进行积极关注，对他想要为同学们说话的正义感表示赞同和理解，也对他因为处分产生学业上的担忧表示理解，由此让他了解到，老师并不是单纯站在学校的角度对他进行批评说教。另外辅导员尽量抓住最为核心的问题予以说明指引，即同学们对于老师的不满是同学真实的表达还是他自己本身的理解，以及探讨他与老师的沟通方式是否正确，这样的处事方式是否在社会上一直都通行无阻，只在学校里才会碰壁。面对他对老师给成绩的质疑，做出解释

并希望他提出问题就事论事，而不是赌气撒气。通过这次谈话，小天清楚了自身存在的问题，通过建立信任，小天面对老师的口气也缓和了很多。

（2）要让学生了解自己人格的类型特点。

小天其实知道自己的某些行为是不当的，但是他不清楚自己为什么会与社会对抗，他无法解释自己的行为时就认为全是社会的错。通过指引，他终于知道自己应该存在一定的心理困扰，愿意前往学校心理咨询中心就人际交往问题进行咨询。辅导员从心理咨询中心老师处了解了他的一些情况，知道小天能够主动咨询，这是一个好的开始，至少他已经能够意识到自己在人际交往过程中需要进行心理辅导。

（3）充分发挥社会支持系统的作用，给予学生帮助与支持。

做好学生的心理指引辅导不能够单兵作战，辅导员通过与小天的父母、朋友、同学以及任课老师进行沟通，跟他们解释清楚小天的行为表现背后的原因是什么，并争取获取他们的理解，让他们主动挖掘小天的优点，多给机会让他知道大家对他的关注与爱护，让他反社会、对老师不满的情绪尽可能一点点发生改变。

（4）引导学生坦然面对他人的言论。

小天所存在的问题中，最为重要的一点是小天对待别人的批评特别敏感。总结起来就是只喜欢接纳自己喜欢的，不愿意接纳别人不同的意见和观点，特别是批评。他总是和老师强调他是一名好学生，如果被处分他的人生就被毁了。辅导员开导他要为自己的行为负责，在课堂上公然和老师争吵，这是作为学生十分失当的行为，希望他能意识到自己的冲动行为是不对的，能够正确对待批评。同时，也积极引导他不断地进行自我觉察和疏通，积极与人建立良好的人际关系，尝试着注意和发现生活中的积极、温暖的事件，用积极的态度去对待挫折，让自己变得阳光起来，而不是总用灰暗的心态来解释人生。

（三）案例启示

回顾小天在整个事件中所表现出来的言行，可以发现他并不是思想品德的问题。他对问题较真，言行表现偏激，容易冲动，难以控制自己，因而才导致与老师的正常交流无法进行。对待这种特质的学生，我们一定要悉心引导，最好是通过家庭、学校和社会的共同努力，让他本人有所认识、积极配合，逐步修正自己存在的心理问题。

其实，随着毕业的到来，小天是否能够完全走出这次事件带来的困扰还是未知数，但是通过这次事件，他能够意识到自己在人格上存在一些缺陷，并且愿意

尝试去修正，我觉得这次的教育引导还是有成效的。因此，当有人说某个学生是"刺头"的时候，我觉得作为老师，除了对他的行为进行批评纠正之外，还要注意辨别他是否具有人格方面的缺陷，关心他的内心需求。只有溯本求源，才能对症下药。

四、待探讨的问题

当某名同学像本案例中的小天那样出现了一些明显的行为问题，并严重影响到周围的老师、同学时，很多时候同学们都会自动地开始疏离这些同学，对其表示不同程度的排斥心理，而这种排斥心理是极其不利于帮助这些同学更快、更有效地改善自己的问题行为的，因此，在日常的学生管理中，如何提高班级凝聚力、改变师生对于问题学生的看法甚至偏见，进而积极主动、团结一致地帮助问题学生走出困境，是亟待解决的重要课题。

心病需要心药治，及时应对需妙招

王国华

一、案例背景

近年来，各类校园突发事件不断爆发，学生的心理健康状况堪忧。纵观校园突发事件爆发的原因，不难发现他们的突发行为并非突然兴起的，而是由于无法承受长年累月的心理困惑的折磨，想寻求解脱的心理而导致的。

本案例以一名情绪极度不稳定、想轻生的女大学生为例，探讨应该如何更好地应对此类大学生突发事件。

二、案例简述

一天晚上，一名大一女生小杨突然变得情绪异常激动，要从宿舍楼往下跳，幸好被同学发现并及时拉住，将之上报学院。学生处、学院领导和老师、保卫处老师、宿舍管理员接到消息后，迅速赶往现场进行保卫和看护。

当时小杨的情绪十分惊恐和狂躁，不让任何生人靠近，认为他们都是害她的人，特别是不让医务所医生打针。我及时对她进行安抚，让她不用担心和惊恐。接下来，我认真倾听她的"疯言疯语"，希望能从中找到有用的信息，为分析她出现这种异常行为的原因找到参考依据。

另外，我组织人员及时与其家长联系，通知其家长立即前往学校，同时联系与小杨在同一城市的姑父、姑姑来校，签订了带其回姑父家的安全责任书。大约晚上十点，我和学院领导送小杨到其姑父家调理休息。在送小杨的过程中，小杨几次想要跳车，都被我们及时控制住。把她送到她姑父家的七楼时，她又差点从七楼跳下去，我们用尽全身力气才将她控制住，并安慰她："我们一直都在你姑父家门外保护你，你不用担心害怕。"这样她才进了姑父家。我们在她姑父家等到她安静入睡后才离开。

次日，我和辅导员及时将她送往某脑科医院进行治疗，医生给出的诊断是：躁狂症，要求立即住院。但由于她家庭经济困难，家长提出想要让小杨在其姑父家看护治疗。经过与医生认真讨论，家长同意让小杨在保证按时服药的前提下，在她姑父家看护治疗。

三、案例分析与启示

（一）案例分析

我们对这一事件发生的原因做了如下分析：

1. 家庭教育

家庭教育不全面，父亲、母亲文化程度不高，父亲长年酗酒打骂其母亲，小杨虽心疼母亲，但又不知道应该如何帮助母亲，害怕将来某一天，父亲会连自己也一起打骂，心中极度缺乏安全感，慢慢地扩散到害怕周围的陌生人也会伤害自己。另外，母亲对小杨的生活照顾得细致周到，导致小杨不会家务劳动，从来不会主动关心别人。

2. 学校教育

中学教育形式单一，以灌输为主，而学习方法的教育不足，导致小杨自主学习能力弱，以致无法适应大学的学习要求，学习成绩下滑严重，自信心严重受挫，觉得自己连唯一值得骄傲的优秀学习成绩都不复存在了。

3. 人际问题

人际关系的交往知识严重不足，不知道如何与他人进行有效的沟通和交流，被同宿舍的同学孤立，造成心理上对得到认同和尊重的需求得不到满足，又不知如何灵活应对同学们对她的负面评价，并且自己又十分敏感。

4. 经济问题

生活上由于家庭不太富有，又有严重的攀比心理，自己外出兼职却不会自我保护，以致被骗上当，受到人身的伤害和恐吓，导致小杨对社会产生恐惧感，害怕自己毕业以后无法在社会上生存。

（二）干预措施及其效果

1. 积极发动社会支持系统的帮助

为了减轻小杨家沉重的经济负担，我们为她申请了学院特殊困难支助经费（并发动师生捐款）10 000 多元，又申请了学校特别支助经费 5 000 元，安排同学们轮流前往看望并专门为小杨送汤送药，让小杨意识到大家都十分关心她、爱护她。经过近两个月的治疗和调养，小杨有了较为明显的好转。但后来有两次深夜小杨独自一人打的出走，我们组织老师和全班同学集体出动去找她，在同学们的共同努力下，两次都及时找到她并未发生严重的后果，大家的共同帮助，令小杨感受到了温暖和关怀，给了她很强大的正能量，为她的康复创造了温馨的环境。

在接下来的两年多时间，我坚持每周对她进行一次以上的心理辅导，多次到她的宿舍与同学们一道探讨如何与小杨沟通交流、如何关心小杨的心理健康，多为小杨考虑如生活、学习上的问题和困难，克服同学们之间的担忧与不安。我还专门安排了任课老师、辅导员、宿舍同学和全班同学分别为小杨提供康复治疗的帮助和看护，从生活、学习、活动、作业、实习等方面给予全面细致的帮助。

2. 合理看待同学的评价

经过深入的了解得知，小杨对同学们的评价十分敏感，又不知如何回应，以致把痛苦长期放在心里。比如，她十分爱化妆，却有个别同学对其乱加评价，说她化得不伦不类，而她又不知道怎样据理力争，从而内心受到极大伤害。

面对这种状况，我引导她使用合理情绪疗法来进行不良情绪的排解，让她正确看待同学的评价，慢慢意识到有时候大家对她的评价并不是有意的，只是开玩笑而已。

3. 勇敢地表达自己的想法

对于小杨这种性格内向的孩子，我们特别要教育她开阔胸怀，学会有勇气地表达内心的真实想法。特别是同学们对她说出的伤害性语言，如果当时就当着同学的面表达了不快，可能对她内心的伤害就会小很多。因此，在心理辅导过程中，我让她在我面前尽情地表达她心中的困惑，让她心中的"垃圾"尽量地减少，慢慢地，她也开始向同学、家人敞开心扉。

4. 积极鼓励其参加社会实践活动

小杨表示自己在兼职期间由于不会保护自己，受到过别人的骚扰和恐吓，造成了心理的阴影，不敢再去参加集体活动。面对这种状况，我首先对其经历表示出同理心，慢慢地引导她思考是不是所有人都会对她做出骚扰行为；进而降低小杨对他人的戒备心，鼓励她参加集体的实习活动，给她在学校找勤工助学岗位，通过适合的兼职，让她得到实践的锻炼，丰富了她的学习生活，恢复她对步入社会的信心。

一分耕耘一分收获，经过三年多的帮助教育，我们及时地解决了小杨心中的困惑，她的身体恢复得比较好，并顺利毕业。在她毕业时，她的姑父姑妈以及她的父母都认为，如果没有我们的大力帮助，小杨很可能就不能正常毕业，甚至会出现更严重的后果。

这一让人喜悦的结果令我更加热衷于特殊学生的帮助工作，立志更多更好地为特殊困难学生服务。作为老师，我们对学生应该像对待自己的孩子一样，给予正确的指导、关心，用爱来关注学生的成长，这样我们将收到意想不到的结果。

（三）案例启示

（1）对于那些出现精神疾病症状的学生，学院必须及时送往脑科医院进行必要的诊断，不能单凭主观推断就给学生下定论；另外，辅导员要成为学生最为信赖的老师，还要表达出你能为他提供精神上的依靠。

（2）心理辅导工作要长期进行（兼顾各方面的辅导都要同时进行），不能急于求成，同时还要根据学生的性格特点对症辅导，小杨属于内向的性格，不善于应对他人对她带有伤害性的语言，这就要求我们引导她寻找并尝试运用这些应对办法。当然，辅导员不是万能的，我们能做的只是融合各方面的教育资源来更好、更有效地帮助学生走出困境。

（3）诚心诚意是做好此类工作的前提。学会耐心、细心地倾听学生的语言，不能认为他们的语言是"胡说八道"而敷衍对待，耐心的倾听会让他们觉得自己得到了关注，从而可以在一定程度上缓解其情绪，这一点是我们心理辅导工作者需要特别加强注意的。我们要在倾听中找出问题的蛛丝马迹，找出问题的本质原因，以便对症下药，掌握做好心理辅导工作的主动权，就像本案例中的小杨表现出十分强烈的惊恐症状，要求被强烈地保护，鉴于此，我们就要给她提供安全保障。

（4）只有准确把握每一名学生出现心理问题的成因，对症辅导，才能收到事半功倍的效果。

四、待探讨的问题

小杨刚入学时是一个青春朝气且文气十足的小女孩，在中秋节的草地晚会上，她声情并茂地朗诵着多首古诗词，让在场的所有听众都认为小杨是一个十分优秀的孩子。想到这些，我们无不为她痛心，我们也不断地思索，如何才能避免我们的学生再次受到繁杂的情绪、心理问题困扰？如何让同学们建立强大的精神正能量？如何帮助大学生建立能经受打击的心理防护体系？……这是我们政治工作（辅导员工作）的重要课题，按照治病于未病之前的要求，我们确实需要认真地进行思考，对大学生心理健康的预防是何等重要啊！

耐心沟通　全程跟踪
——家校合力应对抑郁危机

刘　莉

一、案例背景

抑郁症是一种常见的精神疾病，主要表现为情绪低落、兴趣下降、悲观、思维迟缓、缺乏主动性、自责自罪、食欲减退、睡眠差、担心自己患有各种疾病，感到全身多处不适，严重者可出现自杀念头和行为。世界卫生组织、世界银行和哈佛大学的一项联合研究表明，抑郁症已经成为中国疾病负担的第二大疾病。引起抑郁症的因素包括外部刺激因素、遗传因素、体质因素、中枢神经介质的功能及代谢异常、精神因素等。

本案例以因感情问题导致抑郁的学生小A为例，探讨在面对抑郁症学生时，学校如何与家长沟通合作，共同促进学生健康成长。

二、案例简述

小A自认与男朋友关系很好，但暑假期间男朋友突然提出分手，小A觉得分手毫无理由，无法接受这个结果。分手后，小A一度情绪低落，做什么事情都提不起兴趣，饮食减少，失眠，焦虑、抑郁，甚至产生轻生念头。9月初开学后，小A的抑郁症状加重，曾独自一人在宿舍楼天台长时间待着，并一度走到天台边缘欲轻生，后来考虑到对父母的责任，最后还是回到了宿舍。了解到这一情况后，辅导员及时报告学院副书记，副书记立刻指示辅导员与家长沟通协调安排时间送小A就医，同时向小A所在班级老师了解小A平时表现，并告知老师关注小A情况。初次就医检查后，得出小A有抑郁倾向，并进行药物治疗，在家长的留校陪护下，情况稍有好转。但9月底，小A的情绪又出现反复，再次做出轻生行为，并强烈拒绝就医。而其父母并不愿意相信自己的孩子是有问题的，也

不愿意 24 小时陪护。针对这种情况，辅导员、副书记及学校心理咨询中心主任不断地做家长的工作，耐心与家长说明情况的严重性，最终说服家长为小 A 办理了休学手续，住院就医。

三、案例分析与启示

（一）案例分析

小 A 为独生女，家庭经济状况良好，父母对其比较溺爱，没有过多要求，小 A 的事情基本由其自己决定，父母较少给予建议，但有时在某些事情上又有些专制。这使得小 A 处理事情、看待问题时有些自相矛盾，似乎有双重人格。同时，小 A 性格倔强，不听劝。其父曾患过抑郁症，可能有遗传。

（二）干预措施

1. 快速反应处置

辅导员接到情况反馈后，第一时间进行处置，采取了一系列应对措施：一是找到和小 A 平时关系较好的学生和导生，交代导生多了解情况，及时报告，叮嘱同住同学密切留意小 A 的言行举止，不得让其独处，有情况随时联系辅导员；二是上报学院领导说明现在的情况；三是建议小 A 去校心理咨询中心咨询；四是及时联系学校心理咨询中心的专家老师反馈小 A 进展情况；五是及时联系家长告知小 A 在校情况，并让家长尽快来校陪护，陪同就医。

2. 密切与家长沟通

在这一案例中，辅导员始终与家长保持密切沟通，陪同家长一起带小 A 到医院就医，及时向家长反馈辅导员了解到的情况，建议家长进行陪护，告知其严重性，在家长认识不够或者不愿相信的情况下，明确学生的情况，同时做学生和家长两方面工作。

（三）干预效果

虽然医生的专业诊断认定小 A 属于抑郁症，且小 A 的症状表现得也较为严重，但其家长前期一直不愿相信自己的孩子有问题，不愿 24 小时陪护。对此，学校坚持主动与家长反复耐心沟通，最终坚定了家长安排小 A 就医和休学的决心。目前小 A 仍在住院治疗。

（四）案例启示

1. 父母要重视孩子状况，多抽时间陪伴孩子

在此案例中，家长对于学生已多次出现的轻生迹象不够重视，认为只是一时

糊涂，觉得孩子还是有责任心的，不会丢下父母不管。对于孩子的倔强采取妥协的态度，顺着孩子来，同时陪伴孩子较少，对孩子的情绪没有高度重视，甚至忽略掉了。因此，家长还是要多观察孩子情况，不要以自己的想法去断定自己的孩子是什么样的。

2. 学院要与家长耐心沟通

面对这一突发心理危机，学院主动解决，并且在解决问题的过程中不放过任何细节，耐心做好学生及其家长的思想工作，化解家长可能存在的对学校管理的偏见和误解等矛盾。尽学院所能给家长一定的帮助，让学生和家长真切地感受到：学院对其家庭和学生本人是出于关心和爱护的角度考虑，而不是推卸责任。

四、待探讨的问题

家长和孩子之间的沟通和了解不够以至于事件处理过程中家长对孩子的抑郁状况感到不解，不认为孩子的问题会如此严重，甚至不认为孩子会出现严重后果，是学校在故意找茬。这严重阻碍了学生的治疗和恢复，给学生自己和整个事件处理都带来了很多不必要的麻烦，耽误了抑郁治疗的进程，让学生遭受了更多的痛苦。如果家长和孩子之间彼此了解，对学校没有偏见，积极配合学校和医院的治疗，或许学生现在的状况已经很好了。

家校联手，让"狂躁"回归"安宁"

欧永美

一、案例背景

近年来，随着经济的不断发展，人们生活压力也不断加大，精神方面疾病的发生率也急剧高升。躁狂症属于情感障碍，患者会出现情绪高涨、活动增加、动作话语增多等症状。严重者会出现双相障碍的症状，向妄想、紧张、抑郁等症状改变。一般患者自己不会觉察到异常，自己无法管住自己，在病症严重后会出现攻击性行为。很多患者在一些基本症状消失后仍然会有认知，但是行为、个性等问题仍然存在。躁狂症患者的病发高峰年龄为 15～20 岁，25%～50% 的躁狂症患者曾经做出过自残或者伤害他人的行为。

二、案例简述

1. 个案基本情况

男生小李，90 后。成绩中等，性格较内向，有点自卑。与舍友相处还可以，宿舍有六人，均为同班同学。

小李为贫困生中"特别困难"类别学生，来自农村，家有父母、一个哥哥、两个姐姐。父亲为三级残疾（断一臂），母亲常年生病，一个姐姐在深圳打工、一个姐姐在老家务农、一个哥哥在东莞打工，家庭收入很低。2015 年 10 月申请了国家助学金，学院已经审批通过。以前上课一直正常，病情发作学期有一部分课程未上，与任课老师说去做兼职，老师同意请假。

2. 个案发病经过

小李 2015 年 8 月从网站搜索到某公司，并到该公司上班。同宿舍同学反映从 2015 年 8 月底开始，其性格变得自大，在 QQ、微信上说一些"我要赢"之类

的话，一直跟其他人吹嘘自己在公司很受老板的器重，老板认为他的胸怀、学历、人脉、眼光很适合民营企业等等，但是行为还算正常。

小李具体病情在 10 月 29 日开始爆发。11 月 2 日下午，同宿舍四人到学工办反映情况：小李于 10 月 29 日开始，向身边的人讲一些奇怪的话语，如"你是不是党员，你不是党员就不要去，他们随时会盯着你，这是要还的"。从 10 月 31 日开始，语言、行为等表现很不正常，开始说一些"警察不要管""我不去就要大乱""党王牌大乱""受够了"之类的话；舍友反映其 10 月 31 日晚在宿舍烧了自己的一卡通，把垃圾桶也烧了，舍友把火灭了。一直在自言自语，还说"很恐怖"之类的话，把学校发的毕业资料也揉成一团扔了。傍晚的时候有人看到他嘴里叼着根香烟在奔跑，叫他他也不理会，晚上在公路吃了陌生人的饺子和喝了别人的啤酒，见到熟人就立刻跑，怎么拉都拉不住，声称要做"跑男"，还对陌生人说"我手机有公司备份，很重要，如果我手机关机，你们都得死"，还在宿舍楼下大喊大叫。小李还一直说"王牌、底牌要出了，一定要去深圳交接工作，不然社会就会大乱"，直到他家人来了之后他还一直想逃走。根据其他人反映自从进了公司后他声称自己在生活、感情上（他总是在 QQ 上找一个名为"张某"的女孩，但是学院没有这个人）有比较大的压力，一直大喊大叫。

小李从 10 月 29 日至 10 月 31 日这三天已经完全表现出精神疾病症状，如语言偏差、情绪高涨、紧张、脱离现实等行为。如果不及时送医，会发展为夸大妄想，包括关系妄想、被害妄想、活动紊乱而毫无目的或指向性，甚至出现攻击行为，以及意识障碍、错觉和幻觉及思维不连贯等症状。

三、案例分析与启示

（一）案例分析

1. 自身原因

从小李的家庭背景可以看出，小李家庭较为贫困，经济压力较大，他急于在毕业前找到一份好工作，但是个人能力一般，很难实现。现实与理想产生矛盾，引发压力。小李很长时间内晚上无法入睡，总在想如何改变现实这些事情，从而导致病发。

2. 家庭原因

小李的父母只有小学文化，小李和他们难以沟通，虽然有哥哥、姐姐，但是他们都忙于各自的家庭生活，较少与他交流。哥哥、姐姐都没有上过大学，家里只有他一个大学生，他认为自己的工作应该比他们好，由此也产生一定的就业

压力。

3. 对自己的病情不了解，没有寻求帮助

从以上发病过程及行为可以看出，小李对自己的认识已经开始偏离，并"幻想"自己能力出众。情绪不稳定，易激惹，思维奔逸，有夸大观念，认为自己才华出众、能力过人、有地位和财富等，这些都是躁狂症的典型表现，可能身体也开始出现反应。但是他没有第一时间找老师、家长或者医院。

（二）干预措施及其效果

1. 多方合力让其第一时间到专业脑科医院就诊

在小李舍友反映情况后，年级辅导员欧老师、学院党委林书记就小李情况详细询问了他人，并查看了其聊天记录。随即辅导员到宿舍查看小李情况，但是找不到小李，舍友反映其曾回来说要洗澡，但是没有洗，还跑到阳台说要看彩虹，然后哈哈大笑，后不知去向。辅导员马上与校心理咨询中心老师联系，说明情况，随后联系小李家人，让家属当天晚上到校。当晚六点，小李回到宿舍并与舍友一同就餐。学工办赵老师马上跟进，随后安排小李与其哥哥到招待所住下。学工办赵老师、家人与小李聊天，但是小李回答文不对题，有时大喊，整个晚上基本没有休息和进食。

第二天早上，辅导员与小李哥哥、姐姐一起"连哄带骗"将其带到脑科医院就诊，在挂号过程中小李比较急躁，想逃跑，上了就诊室后大喊，医生、护士把他绑在床上，小李强烈反抗，一直在挣扎，嘴里胡喊乱叫。辅导员陪同前往医院，并与医生沟通情况。在与医院沟通治疗方案后，哥哥姐姐接受了医生提出的先住院治疗的建议。小李父亲于 11 月 3 日晚上来到医院，导师、辅导员与他及时进行了沟通。

对于病情发作的学生，一般的心理咨询、聊天等对其作用甚微，一定要第一时间送医院，让患者接受抗精神药物治疗，这样可以让患者的病症得到缓解，避免其恶化，还可以避免出现攻击行为。辅导员及时定期跟进小李病情，每天与家属沟通，并到医院了解情况。

2. 配合医生诊断与治疗，让家属接受现实并主动关爱患者

医生的诊断为"躁狂症"——分裂样精神病，建议住院三周，前三天需要家属陪伴，出院后要坚持吃药，及时复诊。

辅导员建议他休学，但是小李的哥哥姐姐不同意，他们建议出院后接回家治疗，辅导员让其哥哥写了说明书与保证书。党委林书记非常关心，多次慰问指导，并与家属及时沟通。辅导员多次电话与家长沟通，并要求到地方医院进行住

院治疗。为了脱离刺激源，家属把小李手机没收，把兼职等内容、敏感联系人删除。

在广州顺利出院后，小李家人把其送到地方医院住院三个月。家人多次到医院配合医生，对小李关怀备至。小李恢复情况良好，辅导员让其大学生表哥到学校办理了小李的休学手续。一年后小李返校办理复学，变成了一个"安静"的正常的人，可以正常上学了。

3. 帮其申请困难补助，并取得校心理咨询中心的帮助

因小李为在库且特别困难学生，住院期间费用压力大，故辅导员帮其申请了学校特批"特殊困难补贴"，并取得校心理咨询中心的帮助，校心理咨询中心派人给予了专业指导。

（三）案例启示

1. 及时就诊、药物控制

对躁狂症患者的治疗主要是药物治疗，把患者的情绪先控制住。要是躁狂症患者不能够得到有效的治疗，复发的概率比较高，而且长期发病，患者的人格以及社会功能都会被破坏。因此，如果躁狂症患者被确诊后，必须积极地进行治疗，第一时间到就近的专科医院治疗，并配合提供健康教育，这样可以防止不良后果的出现。治疗该疾病的方法有药物治疗、物理治疗、心理干预和危机干预等。

2. 精神护理和心理护理相结合

医院与家庭、学校共同对患者进行精神护理与心理护理，开展有组织、有计划、有评价，系统而又具体的教育活动。躁狂症属于精神科常见疾病，该病患者具有以下显著心理特征：情绪异常低落。恢复自知能力之后，患者会对躁狂症本身产生一些认识。部分患者将自己认定为"疯子"，担心家人和朋友瞧不起、社会不认可等。因此，大多会变得情绪低落、悲观厌世，甚至产生轻生的念头。

心理学上的机能主义学派 W. 詹姆斯认为，意识状态是一种川流不息的状态，用比较法可以在各种因素之间进行相关研究和因素分析。所以对躁狂症患者进行心理护理时，可以结合"意识流"改变的帮助：①帮助患者正确认识自己的病情，消除患者紧张、焦虑的情绪；②耐心开导患者，帮助患者清楚认识自我价值，用积极的心态面对周边的人和事；③帮助患者树立战胜病魔的信心与勇气，取得患者对护理的理解与支持。

3. 让家属接受、积极应对、配合治疗

患者通常都需要一个情感的支柱，而家属一般是情感支柱的主要来源，家属

的态度对躁狂症患者的治疗有非常重要的作用。患者的家庭支持对患者的康复影响非常大，医护人员要不断地对患者家属进行指导，增加他们对疾病的了解，对预后等知识进行了解，用心理学上的"暗示效应"，引导患者家属相信只要按照一定的方法去关心患者，患者很快就会恢复，鼓励患者家属对患者提供心理支持，让患者感受到家庭温暖，这样能够缓解患者的孤立感。

在上述案例中，小李的父母亲、哥哥姐姐在一开始就对其病情达成一致认识，在休学的一年中，家人积极配合医生治疗，轮流到医院陪护、关爱。在心理治疗过程中，家属积极参与其中，有效改善了患者的心理状态，促进患者早日康复，缩短了住院时间，减少了住院费用，且家庭的积极影响对患者病情影响较大，能有效减少患者疾病的复发次数及频率。

4. 运用多种教育方法对学生进行教育

辅导员运用多种教育方法加强对学生的引导，对学生进行常规的心理疏导，并进行专业性的心理指导。辅导员对患者的生活习惯、文化背景、生活经历进行了解，回避患者的敏感点，取消刺激源，避免刺激患者，加了患者微信，定期发送有关知识、鼓励话语，让患者能够从多渠道获取学习的机会，加深对健康知识的了解。与此同时，辅导员积极与学生家长进行沟通，根据不同需要，从学校和家庭两方面入手，配合脑科医院的专业治疗，对学生进行必要的心理指导等。

四、待探讨的问题

躁狂症不仅是一种精神性疾病，还是一种情感障碍疾病，同时伴有很多并发症，如抑郁、幻听幻觉等，同时它还是一种心理疾病，患者会出现情绪高涨、活动增加等症状，而且有反复发作的可能。所以，躁狂症需要综合类系统治疗。怎么样为躁狂症患者建立一套行之有效的治疗系统是一个待探讨的问题，心理健康是一个动态发展的过程，面对学生时，辅导员要与心理健康教育者一起，从家庭关爱入手，依托各种资源，理解他们、尊重他们、接纳他们、疏导他们，让他们和我们一起生活、学习和工作。

花儿计划　让笑容重回她的脸庞

邹演枚

一、案例背景

人的一生中会有两个家庭，一个是自己出生、成长的家庭；另一个是进入婚姻生活后所建立的家，也就是自己"当家"的家。心理学家把个人从小成长的家称为原生家庭。原生家庭塑造人的个性，影响人格成长、人际关系、管理情绪的能力。现在社会中离异人群比例不断上升，由此引发出一系列的孩子教育问题以及孩子心理问题。在离异家庭成长的孩子，往往比别的孩子更加敏感、脆弱，缺乏安全感。他们在人际交往、人生挫折上表现出更大的恐惧感，严重时甚至会引发心理疾病。本案例中的小 Y 即是生长在离异家庭，性格十分敏感脆弱，在一些社会生活事件的冲击之后言语行为表现异常，存在比较大的交往问题与情绪困扰。

二、案例简述

2015 年 9 月，刚参加工作不久的我，迎来了第一批学生。在迎新的忙碌中，我接到了一个特殊的电话。导生在凌晨时分打电话给我，向我汇报了一个情况：新生里面有一个女生半夜三四点起床哭泣，哭泣声音较大，情绪波动也较大。这种情况持续了两个晚上。得知此种情况，我首先约了宿舍长和导生，向他们了解具体情况，并查阅了学生的个人信息表，同时致电学生的母亲。其母亲表示，孩子以前十分开朗活泼且爱笑，但是高考结束之后，孩子开始变得话少，在经历了两次较大的惊吓之后，行为开始出现异常。他们在暑假期间已经带孩子去医院就医，清楚孩子的情况，同时表示希望学校给予更多的关注。在谈话的过程中，能感觉到孩子母亲的态度十分诚恳，描述事件详细，但还是有隐瞒孩子病情及部分其他情况。由于怕给当事人压力，我主要是通过侧面了解与关注的方法跟进事情。在接下来的几天里，小 Y 的舍友陆续向我反馈说小 Y 还是存在半夜哭泣情

况，导生也反映她有着异于常人的思维逻辑，且会有一些比较奇怪的言论。

鉴于上述情况，我特地约了小Y一起散步，那是我第一次近距离接触她。小Y长得温柔恬静，对待老师十分有礼貌，但是精神状态不佳，在交谈的过程中注意力比较不集中，话语表达不清晰且较为混乱。在聊天中值得关注的是，她清晰地认识到了自己的疾病，同时也表达了自己调节不了的苦恼。一个多小时的散步，除恍惚的眼神还有偶尔无意识的嘴角上扬，她并没有过多的肢体语言，总体呈现出比较紧张的状态。

三、案例分析与启示

（一）案例分析

1. 自身因素

心理学家认为，人的气质类型分为胆汁质、抑郁质、黏液质和多血质四类。案例中的小Y属于抑郁质，具体表现为文静、不好交际、保留己见、悲观、冷静庄重、严峻、焦虑、心境波动等。通过了解得知，小Y的抑郁质人格比较明显，平时内向少语，比较少跟同学交流，对于事物的看法较为悲观，情绪不稳定，易焦虑。这样的人格特质导致小Y在面临问题的时候往往会封闭自我，不与外界交流，情绪波动较大，脆弱敏感。

2. 家庭因素

原生家庭塑造人的个性，影响人格成长、人际关系、管理情绪的能力。通过了解得知，在小Y很小的时候，她的父母就离异了，后母亲带着她与他人重组了家庭。小Y在内心一直没有接受她的继父，并不愿意称呼其为爸爸。继父生性敦厚，沉默少语，与小Y基本没有过多交流。而小Y的生父性情较为暴躁，与小Y有较多的联系，但大多数谈话都不欢而散。小Y的母亲较为软弱，一般不做主。在这样的家庭情况影响下，小Y的人格是内向的，人际关系较为敏感，管理情绪的能力较弱。因此在生活事件发生一定的变化时，小Y的应对处理能力相对较弱。

3. 社会因素

小Y开学之初情绪波动如此之大，主要是因为暑假发生过两起较大的生活事件，刺激了小Y，让她敏感脆弱的内心不断起波澜。这两起生活事件分别是：一是小Y的小姨（与其关系亲密）在暑假期间生了一场大病，小Y在那段时间一直照顾着小姨，目睹了小姨治疗的痛苦过程。二是小Y高考后谈恋爱了，有一个晚上在与男朋友打电话的时候，妈妈突然闯入并大声训斥了她。后来生父也三番

五次打电话警告小 Y 务必与男朋友分手。两大生活事件萦绕在小 Y 的心头，导致她做噩梦甚至失眠。生活事件的刺激往往是导致心理问题的一个重要原因，小 Y 本是抑郁质的人格，外加这两大生活事件，因此出现了半夜哭泣、说话奇怪等异常行为。

（二）干预措施

在综合上述情况并请教了经验丰富的老师之后，我慢慢实施着我的"花儿计划"。

（1）在征得小 Y 同意的前提下，陪同她前往学校心理咨询中心。在把基本情况报给学校心理咨询中心之后，我预约了时间，陪同小 Y 一起前往。经过两次心理咨询之后，小 Y 表示状态已有好转，不愿意再去。

（2）邀请家长前来学校，了解详细情况。鉴于小 Y 不再愿意前往心理咨询中心，且情况有些许反复，我邀请了小 Y 的母亲来到学院与我们交谈。通过家长的详细述说，我们对小 Y 有了更深的了解，之后给了相应的学习和治疗建议。

（3）母亲陪伴，老师关注。在第一次交谈后不久，小 Y 的母亲再次来到了学校，她表示女儿渴望学习，为了更好地照顾女儿，她希望能够在学校陪伴女儿。同时，她也鼓励孩子多来找老师谈心。在得知这个情况之后，我们联系了学校后勤产业处并得到了支持，给小 Y 的母亲安排了一份校内饭堂工作。工作虽然普通，但是能够每天见到女儿，小 Y 母亲表示十分欣慰。与此同时，我们将小 Y 安排在学院某办公室当小助理，如此一来，老师每周有三天时间能看到小 Y 并与她聊天，了解情况，及时把握。

（4）支持发展兴趣，鼓励锻炼放松。我们在日常生活中，支持小 Y 多多参与班级、学院活动，提高她的感知能力。并且积极鼓励小 Y 参与体育锻炼，偶尔还会与其一起散步慢跑，让她在运动中放松身心，提升精神状态。

在期末的时候，她表达了自己想要转专业的意愿，我们帮她了解了相关信息，并鼓励支持她选择自己的所爱，还给了相关的考试建议。经过重重选拔，她最终进入了她所中意的专业。

（三）干预效果

"女儿以前很喜欢笑，笑起来像太阳一般温暖，像花儿一样美丽。"小 Y 母亲的话语一直盘旋在我的脑海里。在新生入学的多次谈话中，我并没有看到小 Y 花儿般的笑容，我一直盼望着能见到。在多方联动的"花儿计划"下，有母亲的陪伴，有同学的关爱，还有老师的关心，小 Y 慢慢摆脱了夜哭的症状，开始参与多种活动，锻炼身体。在第二学期末的军训里，我看到了她的笑容，真的是如

太阳、如花儿。她多了很多兴趣爱好，朋友圈里也呈现了更丰富多彩的内容，有美丽的自拍，有她制作的印章，还有她夜跑的正能量口号。看到她逐渐摆脱低落的情绪，走向开朗，走向自我，我心中感到的是由衷的欣慰。

（四）案例启示

首先，离异家庭的学生往往十分敏感，缺乏安全感，他们需要更多的关注与陪伴。因此，在发现这类学生的时候，应及时给予关注，并且在生活与学习上给予充分的关心与陪伴。在此案例中，我们通过导生、班委、学生家长和办公室老师多方联动，给了小 Y 全方位的关注与陪伴，让她感受到关心，逐渐重塑安全感。

其次，由于生活事件引发的一段时期的心情抑郁是可以通过多种途径治愈的，如药物治疗与精神补偿。在此案例中，小 Y 前期有通过药物来治疗情绪低落、不稳定的症状，但是后来因为药物严重影响生活、学习而停用，导致症状反复，效果不佳。精神补偿这一块主要是通过陪伴、重塑信心、增加积极性来达到的。这是药物治疗之外的精神补助。我们能做的，就是说服学生按照医嘱按时吃药，此外就是做好精神补偿工作，鼓励支持学生增加积极性，重拾生活信心。

最后，只有真正地、全面地掌握了学生的情况，才能据此做出更好的教育引导。学生出现的问题很多时候是通过某一方面表现出来的，但是这一方面的异常很可能背后隐藏着很多事情。小 Y 一开始出现半夜哭泣症状时，我们从导生、舍友包括她母亲处得到的信息都是，这是她在暑假遭受的惊吓使然。后来慢慢深入了解才发现更多关于她家庭以及成长的基本情况。在了解这些情况的前提下，我们才能更好地进行教育引导工作。

四、待探讨的问题

由于先天遗传以及后天环境的多方面影响，不同的人会形成不同的人格特质。不同人格特质的学生需要我们运用不一样的引导教育方式。内向且不稳定的人格特质的学生比较容易在生活事件刺激下出现言语行为异常，因此我们要多多关注此类学生。

同时，学校、家庭、社会要形成一张巨大的沟通网络，让学生在这之中能够得到关怀与帮助。学校老师的关注，家庭父母的关切，社会氛围的营造，都是学生健康生活、学习的必要保障。

此外，在接下来的工作中，除了真实的实践经验，我还希望能够补充心理学上的专业知识，以便更好地开展学生工作。

自主人生

——妥善应对大学生离校出走事件

刘向晖

一、案例背景

情绪是人对客观现实的一种特殊的反映形式，是对客观事物是否符合自己需要而产生的心理体验。良好积极的情绪能够成为事业、学习和生活的内驱力，而不良消极情绪会对人际交往、身心健康等方面起到破坏作用。所以，情绪的管理和控制是我们的立身之本。

大学生离校出走属高校学生教育管理工作中的一类突发事件，多指学生未经请假擅自离校一天以上且有意隐瞒其去向的行为。原本此类情况多出现在中小学生群体，但近年来大学生离校出走事件呈多发态势，逐渐成为高校学生事务管理中的一大难题。

本案例以某大二外省男生小吴的事件为例，其因家庭矛盾导致情绪管理不当，从而离校出走。这样的事件给学生本人和其家庭带来了极大的安全问题，不仅如此，也给学校造成了管理上的不便以及隐患。

二、案例简述

9月4日是个周日，某班班主任接到学生干部电话，说同宿舍的小吴昨天一早出门，当晚未归，始终联系不上。接着，小吴哥哥（在另一座城市读大三）也打来电话，说刚收到弟弟短信，透露了想离开学校的想法，令他非常担心。班主任立即拨打小吴电话，一直未能打通，于是向我反映了情况。

据宿舍同学回忆，最近没发现他有特别异常之处，只是情绪有一点低落。9月3日清早，小吴背着一个背包像往常一样出门，没有告知任何人去哪里。宿舍桌面上，一本韩寒写的书里夹着一封小吴亲笔信："我厌烦的不是学校，也不是

你们，而是当下的这种生活，这种状态或许偏激了，但至少可以为自己的人生做主，我要以一名游者的姿态重新体验这个社会。"至此可以基本判断，小吴已经离校出走了。

三、案例分析与启示

（一）案例分析

1. 自身因素

（1）情绪管理不当。

情绪管理，就是以正确的方式、用恰当的方法探索个人情绪，然后调整、理解、放松个人情绪。小吴认为不该为世俗困扰，同时，也由于家庭矛盾的不可调和而选择离校出走。这是一种幼稚的、缺乏情绪管理的表现。

（2）回避心理。

回避心理，是指在现实生活中，自己与社会及他人发生矛盾或冲突时，不能认真思考解决方式，也不能自觉主动地解决矛盾冲突，而是出现躲避矛盾冲突的心理现象。年轻人早期心理发育尚未完全成熟，缺乏正确分析、解决问题的思维能力，面对问题和困难，不能视作磨炼自己的好机会，却以回避方式对待，从而背上了沉重的思想负担，影响了身心成熟与发展的速度。小吴因家庭矛盾等问题而离校出走，并未寻找妥善的解决方法，就是回避心理的体现。

（3）"本我"肆虐。

精神分析学派的创始人弗洛伊德分析认为，人格是由本我、自我、超我组成的。"本我"来自人的本能，在社会生活中表现出追求各种个人欲望的满足和追求个人利益实现的特征；"本我"是人的生物性本能，只知快乐，活动盲目。"超我"来自于社会文化，是指每一位个体在其成长经历中内化为自身价值观念的各种文化信念，其以道德、信仰为主要内容，是人内化了的社会道德原则。这些社会文化与道德信念对个体的要求，往往以牺牲个人服从整体为主，甚至要求个体行为完全道德化，因而与"本我"相对立。"自我"是人的理性部分，往往处于"超我"的道德追求、社会生活的现实要求和"本我"的利益追求之间，按照现实原则协调各种矛盾，尽最大可能寻求权宜之计，是个体最终行为表现的决策者。只有"自我"才知道活动的目的和方向。[1] 小吴的"自我"力量较弱，难以平衡"本我"和"超我"之间的冲突，因此才做出了仅凭自己一时之快而出走的决定。

2. 家庭因素

家庭是孩子的第一所学校，父母则是他们的第一任教师，孩子从父母的言行中习得自己的人生观、价值观。小吴父母的矛盾以及与周边环境的冲突，并非到了不可调和的地步，但是仍然得不到合理解决，因此在这样的家庭中，孩子变得十分无力，只能用偏激的行为表示反抗。

3. 社会环境

当今社会越来越追求及时行乐，流行一种"说走就走"和"世界那么大，我想去看看"的生活方式，小吴是社会风气的受影响者。因此面对问题时没有理性分析，寻找最佳处理策略，而是选择了出走。

（二）干预措施

1. 召集师生，寻找线索

我和辅导员、班主任马上召集学生了解情况并到宿舍寻找相关线索。通过大家的齐心合力，我们了解了事情的来龙去脉，知道小吴出走的初步原因是家庭矛盾。

2. 深入调查，层层推进

据我所知，小吴平时是个表现良好、有独立思想的学生。我依然清晰地记得新生入学时，他报到完就立即加入志愿者行列，帮助其他新生拎行李安顿宿舍，额头上的汗都来不及擦。并且由于在文学和书法方面有特长，学院一直关注和培养他，将他的诗文推荐给校、院新闻网刊登，鼓励他担任团支书。虽然英语等功课基础较差，考试没过关，但他没有气馁，学院也就此召集基础较差的学生座谈了解情况，安排成绩好的学生帮助他们。我还单独与他谈话进行鼓励，他表示补考过关不成问题。因此，初步排除他学业和生活适应障碍的原因。

我再次仔细翻阅他书本，一条重要线索出现："听了父亲的来电，心痛流泪……我是多么想让你们过上好的生活，不受人欺负，不为钱忧。可人的一辈子真的是来追求什么的呢？我不想活在世人眼光里，你们周边的都是些爬虫，却让你们活得如此受罪……"我马上与其父母联系，因语言不通，就由小吴的哥哥在中间做翻译。经过多次沟通交流，我了解到最近小吴家里的确发生了一些事情，父母处理不好矛盾很深，家庭甚至有解体的风险。家长也通过电话告知了孩子，这是小吴受到刺激的重要原因。基本可以判断，这是一起由家庭原因造成学生离校出走的突发事件，我马上向学生处、保卫处及主管校领导汇报情况，后向派出所报案。

3. 安全第一，家校联手

小吴离校期间的人身安全是我最大的担忧。我和辅导员与其家人保持联系，同时不间断打电话、发短信给小吴，即使他不回复，也要让他感受到老师的牵挂。终于，在一周的苦苦努力之后，9月10日，我收到了教师节最重的一份"礼物"：小吴终于回信息了！他告知我他到了某市的朋友处，表示"作为晚辈我未接您的电话实为不敬，望您理解"。我劝他赶快回家或回校。14日早晨，小吴安全到家，我的心放下了一半。接下来的努力方向是打消他退学的念头。我和辅导员、学生父母按照之前的约定屡次劝他回来继续学业（最坏的打算是休学），未果。大家毫不气馁，齐心协力说服，打消了小吴一度决意退学的想法，同意考虑休学一年。小吴的短信吐露了其心声："老师，您好！如果以后真的不上学了，见到您还能叫您一声刘阿姨吗？对于我的事与任何关心我的人都不是一声对不起所能解决的。我对学校的一切都没有意见。我的离开真的无关虚荣、自卑、放纵抑或是如何……只是我对这个人生想得太多……我的冲动给父母带来太大打击。我了解您的苦心，同意您休学一年的建议，还望您尽力帮办，能让父母好受一些，而我会在这一年的时间里去这个世界历练一番，成熟起来。"在不间断的联系下，10月29日，小吴委托哥哥办理了休学手续。之后，再次给我发来短信感谢学校的宽容和理解。

4. 持续关怀与爱护

休学期间，学生工作团队依然坚持与他沟通，学生党员干部也鼓励他不要懈怠，在感情的召唤下，他渐渐与父母敞开心扉，并感谢了学校和学院的关心。

（三）干预效果

一年后，小吴如约回来复学。回校后，小吴各方面表现良好，思想、学业和生活走上正轨，性格逐渐开朗起来。至此，我们悬在心上的石头总算是落了地。在学院领导和老师的关心爱护下，他还获得我国大学生创业大赛银奖。毕业后，他选择了创办公司，发展势头良好。

（四）案例启示

通过处理这起事件，我们不禁感慨：作为一名学生工作者，可谓任重道远。除了要不断提高教育、管理和服务能力外，还要增强应对突发事件的能力，提高危机管理水平。

1. 及早发现是前提

虽然法律规定18周岁以上可视为具有完全行为能力的成年人，然而，如果大学生在校发生问题，学校依然免不了被卷入责任承担的漩涡中。但如果平时的

教育管理规范到位，学生离校出走的消息能够被及时掌握，对于妥善解决问题大有好处。这就要求我们平时要坚持落实党员联系宿舍制度和住宿考勤登记制。比如，坚持上课考勤与晚间住宿同时登记的做法，党员联系人对于所联络的责任区里当天未上课、晚上又不在宿的学生，电话联络查明原因，联系不上的要及时告知学工办；同时，每间宿舍落实一名心理委员或信息员，注重培训工作，反映问题时注意时效性和准确度，避免信息盲区。一旦有类似擅自离校的情况发生，也能争取第一时间发现。

2. 了解情况是关键

要尽可能多方面详细掌握学生离校前的基本情况，内容可主要涉及出走时间、原因、线路、穿着、所带钱款、携带物品、遗留线索等；同时，通过班主任、舍友了解学生近期的动态和想法。通过掌握基本信息，判断学生出走动因、方向、出走时间长短以及是否有生命安危等。不管什么原因不辞而别，也不管将来怎样处理，当务之急是找到学生，以免问题变得更加复杂。

3. 及时汇报求指导

擅自离校关乎学生人身安全，一旦发生，应及时向有关部门和主管领导汇报情况，以取得具体指导意见，有利于化解危机，协调各方力量，切忌隐瞒不报或漏报信息。在本起事件中，学校有关部门一直与学院研究相关对策，与公安机关保持信息畅通，成为坚实后盾。

4. 联系沟通是基础

学生出走的原因中，家庭因素占有很大比重。学院及时与学生家人沟通，既可以了解情况找寻线索，又可以向他们及时传递学校寻找计划和进度，取得家长的理解和配合。同时，不间断尝试与学生联络，让他在感动的同时也对自身行为进行反思，终于鼓起勇气主动回复，之后多次表达歉意；又由于多方齐心协力说服，打消了他一度决意退学的想法，改为休学一年，休学期间我们依然坚持与他沟通直至复学。我们认为良好的沟通是最终妥善解决的关键因素。

5. 妥善处理是保障

第一，通过班会课等形式对当事学生所在班级进行情绪安抚，引导他们正确看待此类事件和当事人，积极协助调查；第二，收集学生出走的各种证据，正确分析判断出走原因，有了消息后，要进行思想教育给予正确引导，使其认识并改正错误；第三，应具体问题具体分析，依据校规校纪，及时做出恰当的处理。因为学生被找到后，其本人和家长都会担心同一个问题：回来后，学校会怎样处理？万一处理不当，动辄给予严重纪律处分，则会把学生再次推出校园。因此，

如果确有特殊困难，应充分体谅学生和家长，力争让其完成学业，切忌一刀切；情节严重或恶意违反校规的，才考虑给予严肃处理。

四、待探讨的问题

要提高学生工作团队合作的工作理念。团队合作是一种为达到既定目标而显现出来的集体努力和协同合作的精神，它可以调动团队成员的所有才智和资源以取得最好效果。本次事件中，党委副书记、辅导员、班主任、学生党员和干部、宿舍好友等组成了一个温暖的系统，重方法、讲艺术，时时维护当事学生自尊心，处处给予其理解和关爱，团队努力合作，最终使事情得到圆满解决。

要重视了解家庭教育背景对学生的影响。父母是孩子的第一任老师，家庭教育是一个人一生中最重要的教育组成部分，如果有缺失和偏差，势必影响到孩子的健康成长。本事件中的学生家长由于经济条件和文化程度等因素局限，不善于沟通交流，当生活遇到烦心事引发家庭矛盾后，又未加选择地全盘告知孩子，使其背上了沉重的心理包袱，因学生同样不懂得如何处理，于是他选择了逃避。因此，作为学生工作者，不仅应及时掌握学生各种信息和在校表现，而且应尽可能地了解学生经济条件、家庭结构、教育背景、父母子女沟通方式，有助于更好地开展工作。

参考文献

[1] 曹晖．弗洛伊德精神分析学．前线，1987（4）．

母爱沉重　请给我成长空间

向奕柯

一、案例背景

大学生失去学习的劲头和兴趣，频频出现旷课的现象，自觉性和学习积极性不高，如果不及时了解情况，不及时进行引导教育，必定会影响到学生以后的学习，甚至可能出现改变一生的错误行为。处于这个年龄段的学生思想趋于成熟但是不稳定，多少都有逆反心理。对于这些学生，我们应该进行深入的了解，而不是简单地用生硬的管理和制度束缚学生，更不能采取不予理睬态度。

小林是我们班上一名很普通的学生。他学业成绩平平，个人履历上几乎没有获奖的记录，性格内向不善言辞，在班级里几乎没有影响力。作为辅导员我没怎么留意到他，也曾经有几次想到应该例行和他谈谈，却觉得找不到恰当的话题，也就搁置下来。如果不是因他阑尾炎手术这件事，我很可能还会继续等待下去。

刚刚来到学院，我接手的年级是大学三年级，对于来这个学校比我还早两年的学生来说，我的影响力实在微不足道。首先接触的只有年级级委和班级班干部，然后迅速召集开会，尽快了解各班的大体状态。在这种情况下，我只能掌握小部分人的信息。但是我必须和同学们建立联系，从此我的电话不再是我私人的，而是 24 小时待机。

某天晚上，快十二点了，我正准备睡觉。电话铃响了，是一个陌生号码，犹豫是否要接，想到自己现在的身份，万一是学生紧急情况呢？果不其然，是学生小李的电话，说同宿舍的小林肚子痛得特别厉害，同学们已经把他送到医院了，现在正在医院检查。我一听，赶紧起来，先询问小林现在的大致状况以及具体病房号，然后打电话告诉副书记学生的情况，在副书记的建议下赶紧赶到医院了解具体情况。

已经是半夜了，可能因为也是疾病高发季节，医院急诊室这会儿还有不少人。我赶到的时候，小林还在病床上挂着止痛吊针在等医生的检查结果，同宿舍

的几个同学都在。我找医生了解情况后，把学生们都劝回去休息，只留下我和他宿舍的一名舍友。结果出来后确定是阑尾炎，需要做手术。小林家在外地，父母赶不过来，只能由我来签字手术。

看着一直疼痛难忍的小林，我们却只能排队等候手术安排，直到凌晨三点小林才被推进手术室，经过一个小时左右的手术，终于平安结束。看着病床被推出来后，一直悬着的心终于放下了，这是我工作后的首个不眠夜。

二、案例简述

小林是我们学院大三的学生，以前开朗活泼，曾在学院担任学生干部，积极参加学校社团的各项活动，和老师、同学相处融洽。然而从大三开始性格变得沉默内敛，退出了社团，而且似乎不太愿意参加学校和学院的活动，还总是旷课。

经过这一次的接触，小林似乎愿意对我敞开心扉。正好借这件事的契机，他主动找我聊天，这次的对话让我印象深刻。

"老师，我已经大三了，但是很迷茫，不想上课，觉得上课没有意思。"

"老师，我和妈妈两个人一起生活。妈妈管我太严，什么事情都要问到底，我觉得压力很大。"

"老师，我早上起不来，早上的课都去不了。"

"老师，妈妈关注我太多，我自己有想参加的活动她都不放心不允许。"

"老师，妈妈越反对的一些行为我越想做，烦透了她对我的干涉，我已经成年了。"

"老师，我对学校的事情都提不起精神，没有兴趣参加。"

······

三、案例分析与启示

（一）案例分析

1. 自身因素

其一是精神倦怠以及有些厌学的心理导致小林在面对多彩的选择时没有把握好，缺乏规划，缺乏行动，缺乏自我认知。比如为什么要学这个专业？这个专业以后发展的趋势怎样？未来的岗位将是什么以及有什么要求？自己有哪些优势有哪些劣势？怎样发展自己？总之，无论对社会、对学校、对自己均缺乏调查分析，像多数人一样随波逐流。没有行动，就不会发现更美的风景、更广阔的世界。所谓"读万卷书，行万里路"，是指在读中发现，在行中寻找，去认知自

我，找到定位。整日陷入迷茫不求改变突围，或一味怨天尤人，只能是无力自拔。[1]

其二是对于母亲严格控制欲望的叛逆心理。一个强势的母亲是儿女的地狱。特别是一个单亲妈妈，虽然她可能确实是真的替你操心，替你着急，但如果站在当事人的角度去看，太多关心最终只会成为负累。妈妈全身心的所谓付出会影响孩子以后的工作、生活甚至为人。小林迷茫甚至厌学的情绪就是对母亲产生逆反心理的体现。

2. 家庭因素

青春期正是学生形成价值观、世界观和人生观的重要时期，幸福美满的家庭是大学生心理健康发展的重要条件，能塑造一个健康积极的性格，让学生更加自信自强。父母分居、离婚、再婚、父母其中一方的缺失等都会对大学生的心理健康发展产生负面影响，使他们心灵遭受创伤，精神发生偏移，甚至危害终生。大学生长期受消极情绪情感的影响，不能正确理解父母，想法和行为有可能会极端，严重者将会产生心理疾病，因此，积极的引导和干预必不可少。案例中的小林在大学期间遭受了家庭的变故，这对他性格的转变起到了很大的影响。家庭的变故使他没有安全感，不愿意相信人，对学习失去了信心。加上母亲的强制，更造成小林心理上的逆反和抵触。[2]

3. 社会环境

（1）现今我国社会主义市场经济体制的本质其实就是竞争。大学生都强烈地感觉到"铁饭碗"已成为历史，每个人都要努力奋斗，在竞争中生存及发展。当然，竞争的激烈程度依时势有所不同，但是有竞争就必定会给人带来压力。

（2）我国的高等教育已经由精英教育转向大众化，大学素有"象牙塔"之称，随着社会的变迁，大学与社会发展之间的互动日益密切，已逐渐从社会的边缘走向社会的中心。大学生不再是一个精英群体，只不过是一个接受了教育培训的预备劳动群体。在大众化阶段如何保证质量，也成为首要问题。而且，这也不可避免地使得受教育者对于自己的未来产生不确定感和不安全感。

（3）我国高等教育的人才培养已转为大众化，与我国目前经济社会发展的需求有很大的不相应，难免出现学用不一致的现象。大学生就业专业对口率很低，给大学生就业带来很大困难，也使求学阶段的大学生对未来的工作产生困惑。

（4）现今社会思潮的多元化对大学生的心理产生一定的负面影响，如理想信念淡漠、价值取向唯功利化、消费主义倾向呈现等。尤其是功利思想、拜金思

想使大学生的价值观、人生观产生了程度不同的扭曲，当他们感到对未来无力把握的时候，很难不陷入困惑。

每个人都是社会大背景下的产物，小林会受不良社会风气的影响也不足为奇。

4. 制度因素

一直以来，学生们接受的教育是只有好好学习，考上大学，将来才能找到一份好工作。很少有人心中清楚地明白自己上大学是为了什么。大学之前长达 12 年的教育都是强制管理模式，学校有固定的教室和班主任，回家有父母的监督，学习是唯一的任务。大学教育则是引导模式，从强制管理模式突然变成引导模式，学生有了非常大的自由空间和较多的课余时间，选择变得多元化。而对这种模式的不适应也是小林产生学习问题以及心理困惑的原因之一。[3]

（二）干预措施

1. 调查情况，自身解决

那次聊天之后，我又通过办公室同事以及同班同学、班干部了解了小林前两年以及近期的表现，我再次找小林谈心，告诉他一些简单的调节方法。一位心理学家说过："不管是女人还是男人，在镜子面前，总要好好地端详一下自己，大部分男人照镜是在自我欣赏，而大部分女人照镜是在脸上找毛病。"这就是镜子的魅力！我建议小林每天面对镜子正视自己的内心找优缺点。这一次，希望镜子当一回我工作的使者，用它无声的语言感化一颗固执的少年心。

2. 联系家长，共同克服

我直接电话联系了小林的妈妈。聊天当中我发现小林的母亲性格比较强势，在性格强悍的母亲面前，大部分儿子会有相对比较软弱的性格。奥地利著名心理学家阿德勒有个精彩的论断："假如母亲较富于权威性，整天对着家里其他的人唠叨，女孩子们可能模仿她，变得刻薄好挑剔；男孩子则始终站在防御的地位，怕受批评，尽量寻找机会表现他们的恭顺。"一个健康的家庭父亲的角色举足轻重，甚至是起决定作用的。家庭的变故，使得母亲把一切都投放在了儿子身上，对儿子更加地关注，强烈的控制欲给了孩子无形的压力，儿子只想躲避，于是乎导致孩子性格越来越安静，甚至可以说是懦弱。我和小林的妈妈沟通分析这些情况，说理论，举例子，阐明她的做法给小林造成的影响，希望她能配合并且给他更多的空间。

（三）干预效果

经过多次的接触了解、交流，总的来说是有效果的，在之后的大学生活中，

我鼓励他和同学走出去，介绍单位实习，有招聘通知也会及时发给他，鼓励其去面试。毕业时他想和同学创业，却又担心妈妈不同意。我鼓励他和妈妈谈自己的真实想法、真实理想，发挥自己的专业特长。最后在同学的帮助下，在母亲的支持下，毕业后和同学一起自主创业。虽然小林现在已经毕业了，但我们仍然一直保持联系，我继续做他的朋友以及生活的引导者。

（四）案例启示

因为了解，所以懂得，辅导员的工作可以美好，充满智慧！

小林的这个案例，让我对"怎样做好辅导员"这个难题，回归到最本真的认识——了解学生，是一切教育的开始，是辅导员工作有效性的基石。

"了解学生"很容易被淹没在各种"先进理念""兵法攻略"中，但是，很多事情恰恰是最朴素的道理才是最受用的，正所谓"大道至简"。

怎样才能了解学生呢？小林的案例告诉我：作为辅导员要善于寻找发现契机。在案例中我的话是"言者无心"，使小林"听者有意"，后来的发展有一定的偶然性。那么，如果"言者有爱，言者有心"呢？相信如果这样，我们辅导员了解学生的机会就会更多。再拓宽一下思路，如果我们能和家长建立起合作融洽的家校关系，利用网络等交流媒介，适时适度全方位关心学生，那么，"了解"是有很强的可操作性的。

"了解"要做到全覆盖、长期性是很困难的，是对辅导员本职工作的考量，是需要付出很多的时间、精力和智慧的。如果以后我们能把"行动研究法"引入到辅导员的工作中，不是仅靠日常观察，靠一时的热情，而是做一些案例的积累，这些可能对克服工作中的惰性有一定的帮助。

再深入做一些探究："了解"是为了"懂得"，懂得学生的个性特点、所思所想，懂得用比较好的方法，选择适当的时机场合，达到教育的最大值。在案例中我选择了自我教育的方法，趁热打铁，效果比较理想。之所以这样做，是因为在和小林的谈话中我读到了他思想的成长，读到了一个成长中的学生难能可贵的责任意识。尽管思考不够深刻，但是这种精神的萌芽是最有价值的。在我看来，辅导员工作的最大价值，就是帮助学生进行思想奠基，让他们身心健康地成长。

四、待探讨的问题

大学生大部分心理问题的调节方式主要是自我调理，要尝试着参与活动、参加社团，多与别人接触和交往；要正视现实，发现了解自己的优点和不足，制订大学生涯规划，设定人生目标；要学会主动转换自己的生活环境和内容，发展自

己的才能和兴趣；要自己营造好的心境，学会快乐地生活，要永远远离"心灵感冒"。

　　新生刚入学，学校要求给他们做大学生职业生涯规划是很有必要的，这样可以让学生了解自己专业的前景，为他们之后四年的大学生活指明方向。但是尽管强制要求每一位学生认真对待，仔细规划，这样的规划往往也只能对一小部分学生起到作用，这确实是不足的。

　　遇到学生个人的事情，我们需要和家长联系沟通处理问题。因为最了解学生的还是家长，只有有了家长的协助，处理问题才能变得顺利。但是有时候问题的制造者也正是家长，这是一件令人苦恼的事情。

　　所以说，辅导员对学生的了解、教育并不是一朝一夕的事情，而需要长期的关注和耐心。如何才能在较长时间内的不同阶段对学生做好思想工作，这是辅导员工作的一项难点和重点。

参考文献

　　[1] 吕桂兰，任金珍．大学生心理迷茫的原因分析及对策．辽宁教育行政学院学报，2009（8）．

　　[2] 罗剑英．大学生迷茫的心理现状分析及教育对策．科教文汇，2009（8）．

　　[3] 李睿．大学生失去学习兴趣的学生案例分析．商品与质量（理论研究），2011（12）．

集体温暖　抚平丧亲之痛

马　浩

一、案例背景

现今高校中，大学生轻生事件屡有发生，这使得高校对学生的生命安全教育问题越来越关注。重视高校辅导员在大学生生命教育中的角色并分析其应对策略，有利于提高辅导员对大学生心理危机干预的效率，最大限度地降低大学生自杀行为的出现。

本文将分析一起典型的因学生家庭情感问题处理不当而引发的轻生事件，从而提出此类案件的处理及应对办法，总结出类似案例处理的经验启示，以期对今后高校学生突发危机事件的处理提供理论指导和事实依据。

二、案例简述

2014 年 9 月 29 日晚 11 点，辅导员接到保卫处值班室电话，得知学生李四受伤严重并在医院进行抢救。辅导员立刻赶到医院，了解到李四的伤情后立即联系其家长并上报学校有关部门和学院领导。

经了解，小李于大学城中医院外的草地上被人发现，当时其处于昏迷状态。发现者报警后，将李四送往医院进行治疗。经医生抢救，伤情已基本稳定。辅导员试图与李四进行沟通，但李四闭口不愿谈及事情经过。询问无果后，暂且安顿李四先休息养病。

事发第二天，学生家长赶到医院。学院副书记、学工办主任、李四班主任和辅导员四名老师一同前往医院看望学生，了解学生病情。在与学生的交谈过程中，学生一直不愿意与学院老师做任何交流，学院老师试图向家长了解情况。学生家长对学院的关心表示感谢，并希望学校给孩子一些时间，让李四单独与家人交流，于是老师们先行离开医院以便家人与学生沟通。

　　李四出院后，辅导员尝试与其进行沟通，希望更多地了解学生情况，但学生一直不愿意过多地谈及此事。多次联系学生家长，希望该生家长能来学校面谈此事，但其家长以"最近比较忙"为由，始终未来学校。后辅导员曾发现李四独自一人坐在体育场旁边的马路台阶上，便上前询问李四的近期生活学习状态，但他目光呆滞，不与辅导员做任何交流。

　　后经多方了解得知，李四此次受伤系自己所为，是由于家庭情感纠纷所引起：李四父母长期不和，经常在家争吵，严重时双方甚至会动手打人。在这样的环境中生长，李四感到疲惫和痛苦，因此选择离开家乡到外省读书。李四出事的前一个星期，一直疼爱照顾自己的外公因病去世，对其来说是一个不小的打击。加上对父母关系的不满，才做出了这样的极端行为。

三、案例分析与启示

（一）案例分析

　　李四极端行为产生的原因主要有以下几个：

　　1. 自身因素

　　在对李四周围同学、朋友的走访中发现，他是一个性格比较敏感且多愁善感的人，朋友的一些玩笑话语或是一些小事都能够引起其内心极大的波澜。且家庭环境的复杂与糟糕让其无法表达自己的需要和意愿，总是将内心的感受掩藏起来，因此造成了他的低自尊感，以至于面对突如其来的打击无所适从，选择了以极端的方式解决问题。

　　2. 家庭因素

　　家庭教养方式对个体性格形成与心理发展有着重要的意义。李四从小生长在一个父母争吵的环境中，父亲脾气暴躁，较为专制，只看重其学习成绩，且经常进行打骂教育。这样的教育方式让李四感觉自己未得到过父母的关爱，对父母争吵打骂多以隐忍的方式应对。这样的一味压制的应对方式让李四无法真正排解负性情绪，积少成多，终将爆发。

　　3. 应激事件

　　李四采取过激行为的诱因是疼爱他的外公因病去世。一直以来，疼爱李四的外公都是其精神上的寄托。如今唯一的寄托也离开人世，对李四而言无异于晴天霹雳，仿佛最后一根救命稻草都没有了，他顿时失去了活下去的勇气和希望，因而采取极端手段想结束这一切。

（二）干预措施

（1）与学校心理咨询中心老师取得联系，寻找专业人士来帮助李四。

（2）持续关注李四，并在生活、学习上给予其关心与支持。

（3）与班级同学联系，用集体的温暖帮助李四走出困境。

（三）干预效果

经过学院和心理咨询中心等多方面的努力，李四的社会功能逐渐变得正常起来。虽然离最终的好转还有很大的差距，但是目前的状态也是一个可喜的改变，对于李四的情况我们还将继续跟踪。

（四）案例启示

李四案例是大学生中一个极其典型的案例。由于家庭不睦备受困扰，加上突如其来的应激事件，使他无法调整自己，进而采取了过激行为，造成严重的后果。

辅导员做好心理问题的早期识别与心理危机干预工作，是预防大学生心理问题恶性发展的有效措施。李四案例也说明高校学生的心理问题亟待家庭、学校、社会的重视，对学生进行生命关怀刻不容缓。预防大学生自杀的力量不能仅仅依靠学校，如何处理好学校与家庭的合作问题极为迫切。对于高校而言，采用思想政治教育手段去干预高校学生的心理问题已成为高校教育的重中之重。

为此，高校辅导员应坚持"以人为本"的原则，加强大学生生命安全教育，尽力避免大学生自杀现象的发生。

（1）高校辅导员应该加强大学生生命安全教育力度，提高大学生的安全意识与技能，对学生开展安全教育学习，以此培养大学生的自我保护意识，使大学生意识到生命的价值与意义。

（2）高校辅导员要主动深入到学生生活中，去学生宿舍了解学生业余生活现状，掌握学生基本动态，倾听学生的想法和困扰，并提供真诚有效的意见和建议，做好学生的心理健康教育。从多渠道、多方面了解学生，并对特殊学生群体给予更多的关怀，多与他们进行谈心沟通。只有这样，辅导员才能真正做到"以人为本"，为以后更好地开展学生工作打下良好的基础。

（3）充分发挥班干部的作用，告知其保持手机通信畅通，一旦发现有自杀倾向的学生，力争第一时间向辅导员汇报，辅导员应理性思考，积极采取应对措施，控制事态，并及时上报相关部门与领导，做好全方位干预工作。

（4）高校辅导员应该与学生家庭及时沟通。一旦辅导员发现有自杀倾向的

学生时，应该及时与家长沟通，找出学生出现问题的关键所在。并积极与学生交流谈心，得到学生的信任，给予其鼓励和肯定，协助学生解决当前困扰他的问题。若突发事件已经发生，辅导员需要第一时间与学生家长进行沟通，做好善后工作，以防突发事件给学校带来相关的负面影响。

辅导员作为一线的学生工作人员，在大学生自杀危机干预中承担着重要的角色。充分发挥辅导员在大学生自杀危机中的干预作用，对大学生进行有针对性的生命安全教育，帮助大学生树立正确的生命观，对于保障大学生的生命安全，维护家庭的完整与高校的稳定具有重要意义。若已经发生突发事件，也要沉着冷静，积极发挥辅导员的桥梁和纽带作用，做好家长和学校之间的联络人，促进事件的妥善处理。

四、待探讨的问题

家庭教育是个体最早接触的教育，父母是孩子的第一任老师。在出现精神疾病和发生危机事件的大学生中，受到家庭因素影响的个体占据较大部分。学校教育要想获得成功，家庭教育的配合也是至关重要的。对于此类学生的引导与辅助如何进行，如何更好地与家庭进行联系从而对学生进行引导，是一个值得关注的问题。

创伤后的成长

——多方合力　救助家庭重大变故学生

韩宝玉

一、案例背景

创伤后应激障碍（PTSD）是指个体经历、目睹或遭遇到一个或多个涉及自身或他人的实际死亡，或受到死亡的威胁，或严重的受伤，或躯体完整性受到威胁后，所导致的个体延迟出现和持续存在的精神障碍。主要表现有：①患者的思维、记忆或梦中反复、不自主地涌现与创伤有关的情境或内容，也可出现严重的触景生情反应，甚至感觉创伤性事件好像再次发生一样。②患者长期或持续性地极力回避与创伤经历有关的事件或情境，拒绝参加有关的活动，回避创伤的地点或与创伤有关的人或事，有些患者甚至出现选择性遗忘，不能回忆起与创伤有关的事件细节。③还有可能表现为过度警觉、惊跳反应增强，可伴有注意力不集中、激惹性增高及焦虑情绪。④有些患者还可表现出滥用成瘾物质、攻击性行为、自伤或自杀行为等，这些行为往往是患者心理行为应对方式的表现。同时抑郁症状也是很多 PTSD 患者常见的伴随症状。[1]

本案例以家庭突遭重大变故的小 A 为例，讲述小 A 因其母亲突然离世而精神负担过重，同时正常的学习、生活遭受严重的影响，导致创伤后应激障碍的发展过程以及案例的追踪处理及分析。

二、案例简述

小 A 在家庭突遭重大变故前成绩优异，人际关系良好，待人接物真诚朴实，乐于助人。其家庭经济情况并不好，父母文化程度不高，在家务农。2016 年 1 月，小 A 家中遭遇重大变故（母亲去世），加之积累的叠加性压力，导致小 A 精

神负担过重，出现幻觉、睡眠质量下降、无心学习等症状，社会功能受损，患有创伤后应激障碍的可能性较大。

三、案例分析与启示

（一）案例分析

1. 自身因素

（1）抑郁症状。

抑郁主要表现为显著和持久的情绪低落，伴有意志活动减退，行为缓慢，闭门独居，食欲下降，或者是亢进、体重减轻等，有的患者几乎每日失眠或者是整日嗜睡，严重者会使自杀企图变成行为，这是抑郁最危险的症状。抑郁还可能伴有认知功能损害，表现为近事记忆力下降、注意力障碍、反应时间长、警觉性高、语言流畅性差、眼手协调及思维灵活性减退、认知功能损害导致患者社会功能障碍。[2]小A由于家庭长期的压力以及近期母亲的去世等综合因素的影响，因此情绪受到极大波动，产生抑郁症状并影响了其学习、生活。

（2）内向性格。

拥有内向性格的人兴趣与注意指向自身及其主观世界，除了亲密朋友之外，不易与他人随便接触，对一般人显得冷漠；待人含蓄、严肃、敏感；缺乏自信与行动的勇气；喜好幻想；情绪活动比较稳定；喜欢有秩序的生活。小A由于自身的内向性格，导致与人交流较少，发生不愉快的事情只想自己一个人扛着，因此才出现了精神负担过重的状况。

2. 家庭因素

经济困难学生心理问题的源头是其本人的人格特征，而人格特征的形成与家庭环境密切相关。家庭背景首先表现在地理位置，在我国最重要的是城市和农村的差别。城市和农村的家庭在结构特点、文化观念、经济状况等方面都有很大不同。孩子不仅受到来自家庭的直接影响，同时也受到与家庭相关的一些社会资源的影响。这使得农村和城市家庭的孩子由于拥有不同的社会资源而有不同的发展道路，甚至经历不同的命运。

家庭背景的影响还通过家庭的流动表现出来。随着社会流动性的加剧，父母因为工作的调动或者其他原因而搬家是常有的事情。伴随这样的迁移，产生了对社会适应技能的需要。经常迁移的困难包括结交新朋友的问题、对新学校的适应等，这些都将影响他们的心理健康水平。小A的家庭背景使其更容易变得内心敏感和脆弱，对一些突如其来的灾难不知所措。

（二）干预措施

1. 及时发现，采取行动

我们及时发现了学生问题，及时联系学生，安慰学生，表达关心。通过了解得知小 A 母亲于 2016 年 1 月 27 日早上车祸去世，导生组随即自行发起轻松筹活动，想帮小 A 缓解因此事带来的经济负担，但因未达目标金额，筹款失败。因担心小 A 心理状态不佳，寒假期间，辅导员与其保持电话沟通，并组织带领班委对其进行了电话慰问与鼓励。开学后悄悄安排小 A 班内班委及其舍友对其加强关注，并不定时表达关心。学院领导在得知情况后，随即帮其申请了临时困难补贴。

2. 深入跟踪，见机行事

近两个月后，辅导员在与小 A 师姐聊天时得知，小 A 表姐自杀身亡，小 A 心理状态更为失落及忧郁。随后辅导员与小 A 进行了多次沟通谈话。在与小 A 的谈话中，辅导员进一步了解到小 A 的家庭情况。小 A 称其家庭与当地村委存在长时间经济纠纷，因道路改造，需拆迁小 A 家中房屋，村委承诺补贴小 A 家庭 8 万元拆迁款，但到账只有 8 000 元。随即其母亲遭遇车祸，近半年的官司过后，摩托车主承诺偿还 23 万元赔偿款，但赔偿款被冻结，小 A 称是本村村支书从中作梗，拆迁的事情就是村支书使坏。随即小 A 及其家属一直在向政府部门上诉，但均未得到合理答复。因家庭经济困难，且有一个妹妹还在上学，父亲与弟弟收入又低，小 A 感觉压力过大，濒临崩溃，但又拼命支撑。

在此期间小 A 经常做噩梦，且梦中惊醒次数较多。小 A 为了缓解精神及经济压力，在外面做兼职，并参加了很多社团活动，情况稍有改观。暑假期间小 A 留校做兼职，8 月 5 日，小 A 发微信朋友圈说自己在睡梦中抓住一只手，但其舍友反映并没有人闯入宿舍，只有她们两个人，怀疑小 A 做噩梦，出现幻觉。辅导员与其聊天时，小 A 表示自己心理压力太大，精神衰弱，敏感。辅导员随即建议小 A 在完成暑假兼职以后来一次短暂的旅行，放松身心。小 A 表示之前订好了车票准备前往多年不见的广西姥姥家，并希望能以此达到散心、放松的目的。

3. 细心关怀，心理咨询

开学过后，辅导员再次约谈小 A。在综合小 A 的种种状况之后，辅导员为其讲解了心理咨询对其的实际意义，再次建议带其去学校心理咨询中心进行咨询（之前小 A 并不是很乐意进行心理咨询）。小 A 此次欣然接受。因双方时间问题，改至中秋节过后预约心理咨询中心陶老师。在此期间小 A 曾自行去医院进行咨询治疗，但都被建议去精神科。23 日下午心理咨询中心陶老师对小 A 进行了心理

咨询与诊断。辅导员跟陶老师探讨了小 A 的详细情况后，陶老师给出了非常有效的建议。认为小 A 存在较为严重的创伤后心理问题，并推荐了心理咨询中心的赵老师对其进行沙盘治疗。经过沙盘治疗之后，再次确认小 A 存在较为严重的创伤后心理问题。心理咨询中心的两位老师一致建议小 A 进行专业的心理咨询与治疗。但因治疗费用昂贵，每次约 400 元，小 A 不想继续咨询与治疗。在学院领导及辅导员以及心理咨询中心的共同努力下，成功向学校申请了专项经费 3 000 元资助小 A 进行心理治疗，目前小 A 已经完成一次咨询及三次治疗，辅导员在了解过她的诊断结果后，再次确认了小 A 患有创伤后应激障碍。

（三）干预效果

小 A 表示很享受这几次的心理治疗，在治疗之后自己轻松了很多，并表示效果显著。虽然治疗还在进一步进行中，但她非常乐意完成后期的治疗。她多次向其辅导员及心理咨询中心的陶老师表达谢意。至此，小 A 事件的发展相对理想。

（四）案例启示

作为辅导员，要学会洞悉学生心理发展的特点及容易出现的心理问题，及时发掘学生问题，并做到及时联系学生及家长，安慰学生，表达理解与关心。同时应做到及时向学院及上级领导汇报情况。在辅导员不能紧密跟踪的情况下，应该安排导生、舍友及班内同学密切关注其情况，并及时了解。在合适情况下需要多次约谈学生本人，了解学生真实想法，并对其心理状况进行预估，条件成熟时申请学校心理咨询中心介入，进行咨询和治疗。在力所能及的条件下帮助学生申请临时困难补贴及心理咨询专项经费。在进行了专业的心理咨询后要对心理咨询的后续情况采取密切跟踪及反馈的措施。

四、待探讨的问题

心理关注：大学生群体的人格特征相对完善与稳定，但是在遭遇强烈的或灾难性的精神创伤事件后，由于个人心理耐受力的不同，部分学生会出现不同程度的应激相关障碍，辅导员应特别关注该部分学生的心理状况，及时疏导，并做好各项记录。在合适的情况下可申请心理咨询机构的介入，以更为专业的方式帮助学生进行自我心理及情绪调节。因辅导员不能随时随地关注学生，可相对隐秘地联系其导生、舍友及班内同学帮忙关注，并及时了解学生情况。

经济关注：导致应激相关障碍的原因有很多种，但其中大部分多可能存在经济问题，高校大学生工作平台针对贫困生设有专门的临时困难补贴，可就学生情况如实向学校申请该项资助，帮助学生缓解经济压力。如果学生条件符合进入学

生贫困生库的要求，可建议学生入库，学校针对在库生设有多类资助项目，对缓解学生经济压力有很大帮助。这样能更好地帮助学生在学校的栽培下健康快乐地成才。

参考文献

［1］国昇．了解创伤后应激障碍．人人健康，2014（1）.
［2］郑京．你了解抑郁症吗．中华养生保健，2014（6）.

工作论文两茫茫　师生关爱助成长

王沁芳

一、案例背景

随着改革开放的深入以及经济全球化和高科技时代的到来，大学生在紧张的学习生活之余还要承受来自社会各方面的压力，不断迎接新的困难和考验。大学生所面临的人文社会环境复杂化，人际交往、学业、就业、升学、择偶等问题也更加突出。受这些客观因素的影响，大学生的心理健康教育面临着新的挑战与要求。

由于大学生活已初具社会形态，大学生的心理处于迅速发展和趋于成熟又未完全成熟的阶段，决定了他们的心理活动具有既丰富又矛盾的特点，心理品质的发展表现为不稳定和不平衡。一些大学生因为生活上的一帆风顺，常常持有优越感和盲目的自信，但一遇到困难和挫折，又容易产生自卑感，变得消沉、失望。[1]再加上自制力和自我调节能力较差，常常造成情绪的动荡和心理的冲突，大学生的这些特点如果不进行恰当的疏导，长期下去就可能导致心理、生理机能的紊乱，从而影响健康，甚至导致极端恶性事件的发生。

二、案例简述

男生小林，成绩一般，性格内向，不善于表达，平时喜欢打游戏。大四开始找工作后，看到同学陆续通过各种面试找到了工作，而自己就只接到过一次面试机会，面试官跟其他同学能聊好久，而到他就只稍微问了他几句就打发他走了，自信心受挫。小林家境较宽裕，爸爸是中学教师，小时候他爸爸收养了一个姐姐，陪他一起成长，姐姐各方面都比他优秀，自己内心感觉辜负了父母的期望。大四第一学期末开始进行论文选题，因论文选题跟其他同学的选题相撞，认为自己选别的会做不出来而导致毕不了业，对此忧心忡忡，情绪低落。舍友小陈和小

王注意到了他情绪的变化，约他一起去图书馆学习，周末一起出去玩，并加以情绪的开导。2013 年 12 月 13 日，小林起床后不像往常下楼吃早餐，而是坐在寝室发呆，也不玩游戏了，开始思考人生。因为没找到合适的工作，毕业设计选题不顺利，觉得自己一无是处，对不住爸爸妈妈，出现轻生的念头。13 日下午 5 点多，小林来到学校河边欲跳河，被舍友及时拉回。14 日凌晨 4 点多，借故上厕所，欲从 5 楼阳台跳下，被整夜守着的舍友和爸爸拉回。14 日上午起床后，小林目光呆滞，神情恍惚，动作僵硬，看起来整个人高度紧张，说话没有逻辑，开始不太认识人，出现幻听，不断地说要去死，见到有水的地方就想往里跳。14 日下午，在学校心理咨询中心的建议下，送往医院治疗，诊断为精神分裂初期。

三、案例分析与启示

（一）案例分析

分析小林发病的原因，大概有几个：毕业设计压力大，就业困难，同辈比较造成较大压力，担心辜负父母的期望。最终因上述种种因素而引发心理应激，造成心理困扰和心理障碍，直至出现自杀行为和精神分裂状况。

1. 毕业设计压力大

毕业设计是大学课程设置中极其重要的一个组成部分，其主要目的是让学生综合地运用本学科的理论知识和实验技能，按科学的思维方法和规范化的研究进程，系统地完成一项具有综合性和创新性的科研活动。[2] 若学生缺乏较为完整、系统的基础知识，没有扎实的专业理论基础，要完成一篇合格的毕业设计是有一定困难的。小林虽然各科成绩及格，没有挂科，但因为平时好玩游戏，没有扎实地学习，到做毕业设计时就慌了神，忧心忡忡，怕毕不了业。

2. 就业困难

随着大学的不断扩招，大学生已不再是天之骄子，大学生就业难成为社会问题，读书无用论盛行，心态浮躁、无心学业、就业难更使得大学生疲于找工作，学生培养质量下降，供求矛盾进一步加剧，再加上大学生本身心理预期高，有些人高不成，低不就，一毕业就面临失业。小林在校时除了上课，基本就是玩游戏，没有在学校的科技、文体社团中历练，在实习、就业方面也没有积累经验，在竞争残酷的就业市场就更缺乏优势了。

3. 朋辈压力大

朋辈压力是指在同辈人（即与自己年龄、地位、所处环境相似的人）相互比较中产生的心理压力，有一定的负面影响。小林看到同学相继找到了工作，而

自己面试很不顺利，于是产生了焦虑心理，情绪低落。看到姐姐、同学非常优秀，而自己成绩平平，诸事不顺，内心就难过，给自己增加了额外的压力。

4. 担心辜负父母的养育

小林担心毕业设计做不出来，担心拿不到学位，担心找不到工作，辜负父母的辛苦养育。

（二）干预措施

1. 及时通报，控制局面

小林因巨大的失落感和心理落差、压力等问题，出现轻生倾向，情绪非常激动。几位同学立即把情况上报给我，我及时把情况上报学校。学生处领导、学院副书记、辅导员立即赶回学校，详细了解相关情况，并与小林谈心。经过大家的开导，促膝长谈，小林情绪好转，说请老师们放心，准备洗澡睡觉。为防止意外，副书记与辅导员全部留守大学城，同时安排同学在宿舍轮流看护。学院第一时间把相关情况上报学生处和心理咨询中心。在问题解决过程中，我们得到了学校的有力支持和大力指导。

2. 谈心开导、了解情况

事发当晚，通过深入的交谈、开导，小林的情形有所好转，并与老师说了许多他内心的问题和痛苦，我也更具体地了解了他的家庭背景与学习状况，以及他在心理、思想上出现的极端性和矛盾性。第二天早上，情况突然变严重，学校心理咨询中心老师开始进行心理干预，见情况没有好转，便建议到医院进行治疗。

3. 联系家长，密切沟通

事发当晚，我们及时联系到了家长，通知家长连夜赶到。凌晨一点多，小林的爸爸赶到学校后，辅导员把小林的相关情况详细告知了他。事后一直跟踪关注小林病情的康复以及毕业情况。

4. 及时就医，对症治疗

在征求父母意见后，我们把小林送往医院心理咨询科检查治疗。医院初步诊断，小林有精神分裂倾向，并建议住院治疗。在征求小林父母的意见后，小林入住医院治疗。第二天，因医院环境不适合照顾，经医生同意，由两名舍友陪同，接回老家服药调养。经过3个多月的坚持治疗，返校后，小林情况基本好转，能够进行正常的学习、生活。

5. 更多关注，给以关怀

小林返校后，鉴于他的特殊情况，我们给予了他更多的、特殊的关注、关怀与照顾。一方面，要求同班、同寝室的同学密切关注小林的思想、行为变化；另

一方面，论文指导老师在学业上悉心指导毕业设计，工作上耐心指导就业求职，确保顺利毕业。

（三）案例启示

小林由于一些长期得不到解决的思想、心理问题的堆积，在毕业设计选题的导火索下，产生了心理障碍，最后出现了轻生行为和精神分裂征兆。通过该案例，我们得到以下启示：

1. 加强大学生的心理健康教育辅导

作为一名思想政治教育工作者，面对这类大学生，应加强他们的心理健康教育辅导，多关心、关注他们的思想动态，多与他们谈心谈话，多倾听他们的心声。同时，从积极的方面引导他们辩证、乐观地对待所遇到的困难和挫折，并教育他们如何应对所遇到的挫折，增强自信、挖掘内在潜力，提高抗压、抗挫折的能力，帮助他们学会实现自己管理、调节情绪，克服焦虑等的技能。

2. 加强心理咨询工作的力度，加强危机干预

应鼓励有暴力、自杀倾向，存在学习、生活、社交障碍或经历特殊创伤事件的大学生进行心理咨询，将情况严重者转介到其他专业医疗机构，使他们得到及时治疗和处理。

3. 开展"舍友伴我行"大学生成长小组活动，强化朋辈的正面影响

对于大学生而言，除了上课、参加社团活动、社交、泡图书馆等时间，一天至少有三分之一的时间是在宿舍度过的！对于性格内向、比较宅的大学生，除了上课，他们的其余大部分时间都在宿舍，所以宿舍是大学生们学习、生活、休息、娱乐、沟通、交流思想、交友、传递情感的主要场所。开展"舍友伴我行"大学生成长小组活动，可以强化大学生之间的正面影响，通过乐观、积极向上的优秀学生潜移默化地影响、带动身边内向、处事消极的学生，在他们迷茫困惑时给予心灵上、思想上的安慰、开导，充分激发学生之间互帮互助、自我教育、自我管理、自我服务的有效机制。

4. 加强大学生就业指导工作

随着社会竞争的加剧、就业矛盾的突出，工作难找，好工作更难找，大学生一毕业就面临失业，毕业生承受的心理压力也随之增高。一部分在严峻的就业形势面前心理准备不足的毕业生，出现了种种心理偏差，有的甚至产生了严重的心理障碍。因此，帮助大学生做好大学职业生涯规划，正确做出自我定位、自我评价，树立正确的就业观、择业观、创业观，加强对大学生就业政策、知识的讲解，对简历制作、面试技巧的指导，对求职困难的大学生给予特别关心、帮助尤为重要。

四、待探讨的问题

作为大学生人生导师与知心朋友的思想政治辅导员，在辅导员专业化、职业化发展的道路上，如何更好地关注大学生的心理健康，加强心理健康教育，如何为学生点亮理想的灯，照亮前行的路，为他们的成长、成才保驾护航，把他们培养成为德才兼备、身心健康的优秀大学生，值得我们一线辅导员进一步深入探讨与研究。

参考文献

［1］徐芃，饶东方．大学生心理健康教育与课程设计．上海：复旦大学出版社，2014.

［2］吕亚慈．大学生毕业论文（设计）存在的问题及对策．考试周刊，2010（46）.

情绪失控　及时应对
——突发事件导致情绪失控的案例分析
钟日来

一、案例背景

随着社会不断发展，人民生活水平得到了一定的提高，但仍有部分家庭的经济情况不容乐观。很多家庭经济困难的孩子经过努力学习，成功考取了心仪的大学，但高额的费用往往会让他们产生辍学的想法。近些年来，为了帮助这部分学生顺利完成学业，减轻经济负担，政府、教育部门、社会与学校共同努力，基本建立起了一套以国家助学贷款为主，奖助学金、勤工助学、减免学费、困难补助等为辅的相对完善的经济救助体系，并取得了一定的成效。

经济救助体系虽然在一定程度上减轻了家庭贫困学生的经济负担，但他们从小因家庭经济状况不好而可能产生的自卑、懦弱等不良心理又该如何调节呢？受到资助后是否身心健康、是否能够顺利完成学业，又成为多方关注的焦点，而大学生的心理状况也是他们今后能否成才的一个至关重要的因素。

本案例以一名家庭经济困难的大学生小流遭遇家庭变故，产生辍学念头为例，探讨应该如何调节他们的心理状况。

二、案例简述

女生小流，来自广东某地山区，家庭经济相对困难，学习成绩比较优秀，性格开朗，跟同学相处得也十分融洽。

某天下午5点左右，她班里同学向辅导员反映，说小流吃过午饭后外出，下午没有按时回来上课，不知道去了哪里，电话能打通但无人接听，只给一个打电话给她的同学回了一条信息说"希望一个人静一静"。辅导员当即向周围同学了解情况，同学说她这两天经常独处，好像还偷偷流泪，问她有什么事也不肯说。辅导员拨打小流的电话，电话被挂断，再拨打，又是无人接听；初步判断，应该是小流近期情绪不稳，因此找了个人少的地方独处。

为免发生意外，辅导员做出了以下三方面的反应：①向学院分管领导汇报情况；②安排小流同班同学和部分学生骨干，首先到所有宿舍楼及教学楼的顶楼、江边和湖边去找人；③在小流不肯接电话的情况下，安排两个学生给小流发信息，同时也用自己的手机给她发信息，在不引起其情绪激烈波动的情况下向她表达老师和同学们对她的关心和希望帮助她的意愿。

大约下午6点，小流的手机突然关机，而出去找人的同学把学校内所有的角落都找了一遍，却没有任何消息。找人的范围扩散到其他学校和大学城周边地区，6点40分左右，小流的手机又开机了，可能是接到很多来电提醒，她给辅导员回了一条信息"钟老师，我没事，别担心"。这时候，我们的心才稍微放下来一点，在持续的信息轰炸中，她答应我们会尽快回宿舍。晚上8点左右，她回到了宿舍，但情绪依然低落。辅导员安排同宿舍要好的同学24小时陪伴在她身边，叮嘱她们多安抚她。

第二天，辅导员找小流谈话，经过了一个晚上后，她的情绪明显好转，主动向辅导员讲述了近期发生在她身上的事情：小流母亲由于长期劳累，前几天突发疾病住院，她却无法赶回家去照顾妈妈，同时感到家庭经济压力更大，她非常焦虑，在思考自己是不是应该去努力赚钱帮助家里，所以这几天很苦恼，犹豫不决，想去工作赚钱又很想继续完成学业。

三、案例分析与启示

（一）案例分析

1. 自我封闭，不愿与人倾诉

小流从小家庭经济条件比较困难，为了减轻父母的负担，小流非常懂事，主动承担各种家务，上大学期间也在做兼职赚取生活费，整个人非常坚强、能吃苦。来自家庭、学习等方面的多重压力常常压得小流苦不堪言，但由于小流觉得自己不应该把消极的一面呈现给大家，不应该把太多的负能量传递出去，因此她总是一个人默默地忍受着，不愿意与他人倾诉，无论自己有多辛苦，面对他人时都总是强迫自己挂着笑容。慢慢地，负能量、疲惫感不断积压，最终在母亲突发疾病住院一事发生后，小流终于撑不住了，因此想要逃避。

2. 双重趋避冲突，难以抉择

随着母亲突发重病，家庭经济情况将会变得更加糟糕，小流觉得如果自己继续上学的话，他们家真的不知道应该如何继续支撑下去，甚至连母亲的医药费都无法得到保证，因此她很想要辍学去打工，这样自己不但不需要花费家里的钱，还可以赚钱支付母亲的医药费，父亲就不需要熬得那么辛苦了。但同时，小流又很想读书，因为她来自农村，村里没有出过一个大学毕业的女生，很多女生长大之后就直接嫁人、继续做辛苦的农活，小流真的不想成为她们那样，而读书则是可以让她摆脱这种命运的途径，她真的不想放弃。就这样，小流面对辍学打工和继续读书的双重趋避冲突，真的不知道应该如何选择。

（二）干预措施及其效果

辅导员与小流进行了长时间的谈话，从几个方面对她进行了开导和帮助：

首先，让小流把自己的想法充分地表达，引导她把这几天所发生的事情进行陈述，让她有一个言语上发泄的机会，帮助小流仔细分析她现在中止学业外出工作和完成学业后工作的利弊关系，寻找现在外出打工帮助家庭和完成学业后再工作之间的最优化策略。

其次，打电话给小流的家长，详细了解她的家庭情况以及遇到的实际困难，并为小流寻找一个兼职的机会，让她有机会凭借自己的努力赚钱完成学业，减轻家庭负担；同时协助小流向学校申请临时困难补助金，尽可能地帮助她的家庭。

最后，举几个真实案例如放弃学位外出工作碰壁的、出现问题自己钻牛角尖导致精神不正常的，向小流介绍她这两天的异常行为可能导致的严重后果，在体现学院老师和同学对她的关心与帮助之余，也让她能够认识到她对此事件处理方式的不当之处。

过了大约一周，学工办在她班级组织了一次以"面临经济困难时，是坚持完成学业还是辍学工作"为主题的讨论会，以集体环境的氛围去引导小流进一步完善自己的思想认同感。

事后，小流很快就调整了自己的心态，这时候，辅导员再找她谈话，她也对自己前段时间的异常行为进行了反省，并对当时因为她的事情而努力奔波的同学和学生干部表示了她诚挚的谢意和歉意。

本科毕业时，小流以优异的成绩毕业，并找到了一份比较适合她的工作。一年后，她考取了研究生，现已研究生毕业，工作上也有很好的发展。

（三）案例启示

回顾本次的学生事件，有些环节对事件的进展起了很关键的作用：

（1）在日常的学生管理中，学生日常动态的掌握非常重要，及时发现学生出现的异常行为，能够给我们留出宝贵的处理事件的时间。本案例中，如果没有同班同学及时告知辅导员小流的异常行为，她的事情处于无人关心状态，也许小流最终就走了极端。

（2）同学、老师对她的关心是助她解开心结的关键点。情绪问题的爆发，往往是由于得不到及时的宣泄，不断地累积而造成的，在小流这件事情上，同班同学能够积极主动地给她打电话、发信息表示关心，让她在独处的时候还能感觉到同学在她身边，给予她温暖和支持，有利于她对自己情绪的控制。

（3）在这一事件中，我们事后才知道原来小流自己一个人去了学校附近的小岛，因为那里人少，清静。虽然没有出现当事人在楼顶等处独处的状况，但是第一时间通过学生干部"扫楼"的方式，个人认为依然非常必要，90%的轻生者事后都会对自己的行为感到后悔，因此第一时间找到当事人是核心。

四、待探讨的问题

因突发事件导致情绪失控，是大学生群体中比较常见的心理问题，情绪爆发快，导致的后果也存在多样性和复杂性，这就要求我们在学生工作中，要能及时掌握每个学生的动态，将事件置于可控状态之下；而这一类型的情绪失控，也比较容易进行调整，事件当事人的思维会相对偏执，但只要找准事件当事人情绪的发起源，进行客观而理性的分析，同时让当事人感觉到周围朋友的关心，往往就能够在一段时间内协助当事人重新振作起来，并让他的内心变得更加强大。